Wolfgang Huber/Heinz Eduard Tödt · Menschenrechte

D1937064

Wolfgang Huber
Heinz Eduard Tödt

MENSCHENRECHTE

Perspektiven einer menschlichen Welt

Kreuz Verlag Stuttgart · Berlin

Hans-Erich Heß
in dankbarer Verbundenheit
gewidmet

Das Umschlagfoto
zeigt eine von Siegfried Neuenhausen 1971 geschaffene Plastik.
Bildrechte: foto-present, Essen.

2. Auflage (6.–7. Tausend) 1978
© Kreuz Verlag Stuttgart 1977
Gestaltung: Hans Hug
Gesamtherstellung: Kieser, Augsburg
ISBN 3 7831 0508 0

Inhaltsverzeichnis

Vorwort

Ein Buch über die Menschenrechte bedarf keiner Rechtfertigung – sie sind eines der großen weltweiten Probleme unserer Zeit. Unterdrückte Völker berufen sich auf sie in ihrem Kampf um Befreiung; Minderheiten klagen sie ein, um Schutz vor Unrecht zu finden; Dissidentengruppen erklären die Durchsetzung von Menschenrechten als den Zweck ihres Handelns. Täglich finden sich in den Massenmedien vieler Länder eingehende Meldungen über Menschenrechtsverletzungen in aller Welt; in anderen Ländern sind die Regierenden angestrengt bemüht, derartige Meldungen zu unterdrücken und gegen die vorzugehen, welche die Menschenrechte öffentlich einklagen. Staaten verhandeln miteinander im Rahmen der Vereinten Nationen oder in anderen Zusammenhängen über die Auslegung und Verwirklichung der Menschenrechtskonventionen; regierungsunabhängige Organisationen engagieren sich für die Verwirklichung solcher Rechte und unterstützen über nationale Grenzen hinweg die Opfer von Menschenrechtsverletzungen – freilich immer nur eine winzige Zahl aus der großen Menge der Betroffenen. Kirchen entfalten, besonders im ökumenischen Verbund, ihre eigenen Initiativen. Sie versuchen, ihr Verhältnis zu den Menschenrechten in praktischen Bemühungen bei konkretem Anlaß und in grundsätzlichen theologischen Überlegungen zu klären. Mit dem Thema der Menschenrechte wird zugleich das Thema der Grundrechte akut, also jener Bestimmungen in staatlichen Verfassungen, welche für die Stellung des Bürgers im Gemeinwesen von elementarer Bedeutung sind.

Trotz oder wegen ihrer brennenden Aktualität ist die wirkliche Bedeutung der Menschenrechte heftig umstritten. Manche halten sie für harmlose oder auch für gefährliche Instrumente der Propaganda und des ideologischen Kampfes; andere knüpfen große Hoffnungen an sie, da sie in manchen Situationen der letzte Rechtstitel sind, auf den sich Unterdrückte mit Aussicht auf Resonanz noch berufen können. Wieder andere bauen darauf, daß Menschenrechte jedenfalls einen allgemeinen, wenn nicht rechtlichen so doch moralischen Orientierungsrahmen für staatliches Handeln in aller Welt und für politisches wie humanitäres Verhalten abgeben können. In aller Regel beziehen sich die gegensätzlichen Urteile auf recht verschiedene Elemente in der Menschenrechtsentwicklung und in den aktuellen Menschenrechtsdokumenten. Es scheint schwierig zu sein, ein Bild davon zu gewinnen, was denn in der heutigen Situation als Menschenrecht Geltung beanspruchen kann.

Die Diskussion über die Menschenrechte hat sich in der Bundesrepublik seit Jahren immer mehr intensiviert. Außer den USA gibt es vielleicht kein Land der Welt, in dem die grundsätzliche Behandlung dieses Themas weiter vorangetrieben wurde. Träger der Diskussion sind vor allem Juristen, Philosophen und Theologen, aber auch Historiker, Soziologen, Politologen und andere. Bei den Juristen hat freilich die Auslegung der Grundrechte des Bonner Grundgesetzes seit nahezu drei Jahrzehnten die meiste Aufmerksamkeit auf sich gezogen und die Erörterung der Menschenrechte als Teil eines werdenden Völkerrechts an den Rand gedrängt; doch spätestens seit der Aufnahme der Bundesrepublik und der DDR in die Vereinten Nationen und seit der beiderseitigen Unterzeichnung der UN-Menschenrechtskonventionen von 1966 mußte diese Beschränkung obsolet werden. Die philosophische, historische und ethische Diskussion hingegen entwickelte ein starkes Interesse für die Gehalte und die prinzipielle Bedeutung des Menschenrechtsgedankens, allerdings oft unter Vernachlässigung der juristischen Probleme. Die theologische Diskussion schließlich wurde einerseits durch das kirchlich-ökumenische Engagement für Menschenrechtsfragen bestimmt – die Rassendiskriminierung im Südlichen Afrika, aber auch die Verletzung der Menschenrechte und die Unterdrückung christlicher Gruppen, die sich für Menschenrechte engagierten, in Ländern wie Brasilien, Chile oder Südkorea und schließlich die permanente Verweigerung bestimmter Menschenrechte in den sozialistischen Staaten Osteuropas waren die wichtigsten akuten Anlässe der letzten Jahre. Ebenso stark aber war und ist andererseits das Bedürfnis, im grundsätzlichen theologischen Verständnis der Menschenrechte zu neuer Klarheit zu kommen. Die Notwendigkeit solcher Klärung stellte sich den Kirchen in der Bundesrepublik als unabweisbare Aufgabe, seit es mit der Eingliederung der Bundesrepublik in die westliche Welt dazu kam, daß die Kirchen ihre grundsätzliche Gegnerschaft gegen die Menschenrechte als vermeintlichen Teil der französischen Revolutionsideologie praktisch revidierten. Dies geschah zunächst weitgehend ohne eine systematische Reflexion auf das theologische Recht einer solchen Revision. Die Diskussion der siebziger Jahre versucht, dieses Defizit zu beseitigen.

Wie aber kommen die drei wichtigsten Richtungen der Menschen- und Grundrechtsdiskussion – die juristische, die philosophische und die theologische – zusammen? Das stärkste Bindeglied war bisher immer noch die Interpretation der historischen Herkunft des Menschenrechtsgedankens. Doch eine Integration der verschiedenen Aspekte im Blick auf die gegenwärtige Geltung der Menschenrechte konnte damit nicht erreicht werden. Die Verschiedenheit der Methoden in den Fachwissenschaften, die unterschiedliche Interessenlage und die wissenschaftstheoretische Gesamtsituation machen die interdisziplinäre Kooperation auch in einer alle gemeinsam betreffenden Frage wie derjenigen der Menschen- und Grundrechte sehr schwer.

Den Verfassern schien es unvertretbar zu sein, sich mit den hier vorliegenden Schwierigkeiten einfach abzufinden. Als Theologen waren beide in die kirchlich-ökumenischen Bemühungen um die Menschenrechtsfragen einbezogen und von den dort geführten Auseinandersetzungen betroffen. Vorträge, zu denen beide Verfasser im Sommer 1976 von verschiedenen Fakultäten der Bundesrepublik und von ökumenischen Gremien eingeladen waren, und insbesondere die daran anschließenden Diskussionen lösten den spontanen Entschluß aus, die Problematik gemeinsam in einem Buch zu behandeln. Dabei war das Ziel, die Zersplitterung der Diskussion in juristische, philosophische und theologische Aspekte zu überwinden und diese Perspektiven in einem Gesamtkonzept zu verknüpfen. Das mit interdisziplinären Untersuchungen einhergehende Risiko, in verschiedenen Teilgebieten recht weit hinter dem Erkenntnisstand der kompetentesten Fachvertreter zurückzubleiben, mußte in Kauf genommen werden. Denn die Erörterungen während der letzten Jahre haben gezeigt, daß Unterschiede im Verständnis des Rechtscharakters der Menschenrechte wie auch in der Einschätzung der philosophischen Begründungsproblematik zu ganz verschiedenen theologischen Beurteilungen führten. Daß dies vielfach unbewußt geschah, machte die Diskussionslage noch verworrener. So standen die Verfasser vor der kardinalen Frage, wo denn innerhalb der heutigen Theologie der Ort sei, einen derartigen juristisch-philosophischen Problemkreis zu behandeln, und wie man zu methodisch ausgewiesenen Urteilen statt zu bloß willkürlichen Meinungen gelangen könne. Sie mußten sich damit einem heute vielfach verhandelten, aber noch wenig geklärten Grundlagenproblem Systematischer Theologie stellen: Sie mußten das Thema als ein Paradigma für den theologischen Umgang mit Problemen, die nicht innertheologischen Ursprungs sind, behandeln. Das in diesem Buch entwickelte Konzept versteht sich als eine konkrete und zugleich prinzipiell-methodische Antwort auf diese Frage.

Sollte die Antwort konkret sein, so konnte eine oberflächliche Übernahme juristischer und philosophischer Auffassungen der Menschenrechte nicht genügen; gerade angesichts der divergierenden Meinungen in diesem Feld mußten die Verfasser vielmehr ein eigenes Urteil entwickeln. Sie hoffen, mit dem von ihnen erreichten Ergebnis die in der bisherigen Diskussion meist gar nicht oder nur teilweise beachtete Wechselbeziehung zwischen den juristischen, philosophischen und theologischen Aspekten des Themas diskutierbar gemacht zu haben. Sollte sich dies als ein Schritt zu größerer Klarheit erweisen, so wäre etwas erreicht, was den Verfassern eindringlich vorschwebte: theoretische Hilfe für die praktische Verwirklichung der Rechte von Menschen und Ermutigung der Kirchen zu einem theologisch begründeten und entschiedenen Handeln auf diesem Feld.

Wer in Deutschland Theologie treibt und sich über die Menschenrechte Gedanken macht, der kann einem bestimmten Problem sich nicht mit guten Gründen entziehen: dem Zusammenhang und dem Kontrast zwischen der Bundesrepublik einerseits, der DDR andererseits in der Menschenrechts- und Grundrechtsverwirklichung. Die Gesellschafts- und Rechtssysteme wie auch die herrschenden Ideologien in den beiden deutschen Staaten sind bereits so unterschiedlich, daß sinnvolle Vergleiche schwer möglich sind. Auch die Kirchen bekommen dies zu spüren. Nicht bloß ihre praktischen Probleme und Handlungen, auch ihre Theologien entwickeln sich in verschiedene Richtungen, und die wechselseitige Kenntnis schwindet. Es ist die Überzeugung der Verfasser, daß diese Entwicklung, wiewohl sie unaufhaltsam scheint, nicht einfach hinzunehmen ist. Die Aufnahme beider deutscher Staaten in die Vereinten Nationen und der Beitritt beider zu deren Menschenrechtskonventionen eröffnen eine neue Möglichkeit der vergleichenden

Erörterung; auch das theologische Gespräch zwischen den Kirchen in beiden Staaten gewinnt dadurch einen neuen Bezugspunkt. Nachdem die Selbstverbrennung eines evangelischen Pfarrers in der DDR die Menschenrechtsproblematik gründlich ins Bewußtsein zurückgerufen hat, gewinnt ein solcher völkerrechtlich und zwischenstaatlich verbindlicher Bezugspunkt noch an Bedeutung.

Es mag selten vorkommen, daß zwei Verfasser gemeinsam den Text eines Buches vorlegen und verantworten, als stamme er von einem Autor. Indessen gibt es keinen Grund und auch keine zureichende Möglichkeit, für Kapitel oder Abschnitte die Urheberschaft eines einzelnen kenntlich zu machen. Die Auffassungen beider Autoren haben sich bei der Arbeit an diesem Buch so stark einander angenähert und sich wechselseitig beeinflußt, daß zum gegenwärtigen Zeitpunkt von dem unwahrscheinlichen Fall einer nahezu erreichten Identität – hinsichtlich dieses Problemkreises – ausgegangen werden kann. Ob sich zu anderer Zeit heute nicht bewußte Unterschiede geltend machen werden, bleibt abzuwarten.

Die Verfasser haben vielen Gesprächspartnern zu danken. Besonders wichtige Anregungen haben sich für sie aus der Arbeit der Völkerrechtskommission der Evangelischen Studiengemeinschaft und aus vielen kontroversen Diskussionen im Kollegium der Forschungsstätte der Evangelischen Studiengemeinschaft (F.E.ST.) ergeben. Ilse Tödt hat das Manuskript druckfertig bearbeitet, die Register angefertigt und beratend von Anfang an am Entstehen des Buches teilgenommen; Kara Huber-Kaldrack hat viele Anregungen zur Korrektur der ersten Entwürfe beigetragen. Sieglinde Bracke und Eva von Tilinsky haben unter großem Zeitdruck die ersten handschriftlichen Entwürfe in Maschinenschrift übertragen. Das Buch ist Hans-Erich Heß gewidmet im Gedenken an eine zehnjährige Zusammenarbeit mit den Autoren, die ihm beide viel Freundschaft und Hilfe verdanken.

Heidelberg, 15. Oktober 1976

Wolfgang Huber,
Heinz Eduard Tödt

Vorwort zur zweiten Auflage

Seit dem Abschluß des Manuskriptes für dieses Buch ist das Interesse am Thema »Menschenrechte« noch gewachsen. Im Januar 1977 forderte die »Charta 77« in Prag, stellvertretend für viele Menschen in Osteuropa, daß auch in den staatssozialistischen Ländern dem einzelnen eine den Menschenrechten entsprechende Rechtsstellung gewährleistet werde. Gleichzeitig verkündete J. Carter als neuer Präsident der USA, daß seine Außenpolitik den Menschenrechten verpflichtet sein solle; er verstand diese nicht nur als rechtliches Instrumentarium, sondern vor allem als moralische Instanz. Das Verhältnis zwischen dem rechtlichen, moralischen und politischen Charakter der Menschenrechte steht damit erneut zur Diskussion. Müssen wirtschaftliche oder auch politische Beziehungen, welche demokratische Gesellschaften eingehen, auch an menschenrechtlichen Kriterien gemessen werden? Diese Fragen wurden in den vergangenen Monaten am intensivsten im Blick auf Südafrika und Argentinien erörtert.

Die genannten, in höchst unterschiedliche Bereiche gehörenden Beispiele bestätigen, wie dringend es ist, den Kerngehalt der Menschenrechte zu klären – eben das, was wir ihre »Grundfigur« genannt haben. Unser Versuch, das zu tun, hat in seiner ersten Auflage ein anhaltendes Echo hervorgerufen. Zu einer Revision unserer Darstellung nötigt die bisherige Diskussion nicht. Wir legen daher die zweite Auflage unverändert vor.

Heidelberg, 17. Juni 1978

Wolfgang Huber
Heinz Eduard Tödt

I. Die Menschenrechte in der Gegenwart

Kaum etwas anderes mag für das innerste Streben und die widersprüchliche Lage des Menschen in der Neuzeit so charakteristisch sein wie seine Berufung auf unveräußerliche Menschenrechte und der Kampf um ihre Verwirklichung. Dieser Mensch hat das Vertrauen auf zeitlose Ordnungen der natürlichen und der sozialen Welt ebenso hinter sich gelassen wie die Hoffnung auf die Verwirklichung seines Lebenssinnes in einer jenseitigen Welt. Im Diesseits will er die Welt als eine menschliche erfahren und entwerfen, und er formuliert jene Rechte, ohne deren Geltung die Qualität der Welt keine humane wäre. Aber es sind Rechte, deren Gesamtheit er nirgendwo in seiner Lebenswelt verwirklicht findet, die ebensosehr an seine Erfahrung anknüpfen wie diese übersteigen, wirklich und unwirklich zugleich. Als Menschenrechte sollen sie jedem einzelnen als Person zugeschrieben werden ohne Rücksicht auf jegliche Vorleistung seinerseits – eben nur, weil er den Titel Mensch trägt. Die Spannung gegenüber allen Instanzen, die wie Staaten und Gesellschaften Ansprüche auf die ihnen zugehörigen Menschen geltend machen, ist damit konstitutiv. Man kann immer von neuem versuchen, ihr gerecht zu werden, aber man kann sie nicht aufheben. Eine universale Verwirklichung – und darauf zielt die moderne Menschenrechtsbewegung – erscheint so irreal, wie die Hoffnung auf sie unverzichtbar ist.

1. Die Aufnahme der Menschenrechte in das Völkerrecht

Gerade die tiefen Enttäuschungen und Depressionen, die der Zweite Weltkrieg ausgelöst hat, haben dazu geführt, daß den Menschenrechten eine neue Qualität zuteil wurde. Hatten sie bis dahin teils als ideologische Postulate gegolten, teils in der Form von »Grundrechten« durch die Verfassungen von Nationalstaaten partikulare Geltung erreicht, kamen sie bis dahin dem Bürger nur aufgrund seiner Staatsangehörigkeit, aber nicht einfach »als Mensch« zu, so setzte nun der Prozeß ihrer Universalisierung ein. Im ausgehenden 19. und beginnenden 20. Jahrhundert waren menschenrechtliche Gesichtspunkte nur sehr zögernd in das Völkerrecht aufgenommen worden. Auch die rechtlichen Regelungen des Völkerbundes blieben auf eng umgrenzte Aspekte des Menschenrechtsgedankens, vor allem auf den Minderheitenschutz, beschränkt[1]. Nun aber, nach dem Zweiten Weltkrieg, begannen die Menschenrechte, mehr und mehr ins Völkerrecht hineinzuwachsen, und ihre Formulierung wie Förderung wurde zu einer Angelegenheit internationaler Gremien.

Gerade die Universalisierung der Menschenrechte bringt ihre elementaren Aporien an den Tag. Zweihundert Jahre alt, tragen die Vorformen oder Grundmuster der heutigen Menschenrechtskataloge unverkennbar die Spuren der westlichen, nordatlantischen Geschichte und Kultur an sich. Darum wäre es nicht verwunderlich, wenn sie nur in diesem Bereich zur Geltung kämen, nicht aber in jenen Regionen der Welt, die sich soeben von der kolonialen Bevormundung durch den Westen emanzipiert haben und ihm oft die Alternative sozialistischer Staaten- und Gesellschaftssysteme entgegensetzen. Aber gerade die Epoche der weltweiten Entkolonialisierung und der Konsolidierung des sozialistischen Staatenblockes seit 1945 fällt mit dem schrittweisen Vordringen der kodifizierten Menschenrechte in das Völkerrecht, das heißt mit der Internationalisierung der Menschenrechtsbewegung zusammen. Vorher waren sie nur »Grundrechte«, umgeben von den Zäunen einzelstaatlicher Souveränität, und so eben mehr Bürger- als Menschenrechte. Jede Beurteilung der Aktualität der Menschenrechte wird also von ihrer Internationalisierung während der drei letzten Jahrzehnte auszugehen haben und auch die Bedeutung der Grundrechte im Zusammenhang mit ihr einschätzen müssen.

Sieht man von der Atlantik-Charta (1941) ab, so ist die Charta der Vereinten Nationen vom Juni 1945 das erste große Dokument dieser Entwicklung. Hier formulieren die UN unter anderem das Ziel, »eine internationale Zusammenarbeit herbeizuführen, um internationale Probleme wirtschaftlicher, sozialer, kultureller und humanitärer Art zu lösen und die Achtung vor den Menschenrechten und Grundfreiheiten für alle ohne Unterschied der Rasse, des Geschlechts, der Sprache oder der Religion zu fördern und zu festigen« (Art. 1 Abs. 3)[2]. In der Satzung des Völkerbundes von 1919 wurden Menschenrechte nicht erwähnt. Daß die Charta der UN tatsächlich eine neue Tendenz verfolgt, wird vollends deutlich mit der »Universal Declaration of Human Rights« vom Dezember 1948. Die deutsche Bezeichnung »Allgemeine Erklärung der Menschenrechte« vermag nicht ganz auszusagen, was der Titel »Universal Declaration« anklingen läßt, nämlich ihren prinzipiell alle Menschen betreffenden, universalen Charakter[3]. Die Erklärung hat zwar keine die Staaten rechtlich bindende Wirkung, aber sie formuliert das »von allen Völkern und Nationen zu erreichende gemeinsame Ideal« (Präambel) und gibt der Weltöffentlichkeit damit moralische Normen an die Hand, deren Nichtbeachtung künftig als Vorwurf zu gelten hat. Die Deklaration wurde ohne Gegenstimme angenommen; die Staaten des Ostblockes, Jugoslawien, die Republik Südafrika und Saudiarabien enthielten sich der Stimme. Die weitere Entwicklung zeigte, daß die Stimmenthaltung der Ostblockstaaten, insbesondere der UdSSR, nicht einfach unberührte Distanz oder Ablehnung gegenüber der Deklaration bedeutete. Die Stimmenthaltung wurde von deren Vertretern mit der Lückenhaftigkeit der Erklärung begründet. In der Folgezeit gingen von dieser Seite erhebliche Initiativen aus, welche sich im Inhalt der zwei Menschenrechtspakte der UN von 1966 niederschlugen.

Die dreißig Artikel der Deklaration von 1948 zeigen bereits die außerordentliche Vielfalt und Disparatheit der Probleme, denen gegenüber ein gemeinsames »universales« Menschenrecht relevant werden müßte. Einige Normen der Deklaration gingen während der folgenden Jahre in eine ganze Reihe internationaler Abkommen ein, entfalteten sich also in einem weitgreifenden Wirkungsraum. Beispiele sind zunächst die Genfer »Rot-Kreuz-Konventionen« von 1949, Abkommen, die außerordentlich große Personenkreise betroffen haben und betreffen. Sodann das »Internationale Übereinkommen zur Beseitigung jeder Form von Rassendiskriminierung« vom Dezember 1965 – ebenfalls eine Vereinbarung von nachhaltiger historischer Bedeutung, wie etwa die Entwicklung im Südlichen Afrika oder die Rassenprobleme in den USA zeigen. Schließlich Abkommen gegen Sklaverei, Völkermord und für die Sicherung der Vereinigungsfreiheit. Das Zusammenwirken der Staaten in den UN und die Tätigkeit der Organisationen der UN ist ohne den Zusammenhang mit diesen Normen kaum denkbar.

Den »universalen« Bemühungen der UN traten zahlreiche regionale Pakte von verschiedenen internationalen Assoziationen zur Seite, so zum Beispiel die der »Organisation Amerikanischer Staaten« (OAS), die zur Einrichtung einer 1959 beschlossenen interamerikanischen Menschenrechtskommission führten. Aus Initiativen des Europarates heraus entstanden die »Europäische Konvention zum Schutze der Menschenrechte und Grundfreiheiten« vom 4. November 1950, mit späteren Zusatzprotokollen, sowie die Europäische Menschenrechtskommission und der »Europäische Gerichtshof für Menschenrechte«, der sogar von einzelnen Personen angerufen werden kann, sofern diese ihre durch die Konvention garantierten Rechte nicht auf innerstaatlichem Rechtswege erlangen können. Hier wird der sonst so dichte Vorhang staatlicher Souveränität für das Rechtsverlangen des einzelnen Menschen durchlässig. Das ist ein äußerst wichtiger Schritt in Richtung auf die »Permeabilität« (Durchlässigkeit) moderner Staaten anstelle rigoroser Souveränität und in Richtung auf die Ausbildung eines »Humanrechtes«, in welchem die Einzelpersonen nicht nur als Träger einer Staatsangehörigkeit rechtlich zur Kenntnis genommen werden, sondern eben als Personen, welchen der Zugang zu den Institutionen des Völkerrechtes gesichert werden soll. Das Kriegsverbot und dieses Humanrecht bedeuten die größte Revolution im modernen Völkerrecht. »Damit erhält das Völkerrecht eine Doppelnatur: Es ist sowohl Staatenrecht wie auch Humanrecht.«[4]

2. Die Menschenrechtspakte von 1966

Solche Tendenzen zur Permeabilität der Staaten und zum Humanrecht konnten in den beiden Menschenrechtskonventionen der UN vom Dezember 1966 nicht zur Geltung kommen. Diese beiden internationalen Pakte sind Ergebnisse eines langen, zähen Ringens. Schon die Tatsache, daß zwei teilweise komplementäre, aber in der Präambel und im ersten Teil identische Pakte formuliert wurden, zeigt, daß nur ein Teilkonsens erreicht werden konnte. Der »Internationale Pakt über wirtschaftliche, soziale und kulturelle Rechte« wurde weitgehend von den sozialistischen Staaten unter Führung der Sowjetunion und im Bündnis mit Entwicklungsländern durchgesetzt. Die Sowjetunion hat starke Vorbehalte gegenüber den klassisch-westlichen individuellen Freiheitsrechten und ihrer Verdichtung zu einem Humanrecht, dem die Permeabilität der Staaten entsprechen würde. Mit entschiedener Schärfe hebt das sowjetische Völkerrechtsverständnis die Souveränität des Staates und seine Alleinzuständigkeit auch in Menschenrechts- und das heißt also in Grundrechtsfragen hervor. Internationale Einflüsse dürfen allein auf dem Weg vertraglicher Vereinbarung zur Geltung kommen, und es sollen keine internationalen Instanzen eine direkte – nicht durch die einzelnen Staaten vermittelte – Zuständigkeit für Menschenrechtsfragen haben. Dieses kompromißlose Festhalten an der Staatssouveränität mag wie ein ironischer Kommentar zu der marxistischen Prognose und Verheißung vom »Absterben des Staates« empfunden werden. Das sowjetische Völkerrecht behilft sich hier mit der Auskunft, daß es echte Volkssouveränität – der das Absterben des Staates entsprechen würde – nur in Staaten ohne antagonistische Klassengegensätze geben könne, also in sozialistischen. Diese stünden aber noch immer unter der Bedrohung durch den »äußeren Klassenfeind« und könnten daher ihre Souveränität nicht nach außen, sondern nur innerhalb des sozialistischen Lagers einschränken. Das geschah dann freilich massiv 1968 bei der Intervention in der CSSR und wurde mit der Breshnjew-Doktrin legitimiert.

Der rechtssystematische Grundsatz, der den Pakt über wirtschaftliche, soziale und kulturelle Rechte beherrscht, wird in seiner Präambel formuliert. Er besagt: Nach der »Universalen Erklärung der Menschenrechte« von 1948 kann das Ideal des freien Menschen, der von Furcht und Not befreit ist, nur dann verwirklicht werden, wenn man Bedingungen schafft, unter denen jedermann von seinen Rechten Gebrauch machen kann. Hier steht die Abhängigkeit des zu befreienden Menschen von ökonomischen, sozialen und kulturellen Lebensbedingungen im Mittelpunkt des Interesses. Es wird auf die Befreiung von Furcht und Not abgehoben, aber es werden nicht mehr die in der Präambel der Deklaration von 1948 betonten konkreten Rechte der Rede- und Glaubensfreiheit genannt. Man kann sich schwer der Einsicht entziehen, daß die Verwirklichung der Menschenrechte an politisch-soziale Bedingungen gebunden ist. Aber dieses Argument ist deshalb so ambivalent, weil es immer wieder als Vorwand benutzt wird, um das Nicht-Inkrafttreten von Freiheitsrechten zu legitimieren. Die ambivalente Funktion dieses rechtssystematischen Grundsatzes wird uns noch weiter beschäftigen.

Der Pakt über wirtschaftliche, soziale und kulturelle Rechte von 1966, der von den osteuropäisch-sozialistischen

Staaten favorisiert wurde, hat nachdrücklich den Intentionen der jungen Staaten in der Dritten Welt Ausdruck gegeben. Gegenüber der Menschenrechtserklärung von 1948 ist es etwas Neues, daß nun ein Artikel über die Selbstbestimmung der Völker – eigentlich ein Grundsatz des Völkerrechts – an die Spitze einer Menschenrechtskonvention tritt. Dieser Artikel 1, der den ganzen Teil I ausmacht, sichert den Völkern das Recht auf Selbstbestimmung im Sinne der eigenen Verfügung über ihren politischen Status sowie die Naturschätze und Wirtschaftskräfte ihrer Länder zu – offensichtlich zum Schutz gegen koloniale und neokoloniale Einflüsse (vgl. auch Art. 2 Abs. 3 und 25). Nicht der einzelne Mensch ist hier das Subjekt, dem Rechte zuerkannt werden, sondern das Volk, ein Kollektivum, das auch vor Gewinn voller Staatlichkeit einen Rechtsstatus im internationalen System beanspruchen darf. Das gibt dem von Staaten der Dritten Welt und vom sozialistischen Staatenblock geforderten Interventionsrecht gegenüber dem Kolonialismus einen Anhalt und hat erhebliche Bedeutung für den antikolonialen und antirassistischen Kampf von Befreiungsbewegungen. Zugleich scheint hier die Grenze zwischen Menschenrechts- und Völkerrechtsbestimmungen ganz fließend zu werden[5].

Bisher schienen die Sprecher der jungen Staaten nicht an den klassischen Freiheits- und Bürgerrechten interessiert zu sein. Angesichts der elementaren Probleme von Hunger und Mangel werteten sie diese nicht selten als Rechtsansprüche nur von Privilegierten der Wohlstandswelt und als Hindernisse für jene zentrale Staatsgewalt, deren sie beim wirtschaftlichen, gesellschaftlichen und politischen Aufbau bedürfen. Indessen dürfte diese in der Phase der Entkolonialisierung verständliche Einstellung nicht auf die Dauer, jedenfalls nicht allein das Feld behaupten. Denn es kommen neue Erfahrungen hinzu. Ihnen gab zum Beispiel der Generalsekretär der Allafrikanischen Kirchenkonferenz, Kanonikus Burgess Carr, Ausdruck, nachdem auf der V. Vollversammlung des Ökumenischen Rates der Kirchen in Nairobi 1975 ein anderer Redner die moralische Macht der jungen Staaten der Dritten Welt emphatisch betont hatte. Carr sagte daraufhin: »Es gibt hier in Afrika kein einziges Staatsoberhaupt, welches sein Land in die Unabhängigkeit geführt hat, das anders als durch einen Militärputsch ersetzt worden wäre. Wir haben fünf legal auf Lebenszeit gewählte Präsidenten, und die restlichen benehmen sich, als ob sie bis zu ihrem Lebensende blieben. Es gibt ständig Massaker und Aufstände. Die Mehrzahl, wenn nicht alle Flüchtlinge kommen aus unabhängigen Staaten. – Sagen Sie uns, welche moralische Macht wir darstellen.«[6] Angesichts solcher Erfahrungen finden auch in Staaten der Dritten Welt bestimmte Momente aus den klassisch-westlichen Traditionen der Freiheits- und Schutzrechte und der ihnen korrespondierenden Rechtsstaatlichkeit zunehmendes Interesse, während andere, die durch individualistische Prinzipien der Wirtschafts- und Gesellschaftsorganisation stimuliert wurden, weiterhin abgelehnt werden dürften. Im ganzen aber zeigen gerade diejenigen Elemente, die in dem Pakt über wirtschaftliche, soziale und kulturelle Rechte von 1966 den Interessen der jungen Staaten entsprechen, den heute erweiterten Bezugsrahmen der Menschenrechtsproblematik. Entsprangen diese Rechte nach geläufiger Meinung ursprünglich der Spannung von individuellem Freiheits- und Schutzbedürfnis und einzelstaatlichem Herrschaftsanspruch, so werden jetzt Menschenrechte im Blick auf ökonomisch-sozial-kulturelle Disparitäten im internationalen System formuliert. Für sie gelten die Grenzen einzelstaatlicher Souveränität nicht als undurchlässige Zäune; und auch die Übergänge von Menschenrechten zum Völkerrecht werden eher fließend, die Trennungen zwischen beidem teilweise aufgehoben.

Zweifellos kommt in der anderen Konvention der UN von 1966, dem »Internationalen Pakt über staatsbürgerliche und politische Rechte«, vorwiegend die Intention der westlich-demokratischen Staaten zum Ausdruck. Das »angeborene« Recht auf Leben, Freiheit und Sicherheit, auf Gedanken-, Gewissens-, Religions-, Vereinigungs- und Meinungsäußerungsfreiheit und so fort wird hier festgestellt, während die in Art. 17 der Menschenrechtserklärung von 1948 betonte Gewährleistung des Eigentums nicht aufgenommen ist. Die Freiheits-, Schutz- und Partizipationsrechte dieser Konvention sind durchweg so formuliert, daß es zu ihrer Verwirklichung keiner besonderen sozialen und wirtschaftlichen Bedingungen zu bedürfen scheint. Sie werden vielmehr dadurch sichergestellt, daß die Organe staatlicher (und gesellschaftlicher) Macht bestimmte Handlungen zu unterlassen haben; und eben das ist bei einem geordneten Gerichtswesen rechtlich erzwingbar, während die Schaffung ökonomisch-sozial-kultureller Vorbedingungen für die Verwirklichung entsprechender Menschenrechte nicht auf dem

Gerichtswege zu erreichen ist. Hier kommt also ein anderer rechtssystematischer Grundsatz zur Geltung als in der ersten Konvention. Zugespitzt formuliert lautet er: Freiheits-, Schutz- und Partizipationsrechte kommen dem Menschen »von Geburt«, also vor jeder Zugehörigkeit zu einem Staat beziehungsweise einer Gesellschaft und abgesehen von jeder politischen, sozialen und kulturellen Vorbedingung zu. Sie sind also ihrem Wesen nach nicht disponibel, sie gelten voraussetzungslos für den Menschen als Menschen und fordern als solche die Verwirklichung in jeder Gesellschaft. Dementsprechend muß der Kreis solcher Rechte scharf begrenzt bleiben; die Zurückhaltung gegenüber der Einbeziehung wirtschaftlicher, sozialer und kultureller Rechte in den Kreis der Menschenrechte scheint aus systematischen wie aus rechtstechnischen Erwägungen verständlich. Freilich wird demgegenüber geltend gemacht: auch die traditionellen Freiheits- und Schutzrechte der westlich-bürgerlichen Gesellschaft hätten von Anfang an einen ganz bestimmten Stand der materiellen Entwicklung und der politisch-geistigen Kultur zur Voraussetzung gehabt und seien darum erst in einer ganz bestimmten Epoche der Geschichte aufgekommen. Den Zusammenhang mit diesen Bedingungen nicht aufzuklären, wäre demnach eine spezifisch westlich-ideologische Einäugigkeit, die angesichts der hohen Bedeutung, welche die Sicherung des Privateigentums schon in den ersten Menschen- und Grundrechtserklärungen des 18. Jahrhunderts gehabt habe, bemerkenswert sei.

Angesichts derartiger Gegensätze bei der Begründung und Interpretation der Menschenrechte, bei ihrer Lokalisierung im Völkerrecht und im innerstaatlichen Recht und angesichts tief unterschiedlicher Interessen bei ihrer Kodifizierung war es von größter Bedeutung, daß bis 1966 ein Kompromiß gefunden wurde. Man entging der Gefahr, daß hinsichtlich der Menschenrechte – und anderer Rechtsprobleme – das Völkerrecht gespalten wurde und damit die Chance verlor, aus seiner westlichen Tradition heraus zur universalen Einheit zusammenzuwachsen. Allerdings nahm man in Kauf, daß mit der Doppelheit nur teilweise identischer und nur teilweise komplementärer Pakte die Möglichkeit sehr unterschiedlicher Interpretationen noch einmal zunahm. Nachdem die Pakte 1966 ohne Gegenstimmen und Enthaltungen mit 105 beziehungsweise 106 Stimmen angenommen waren, war 1975 die Mindestzahl der Ratifizierung durch Staaten (35) erreicht, so daß beide Pakte seit 1976 für die Unterzeichnerstaaten in Kraft getreten und Teil des Völkerrechts sind. Unter den bisher 36 beziehungsweise 35 Vertragsstaaten fehlen bezeichnenderweise die USA, wo Verbände der Rechtsanwälte sich gegen die Unterzeichnung gewandt haben, sowie die meisten EWG-Staaten außer der BRD und Dänemark. Zu den Unterzeichnerstaaten gehören die Sowjetunion und die DDR.

Wie die Deklaration von 1948 sind die beiden Menschenrechtspakte der UN von 1966 nicht nur in ihrer Eigenbedeutung, sondern auch unter dem Gesichtspunkt ihrer Auswirkung auf andere Konventionen zu beurteilen. Als Beispiel wählen wir das »Internationale Übereinkommen zur Beseitigung jeder Form von Rassendiskriminierung« von 1965, das einen besonders wichtigen Schritt der UN auf dem Wege zu einem internationalen Menschenrechtsschutz darstellt. Das Abkommen, das 1969 in Kraft trat und im gleichen Jahr auch für die BRD verbindlich wurde, verurteilt insbesondere auch »die Segregation und die Apartheid«, also die Grundlagen der Politik in der Republik Südafrika und einigen Nachbarländern (Art. 3). Die Artikel 2 und 5f. legen den Vertragsstaaten die Pflicht auf, »das Verbot der Rassendiskriminierung auch in den Rechtsbeziehungen der Bürger untereinander durchzusetzen, was zum Beispiel erhebliche Auswirkungen auf die Freiheit der Wahl des Kunden und des Mieters hat. Wichtig ist ferner, daß die Staaten in Art. 2 Abs. 2 verpflichtet werden, solchen Gruppen der Bevölkerung, die aus rassischen Gründen unterprivilegiert waren, durch eine Vorzugsbehandlung (preferential treatment) die Chance zu geben, sich an den Entwicklungsstand der Gesamtgesellschaft anzugleichen, um so auch in der sozialen Realität in den vollen und gleichen Genuß aller Rechte zu kommen.«[7] Diese Bestimmungen bedeuten eine nicht geringe Einschränkung der Privatautonomie, wie sie zum Beispiel in den Grundrechten des Bonner Grundgesetzes nicht vorgesehen ist; daran zeigt sich, wie die Menschenrechtsentwicklung zur Fortbildung des Grundrechtsverständnisses und der Grundrechtsgeltung in den einzelnen Staaten Anlaß gibt[8]. Die Beschränkung der Freiheitsrechte geschieht hier zugunsten des Gleichheitsgrundsatzes, der bereits in den ersten Menschenrechtserklärungen des 18. Jahrhunderts verankert ist und in der Menschenrechtserklärung von 1948 wiederkehrt. Das spannungsvolle Verhältnis zwischen Freiheits-

und Gleichheitsrechten tritt in diesem Beispiel nachdrücklich hervor.

Von großer Bedeutung für die Menschenrechte sind die Verfahren ihrer Durchsetzung, über welche die Konventionen oft Bestimmungen formulieren. Sie sind auch für die Beurteilung des Rechtscharakters der Menschenrechte wichtig, da nicht selten die Rechtsförmigkeit von Bestimmungen dort bestritten wird, wo diese nicht mit möglichen Sanktionen verbunden sind. Auf der Ebene des Völkerrechts gibt es vor allem drei Wege der Durchsetzung der Menschenrechte: einmal förmliche, judiziäre Verfahren verschiedener Art, nämlich durch Kontrolle auf dem Wege eines Berichtssystems, durch Staatenbeschwerde oder durch die seltene Möglichkeit der Individualbeschwerde, wie sie in der Europäischen Menschenrechtskonvention von 1950 vorgesehen ist; zum anderen nichtförmliche, politische Verfahren, zum Beispiel in der Generalversammlung und dem Sicherheitsrat der UN; schließlich Verfahren der internationalen Kooperation unter Leitung der Sonderorganisationen der UN oder der UN selbst, wobei es sich insbesondere um wirtschaftliche, soziale und kulturelle Programme zur Herstellung von Lebensbedingungen handelt, die für die Inanspruchnahme von Menschenrechten Voraussetzung sind[9].

Auch im Blick auf diese Verfahren wird deutlich, daß die Menschenrechte nicht bloß eine protektive, die jeweilige Herrschaft in Staat und Gesellschaft einschränkende Funktion haben, sondern auch eine produktive, indem sie Normen für internationale Kooperation bereitstellen. Es zeigt sich, daß im modernen Völkerrecht eine starke Tendenz vorliegt, den Menschenrechtsschutz durch ein internationales Sozialrecht zu ergänzen. Das gilt auch im Bereich des (west-)europäischen Menschenrechtsschutzsystems, wo 1965 die Europäische Sozialcharta von 1961 in Kraft trat. Bemerkenswert ist die Einrichtung einer »Berichtspflicht« der Vertragsstaaten hinsichtlich bestimmter Vertragsartikel. Wenn auch das Völkerrecht als ein Koordinationsrecht gleichgeordneter Staaten nicht über die Sanktionen verfügt, die dem innerstaatlichen Subordinationsrecht zur Verfügung stehen, so bereitet es den Staaten – vorzüglich wenn eine Berichtspflicht vereinbart ist – angesichts eines wachsenden internationalen Menschenrechtsbewußtseins doch Schwierigkeiten, sich vereinbarten Menschenrechtsnormen zu entziehen. Gleichwohl sind die Möglichkeiten der UN, gegen

Menschenrechtsverletzungen durch einzelne Staaten vorzugehen, bisher ganz unzureichend. Bundesaußenminister Genscher hat daher 1976 vor der Vollversammlung der UN die Einrichtung eines Internationalen Menschenrechtsgerichtshofes vorgeschlagen. Allerdings räumt er selbst ein, daß dieser Vorschlag angesichts des vorherrschenden Interesses an einzelstaatlicher Souveränität nur sehr schwer zu verwirklichen sein wird[10].

3. Die Konferenz für Sicherheit und Zusammenarbeit in Europa

Mag auch die völkerrechtliche Menschenrechtsentwicklung während der drei letzten Jahrzehnte eindrucksvoll scheinen, so muß man doch befürchten, daß die Fortschritte wesentlich auf dem Gebiet der Normenentwicklung, nicht aber auf dem der Normenverwirklichung liegen. Hier nämlich zeigt sich ein tief beunruhigendes »Vollzugsdefizit«, das bei der Beurteilung des heutigen Standes der Menschenrechte zu berücksichtigen ist. Wie weit das internationale System von einer Verständigung über die Menschenrechte, geschweige denn von ihrer Verwirklichung entfernt ist, zeigen zum Beispiel die Disparitäten zwischen den Industrienationen und den sogenannten Entwicklungsländern. Aber auch die Lage der Dinge im europäischen Raum gibt wahrhaftig keinen Anlaß zu euphorischen Urteilen. Dies soll anhand einer Analyse der Ergebnisse der »Konferenz über Sicherheit und Zusammenarbeit in Europa« (KSZE) mitsamt ihrer Schlußakte vom 1. August 1975 verdeutlicht werden.

Die Schlußakte von Helsinki enthält eine »Prinzipienerklärung«, in deren Punkt VII mit Nachdruck auf Menschenrechte und Grundfreiheiten Bezug genommen wird[11]. Hier erklären die Teilnehmerstaaten, daß sie in Übereinstimmung mit den Zielen und Grundsätzen der Charta der UN, der Allgemeinen Erklärung der Menschenrechte und – soweit sie daran gebunden sind – den Internationalen Konventionen über die Menschenrechte (von 1966) handeln werden. Sie bestätigen das Recht des Individuums, seine Rechte und Pflichten auf diesem Gebiet zu kennen und auszuüben. Die Gedanken-, Gewissens-, Religions- oder Überzeugungsfreiheit für alle ohne Unterschied der Rasse, des Geschlechts, der Sprache oder der Religion soll geachtet werden. Ausdrücklich wird »die Freiheit des Individuums«, sich allein oder in Gemeinschaft mit andern zu einer Religion oder einer Überzeugung zu bekennen und sie auszuüben, anerkannt.

Die Menschenrechtsprobleme gehören zu dem Fragenkreis, der im sogenannten Korb III gesammelt worden war, zunächst gegen das Widerstreben der unter Führung der Sowjetunion stehenden Staaten. Diese hatten sich auf die Themenbereiche »Sicherheit in Europa« und »Zusammenarbeit in den Bereichen der Wirtschaft, der Wissenschaft und der Technik sowie der Umwelt« beschränken wollen. Die westlichen Staaten bestanden auf der gleichrangigen Behandlung der Themen Freizügigkeit, Verbesserung der Kontaktmöglichkeiten, humanitäre Fragen, wechselseitiger Informationsfluß. Aus der Sicht der Sowjetunion geurteilt, mußte die Behandlung dieser Probleme die ideologische Abgrenzung inmitten der politisch-militärischen Entspannung erschweren und konnte die Position der Dissidenten, der Menschen- und Bürgerrechtsinitiativen in den Ostblockstaaten fördern. So stellte man die westlichen Forderungen zunächst unter den Verdacht der Einmischung in innere Angelegenheiten, war aber schließlich bereit, die Behandlung dieser Fragen als Preis für das Gelingen der Gesamtkonferenz zu zahlen. Am 31. Juli 1975 erklärte der Generalsekretär der KPdSU Leonid Breshnjew in Helsinki: »In diesem außergewöhnlichen, hehren Auditorium möchten wir mit großem Nachdruck einen unverzichtbaren Charakterzug der Außenpolitik der Sowjetunion, Leninschen Friedenspolitik und Politik der Völkerfreundschaft unterstreichen, und zwar den Humanismus.«[12] Die »Achtung vor dem Menschen«, eben der Humanismus ist es, der in den sozialistischen Staaten unbeschadet von Karl Marx' bissiger Kritik an den Menschenrechten als den Rechten »des Mitglieds der bürgerlichen Gesellschaft, das heißt des egoistischen Menschen, des vom Menschen und vom Gemeinwesen getrennten Menschen« die ideologische Legitimation hergibt, Vereinbarungen über Menschenrechte einzugehen[13].

Die KSZE versuchte nicht, die Menschenrechtskonventionen der UN zu kopieren, zumal nicht die Absicht bestand, als Konferenzergebnis bindende Pakte zu erreichen. Man wollte auch nicht individuelle Ansprüche oder Rechte in den Dokumenten formulieren. Vielmehr wollte man sich über Richtlinien für die Behandlung bestimmter Fragen durch den Staat und seine Institutionen verständigen, etwa im Sinne des Satzes: »Die

Teilnehmer werden in positivem und humanitärem Geist Gesuche von Personen behandeln, die mit Angehörigen ihrer Familie zusammengeführt werden möchten . . .«[14] Die auf diese Weise erreichbaren Ergebnisse – um Formulierungen aus der Erklärung von Bundeskanzler Helmut Schmidt aufzunehmen – mögen »in jenen Staaten, in denen die Freizügigkeit der Menschen und der Meinungen selbstverständlich und auch ursächlich für die Vielfalt der Ideen und die Wohlfahrt der Länder ist, nicht voll befriedigen«[15]. Man könnte in ihnen auch das Zurückbleiben hinter den präziseren Menschenrechtskonventionen von 1966 betonen. Dort wird in dem »Internationalen Pakt über bürgerliche und politische Rechte« zum Beispiel das Recht auf das Verlassen jedes Landes, auch des eigenen, ebenso festgestellt wie das Recht auf Freizügigkeit für Ausländer (Art. 12 Abs. 2; Art. 18 Abs. 3 und Art. 19 Abs. 3). Aber die Rechte der Konvention sind mit etlichen Vorbehalten versehen. So besagt Art. 12 Abs. 3 im Blick auf die Freizügigkeit, daß die erwähnten Rechte keinen Einschränkungen unterworfen werden dürfen, »es sei denn, diese sind gesetzlich vorgesehen, zum Schutze der nationalen Sicherheit, der öffentlichen Ordnung (ordre public), der Volksgesundheit oder Sittlichkeit oder der Rechte und Freiheiten anderer erforderlich und mit den sonstigen in diesem Pakt vereinbarten Rechten vereinbar«.

Die DDR sieht sich veranlaßt, die Freizügigkeit mit gesetzlichen Maßnahmen einzuschränken. Sie beruft sich dabei auf diese Bestimmungen der Konvention. Die Ausreise in kapitalistische Länder ist auf gesetzlicher Grundlage genehmigungspflichtig. Es besteht kein Rechtsanspruch auf Erteilung einer Genehmigung. Sie wird in aller Regel nur bei Vorliegen eng begrenzter Voraussetzungen, wie bei Dienstreisen, Besuchsreisen von Rentnern und in dringenden Familienangelegenheiten, erteilt. Man sagt, eine generelle Ausreisegenehmigung für alle Bürger sei zur Zeit nicht möglich. Sie würde einen »objektiven Abwerbemechanismus« auslösen, dem infolge von »Wohlstandsverblendung« eine größere Zahl von Menschen erliegen könnte, was man als einen erheblichen Schaden für die Gesellschaft und damit für alle ansieht. Die Möglichkeit, von den einschränkenden Bestimmungen des Artikels 12 Abs. 3 Gebrauch zu machen, wird hier extensiv wahrgenommen. Bei der Beschränkung der Ausreisegenehmigung auf kleine Gruppen mit besonderen Voraussetzungen wird das Gleichheitsgebot erheblich verletzt, so daß ein Widerspruch zu anderen Bestimmungen des Paktes entsteht, zum Beispiel zu Artikel 2. Der Sachverhalt tritt noch greller hervor, wenn man bedenkt, daß die Verfassung der DDR von 1949 in Artikel 10 feststellte: »Jeder Bürger ist berechtigt, auszuwandern. Dieses Recht kann nur durch Gesetz der Republik beschränkt werden.« Im Artikel 32 der Verfassung von 1968 ist das Recht auf Auswanderung ersatzlos gestrichen worden. Das steht in eindeutigem Widerspruch zu Artikel 12 Abs. 2 des Internationalen Paktes über staatsbürgerliche und politische Rechte. Hier wird ein Recht nicht nur gesetzlich eingeschränkt, sondern eliminiert[16].

Ähnliches gilt von der Religionsfreiheit. Artikel 18 Abs. 3 des zweiten Menschenrechtspaktes von 1966 sieht vor, daß die Freiheit der Religionsausübung bestimmten gesetzlichen Einschränkungen unterworfen werden kann. Diese nehmen in der DDR aber einen Umfang an und sind von der Art, daß von einer faktischen Gewährleistung der Religionsfreiheit wohl kaum geredet werden kann.

Angesichts der Tatsache, daß der Text der Menschenrechtskonventionen den Staaten erhebliche Spielräume für die Einschränkung der prinzipiell festgelegten Rechte läßt, ist es auch im Blick auf die Förderung der Menschenrechte sinnvoll, wenn die Formulierungen der KSZE-Schlußakte sich auf das staatliche Handeln beziehen, das heißt die Staaten zur Einhaltung der Menschenrechte erneut verpflichten. Im übrigen ist die Prinzipienerklärung der Schlußakte ein relativ systematisch konzipiertes Ganzes von politisch-moralischen Verhaltensregeln, die man als metajuristisch[17] bezeichnen kann. Ihr besonderer Wert liegt darin, daß man sie aufgrund der Unterschrift der beteiligten Staaten bei ihnen selbst argumentativ geltend machen kann. Dissidenten, Bürgerrechtler, Auswanderungswillige sind durch die Schlußakte der KSZE erheblich ermutigt worden, obwohl deren Bestimmungen keine die Staaten rechtlich bindende Bedeutung haben. Aber mit der Berufung auf den »Geist von Helsinki« und etliche Einzelbestimmungen ist jedenfalls für einige Zeit eine bisher nicht vorhandene Argumentationsbasis gewonnen worden. Das zeigt sich bei vielen einzelnen, zum Beispiel bei der erheblichen Zahl derjenigen, die während des letzten Jahres in der DDR den Mut hatten, einen formellen Ausbürgerungsantrag zu stellen. Ähnlich setzten sich auch nichtstaatliche Organisationen, wie zum Beispiel die Kirchen, ein. Sie haben erheblich dazu beigetragen, daß der Inhalt und Wortlaut der Schlußakte der KSZE einer breiten Öffentlichkeit, besonders in Osteuropa, zugänglich gemacht wurde – und zwar nicht nur hinsichtlich der Aussagen, welche die Religions- und Gewissensfreiheit betreffen[18]. Diese Vorgänge zeigen, wie juristisch kodifizierte Menschenrechte, sollen sie verwirklicht werden, auf die Geltung und Überzeugungskraft prä- und metajuristischer ethischer Normen und auf adäquate politische Anstrengungen angewiesen sind. Menschenrechte haben also zumindest einen Doppelcharakter, nämlich eine rechtliche und eine philosophisch-moralische Seite. Das Zusammenspiel beider Seiten ist für sie von großer Bedeutung. Auch dieses Problem wird uns noch eingehend beschäftigen.

4. Menschenrechte und Grundrechte

In der Bundesrepublik hat sich während der letzten Jahrzehnte das Interesse ganz überwiegend den Grundrechten als einem Teil des innerstaatlichen Rechtes zugewendet, kaum aber den Menschenrechten als einem Teil des Völkerrechtes. Man mag das mit dem Hinweis verständlich machen, daß die BRD erst seit kurzer Zeit Mitgliedsstaat der UN ist. Aber es könnte sich darin auch eine »nationalstaatliche« Horizontverengung und eine tiefverwurzelte Skepsis, wenn nicht gar Ablehnung gegenüber dem Völkerrecht und seinen inhaltlichen Tendenzen kundtun, welche für die Stellung der Bundesrepublik in der heutigen Welt erhebliche Folgen haben kann. Wir wenden daher dem Verhältnis von Grundrechten und Menschenrechten unsere Aufmerksamkeit zu, und zwar zunächst in der BRD und sodann – komparativ – in der DDR.

Erstmalig in der Geschichte bekennt sich das deutsche Volk im »Grundgesetz für die Bundesrepublik Deutschland« 1949 Art. 1 ausdrücklich zu unverletzlichen und unveräußerlichen Menschenrechten[19]. Sie werden in den Grundrechten positiviert. Neu ist das Bekenntnis zu den Menschenrechten insofern, als die – nicht in Kraft getretene – Frankfurter Reichsverfassung von 1849 ebenso wie die Weimarer Reichsverfassung von 1919 nur Grundrechte des deutschen Volkes beziehungsweise der Deutschen kennen, also Rechte, die den Bürgern als Angehörigen eines Volkes zukommen sollen. Auch die Verfassung der DDR kennt keine Menschenrechte, sondern nur

Grundrechte, welche ihren Bürgern aus ihrer Staatsangehörigkeit erwachsen. Es liegt auf der Hand, daß es systematisch einen fundamentalen Unterschied ausmacht, ob Rechte dem einzelnen Menschen »als Menschen« oder erst als Angehörigem eines Staates zukommen. Im letzteren Fall geht man nicht davon aus, daß irgend etwas am Träger der Grundrechte rechtlich zu berücksichtigen wäre, was die Qualität als Staatsangehöriger transzendieren könnte, der Staatsgewalt also prinzipiell unverfügbar sein müßte.

Das Grundgesetz (GG) von 1949 hat die Menschenrechte naturrechtlich in der unantastbaren Würde des Menschen begründet gesehen (Art. 1 Abs. 1 und 2). Es hat keinen direkten Bezug auf möglicherweise völkerrechtlich relevante Menschenrechtsaussagen der Charta der UN oder der Allgemeinen Menschenrechtserklärung von 1948 genommen; dieses lag angesichts der Nichtmitgliedschaft in den UN auch nicht nahe und mußte der späteren Gesetzgebung überlassen bleiben. Da nach Art. 25 GG die allgemeinen Regeln des Völkerrechts Bestandteil des Bundesrechts sind, fand man – in Verbindung mit Art. 79 und 100 – Möglichkeiten, völkerrechtlichen Konventionen im Geltungsbereich des Grundgesetzes Gültigkeit zu verschaffen. Dies gilt allerdings nicht unmittelbar für die Menschenrechtskonventionen der UN von 1966 oder für die Konvention gegen Rassendiskriminierung von 1965. Denn heute können diese Konventionen noch nicht als »allgemeine Regeln des Völkerrechts« betrachtet werden, da die Menschenrechte erst in das Völkerrecht hineinzuwachsen begonnen haben. Ihre Geltungskraft für den Bereich der Bundesrepublik ergibt sich also nicht aus Art. 25 GG, sondern aus der Tatsache, daß die Bundesrepublik diese Konventionen ratifiziert hat. Aber auch dadurch gewinnen sie für die Auslegung der Grundrechte bereits erhebliches Gewicht; denn sie enthalten rechtssystematische Entscheidungen und rechtliche Verpflichtungen, die auch bei der Auslegung einzelner Grundrechte Berücksichtigung finden müssen. Inhaltlich ist hier vor allem das Verhältnis von individuellen und sozialen Rechten zu nennen. Formal bedeutet es, daß die Menschenrechte (als Grundlage der Grundrechte) nicht mehr nur naturrechtlich, sondern auch in Übereinstimmung mit den völkerrechtlichen Menschenrechtskonventionen auszulegen sind. Wie weit die Vereinbarkeit beider geht, ist erst noch in Erfahrung zu bringen.

Wie aber bereits gesagt wurde, hat sich das öffentliche Interesse noch kaum der Frage zugewandt, welche Folgen es hat, wenn man die Menschenrechte, die als Grundrechte im Grundgesetz positiviert wurden, im Zusammenhang des Völkerrechts auslegt. Zum Beispiel geraten die bekannten Spannungen zwischen individuellen Freiheitsrechten und den vielfach geforderten sozialen Grundrechten in ein neues Licht, wenn man sie mit den entsprechenden Tendenzen im Völkerrecht korreliert und dabei von der Maxime ausgeht, daß es der Intention des Grundgesetzes gemäß ist (Art. 25), die Auslegung und Verwirklichung von Menschenrechten und Grundrechten so zu gestalten, daß ein Auseinanderbrechen des Völkerrechts in konkurrierende Rechtskorpora (etwa: Westen/Osten/Dritte Welt) vermieden wird.

Die Präambel des Grundgesetzes verpflichtet aber auch dazu, die Rechtsentwicklung im Blick auf das ganze deutsche Volk, nicht nur im Blick auf das Staatsgebiet der BRD, im Auge zu behalten. Nach offiziösem Verständnis in der DDR decken sich die in der Verfassung der DDR von 1968 Kapitel 1 Art. 19–40 niedergelegten »Grundrechte und Grundpflichten der Bürger« weitgehend mit der Menschenrechtsdeklaration von 1948 und den Menschenrechtskonventionen der UN von 1966, werden aber so ausgelegt, daß sie nur den Grundsätzen und Zielen der Verfassung gemäß in Anspruch genommen und verwirklicht werden dürfen. Das geht aus der Präambel und der spezifischen Formulierung einiger Artikel hervor, wie zum Beispiel Art. 27 (Meinungsfreiheit) oder Art. 19 (Sozialistische Gesetzlichkeit und Rechte der Bürger). Die rechtssystematische Spannung zwischen freiheitsverbürgenden und sozialgewährenden Rechtsbestimmungen ist in einem ganz bestimmten Sinne gelöst: Sozialistische Grundrechte zielen nur insoweit auf die Freiheit des einzelnen, als diese durch die Freiheit der Gesellschaft garantiert und verwirklicht wird. Damit wird dem Grundsatz der marxistisch-leninistischen Ideologie entsprochen, daß der Mensch von seinem Ursprung her gesellschaftsbezogen ist. Karl Marx statuiert: »Das menschliche Wesen ist kein dem einzelnen Individuum innewohnendes Abstraktum. In seiner Wirklichkeit ist es das Ensemble der gesellschaftlichen Verhältnisse.«[20] Nimmt man diesen Satz für sich, so läßt sich aus ihm die Identität der Interessen eines jeden einzelnen mit denen der sozialistischen Gesellschaft ableiten. Sind aber die Interessen des einzelnen in denen der Gesellschaft aufgehoben, so wird das gesellschaftlich Notwendige – in Verbindung mit dem materiell Möglichen – zur Norm für die Freiheit der Person und für ihre Rechte. Die Grundrechte werden in der sozialistischen Gesellschaft zum Ausdruck objektiver Gesetzmäßigkeiten in einer jeweils bestimmten historischen Situation. Es gilt, sie in Erkenntnis dieser Gesetzmäßigkeiten aufgrund der mit ihrer Erkenntnis gegebenen Möglichkeiten planmäßig wirken zu lassen. Darum sind »Grundrechte und Grundpflichten der Bürger«, wie die Überschrift des Kapitels 1 der Verfassung der DDR von 1968 lautet, auch nicht voneinander zu trennen. Alle Bürger haben das Recht zur »Mitwirkung an der Leitung der gesellschaftlichen Entwicklung« (Art. 19). Das ist zugleich aber auch ihre Pflicht. Jeder Bürger hat laut Art. 20 die gleichen Rechte und Pflichten. Alle sind vor dem Gesetz gleich. »Gleichheit vor dem Gesetz heißt nicht formell gleiche Anwendung des Rechts für alle Bürger unter Mißachtung der konkreten gesellschaftlichen und individuellen Bedingungen, unter denen sie leben und arbeiten, sondern die gleiche Behandlung der Bürger, auf die im wesentlichen gleiche Voraussetzungen zutreffen.«[21] Der Gleichheitsgrundsatz schließt nach dem Verständnis von DDR-Theoretikern ein, daß in Fällen, wo es infolge von Benachteiligungen, die aus der »Ausbeutergesellschaft« noch nachwirken, oder aus anderen Gründen geboten ist, besondere Förderungsmaßnahmen getroffen werden, daß also der Gesichtspunkt der Klassenzugehörigkeit nicht vernachlässigt wird[22].

Die wenigen Beispiele zeigen bereits, wie tief sich die Grundrechte in den Verfassungen der BRD und der DDR voneinander unterscheiden, wie sie unbeschadet relativer Nähe im Wortlaut vieler Bestimmungen zwei komplexe, miteinander unvereinbare, ja vielleicht schon unvergleichbare Systeme bilden. Um so größere Bedeutung kann man der beiderseits anerkannten Verbindlichkeit völkerrechtlicher Konventionen für die Grundrechte in den beiden Verfassungen beimessen; um so wichtiger ist auch die Feststellung beiderseits anerkannter Prinzipien, wie sie in der Schlußakte der KSZE erfolgte. Auch für die DDR-Verfassung gibt es daher über die positivierten Grundrechte hinaus »Menschenrechte«, auch wenn sie im Text der Verfassung von 1968 nicht erwähnt werden. Das gibt eine Argumentationsbasis her, die angesichts der unvereinbaren Ideologien sonst kaum zu gewinnen wäre.

5. Konsequenzen

Es ist nunmehr ein erstes Fazit zu ziehen. Unsere Erwägungen ergaben: Während der gebräuchliche Ausdruck »die Menschenrechte« eine gewisse Eindeutigkeit und Abgrenzbarkeit des damit bezeichneten Phänomens suggeriert, haben wir bei der Untersuchung der Menschenrechtsentwicklung der letzten drei Jahrzehnte einen äußerst vielschichtigen, spannungsreichen, ja widerspruchsvollen Prozeß beobachten müssen, der auch von den Beteiligten und Betroffenen höchst unterschiedlich beurteilt wird. Hier gibt es keine »objektive« Eindeutigkeit, die einfache Urteile erlauben würde. Vielmehr muß jedes Urteil, das nicht eine inhaltlich leere Aussage sein will, sogleich innerhalb des Menschenrechtsprozesses das bezeichnen, worauf es sich zustimmend oder ablehnend bezieht. Es ist damit nicht eine Aussage über etwas »objektiv« Vorliegendes, sondern es beteiligt sich – in kleinstem Maßstab – an der Konstituierung dessen, was Menschenrechte in unserer Wirklichkeit sein sollen. Auch die christliche Theologie nimmt an solcher Konstituierung unserer Wirklichkeit teil und muß innerhalb dieses Prozesses ihre Aussagen verantworten.

Verantwortbare Urteile werden erst möglich, nachdem wir uns die Spannungen und Widersprüche im Menschenrechtsprozeß unserer Zeit vergegenwärtigt haben. Wir stießen, schematisch vereinfacht, auf drei gegensätzliche, wenn auch partiell sich miteinander verbündende Interessenrichtungen bei der Ausbildung der Menschenrechte als Teil des Völkerrechts: die des westlichen Staatenblockes, des östlichen Staatenblockes und der Staaten der Dritten Welt. Gibt es demgegenüber ein diese partikularen Interessen übergreifendes Interesse der »Weltgesellschaft«, etwa solcher Organisationen wie der UN oder derjenigen Gruppen und Assoziationen, die in »universalem«, das heißt globalem Horizont zu denken und zu handeln sich bemühen? Wir stießen weiter auf das schwierige Nebeneinander von Menschenrechten universaler Art und von Grundrechten innerstaatlicher Prägung, wobei angesichts des faktischen Partikularismus der Staaten die letzteren nahezu alles Gewicht beanspruchen; damit verbindet sich häufig – gerade auch in der Bundesrepublik – eine deutliche Bevorzugung derjenigen Rechte, die mit wirksamen Sanktionen versehen sind, vor anderen Rechten. Es zeigte sich außerdem, daß innerhalb der kodifizierten Menschenrechte selbst große Unterschiede, Spannungen und Antagonismen auftraten. Denn wer die Freiheit der Person favorisiert, wer die Macht des Staates zugunsten der Rechtssphäre des Individuums zurückdrängen will, der wird gegenüber »Anspruchsrechten«, also Rechten auf aktives staatliches Handeln, skeptisch sein. Wer aber ein Maximum an ökonomischen, sozialen und kulturellen Rechten durchsetzen will, wird fragen müssen, wieweit er genötigt ist, die Interessen des einzelnen in denen von Staat und Gesellschaft aufgehen zu lassen und damit die private Freiheitssphäre einzuschränken. Er wie sein Gegenpart wird sich der Frage stellen müssen, welches Verständnis des Menschen und seiner Sozialität ihn leitet und wie seine Anthropologie oder Ideologie sich gegenüber der erfahrenen modernen Wirklichkeit ausnimmt. Keiner findet den Menschen, dem er seine Freiheits-, Gleichheits- und Partizipationsrechte zudenkt, bereits in der Wirklichkeit vor. Jeder läßt sich von einem »Entwurf« dieses Menschen und der ihm zugehörigen sozialen Lebenswelt leiten, und damit nimmt er teil an der Konstruktion der Wirklichkeit in die Zukunft hinein. Interpretation und Verwirklichung der Menschenrechte gehen also Hand in Hand. Aber welche der Alternativen in der möglichen Entwicklung von Menschenrechten soll gefördert werden? Und wo liegt die Gewähr, wo die Sicherung gegen mögliche Täuschungen, also dagegen, daß man mit dem, was man fördert, ganz anderes erreicht? Und wie ist zu verhindern, daß aus dem Widerstreit unterschiedlicher Konzepte des Rechts, antagonistischer Interessen und gegensätzlicher Interpretationen des Menschen und der ihm zukommenden Freiheiten das sterile Stagnieren aller Bemühungen resultiert?

Offensichtlich genügt unsere Darstellung der Menschenrechtsentwicklung in den letzten drei Jahrzehnten nicht, um solchen Fragen zu begegnen. Es blieb zu viel ungeklärt. Die Versuche weiterer Aufklärung können zwei Ausgangspunkte haben.

Der erste liegt in dem Faktum, daß es in unserer modernen Welt, inmitten ihrer Dynamik und ihrer Not so etwas wie die elementare Berufung auf das Recht des Menschen und eine Sensibilität dafür gibt – eine Sensibilität, die sich nicht völlig durch ideologische Raster und festgelegte Interessen domestizieren läßt, sondern in jeder Gesellschaft als Unruhe lebendig bleibt. Von dieser Unruhe können im besonderen die Kirchen ein Wort sagen. Den meisten Staaten Europas scheint es zu gelingen, das Rechtsbewußtsein der Bevölkerungsmehrheit einigermaßen in Übereinstimmung zu bringen mit den Verfassungsnormen und den Grundrechtsbestimmungen in ihnen. Daran partizipieren auch die Kirchen. Soweit sich aber in ihnen eine wirksame Verbundenheit mit Kirchen in anderen Staats- und Gesellschaftssystemen – insbesondere mit Kirchen in den Ländern der Dritten Welt – herstellt, sofern also in den Kirchen ökumenisches Bewußtsein lebendig ist, erfahren sie im Rahmen dieser Verbundenheit von der ungeheuerlichen Massierung von Menschenrechtsverletzungen in aller Welt und von der angesichts dieser Häufung nahezu paradoxen Berufung auch seitens christlicher Gruppen und Kirchen auf diese Menschenrechte. Das brennendste Erfahrungsfeld dieser Art während des letzten Jahrzehnts war das Südliche Afrika und die Bedrängnis der schwarzen und farbigen Kirchen zwischen weißen Minderheits- oder Kolonialregimen und schwarzen Befreiungsbewegungen. Zunehmend geht es hier um harte Entweder-Oder-Entscheidungen, um den Zwang zur Parteinahme, um eine oft qualvolle Wahl. In den Stellungnahmen europäischer Kirchen sollen wiederum die Menschenrechte ein entscheidendes Kriterium der Orientierung hergeben. Wie aber, wenn die Menschenrechte – wie wir oben resümiert haben – in sich selbst mehrdeutig, spannungsreich und widersprüchlich wären? Es ist die Verantwortung der Theologie, den Christen, christlichen Gruppen, Kirchen in ihrem Bemühen um Orientierung aus dem Glauben, um Klärung und Vergewisserung zu helfen. Sind aber die Menschenrechte in sich selbst und in ihrer Verwirklichung interpretationsbedürftig, so kann sich die Theologie der Aufgabe nicht entziehen, an dieser Interpretation teilzunehmen und Kriterien christlichen Umganges mit den Menschenrechten zu entwickeln.

Diesem ersten Ausgangspunkt bei der elementaren Funktion der Berufung auf die Menschenrechte in unserer heutigen Welt und der ihr korrespondierenden Verantwortung von Theologie und Kirche ist ein zweiter an die Seite zu stellen: Die Menschenrechte, so fragil, antagonistisch und interpretationsbedürftig sie sind, sind in unserer Welt nicht bloß Ideale von Philosophen oder Produkte von Weltverbesserern, nicht bloß Begriffe und Schlagworte im ideologischen Kampf der Systeme[23]. Sie sind auch und vor allem Ergebnisse von langen und schweren

Verhandlungen, rechtlich gefaßter Ausdruck eines mühsam errungenen Konsensus und so eben Teile des Völkerrechts. Dieser ihr völkerrechtlicher, ihr auf faktischen Einigungen beruhender juristischer Charakter, ihre historisch-politische Konkretheit will auch von der Theologie beachtet sein. Es kann daher nicht Aufgabe von Kirche und Theologie sein, neue Menschenrechtskataloge aus spezifisch christlichen Voraussetzungen zu deduzieren, zu postulieren und zu propagieren. Theologische Interpretation und christliches Engagement werden sich vielmehr zunächst auf jene durch konkrete Willenseinigungen festgelegten Menschenrechte, die Teil des Völkerrechts geworden sind, beziehen und von daher die Möglichkeiten und die Zukunft der Menschenrechte bedenken und sich verantwortlich an ihrer Entwicklung beteiligen.

II. Die Theologie und die Menschenrechte

Die wachsende Bedeutung der Menschenrechte in unserer Gegenwart, so sahen wir, gibt Anlaß zu einer erneuten und intensiveren Beschäftigung der Theologie mit diesem Thema. Man würde allerdings die Stellung der Theologie zum Menschenrechtsproblem verkürzt und einseitig darstellen, wenn man sich nicht zunächst der Distanz erinnerte, von der jedenfalls auf dem Kontinent bis vor kurzem die Äußerungen der kirchlichen Lehre und der Theologie gegenüber der Entwicklung der Grundfreiheiten und Grundrechte der Bürger gekennzeichnet war. Kritische Stimmen gegenüber dieser Bewegung herrschten in beiden großen Konfessionen seit der Zeit der Französischen Revolution bis in unser Jahrhundert hinein vor; erst seit dem Einschnitt der beiden Weltkriege bahnt sich auch in der kirchlichen und theologischen Behandlung des Themas ein Wandel an, dessen Gründe wir noch zu erörtern haben. Zunächst jedoch ist ein Blick auf die kritisch-distanzierte Stellung der Kirchen und der Theologie notwendig.

Dabei erlauben uns die Überlegungen des ersten Kapitels, die recht allgemeine Frage nach den Menschenrechten zu präzisieren. Wir unterscheiden deutlich zwischen Menschenrechten und Grundrechten, wobei die ersteren jedem Menschen als Menschen zugedacht sind, die letzteren aber dem Bürger als Angehörigen eines Gemeinwesens. Weiter achten wir darauf, ob Menschenrechte eher als metaphorischer Begriff im Zusammenhang moralischer Postulate beziehungsweise einer Moralphilosophie gedacht werden oder ob man ihren Rechtscharakter erkennt und berücksichtigt. Schließlich beachten wir die Stellung der Menschen- und Grundrechte im Ganzen des Rechtssystems: Werden sie als subjektiv-öffentliche Rechte verstanden, die einer an Werten orientierten objektiven Rechtsordnung gegenüberstehen und ihren eigenen Berufungsgrund haben (Rechte »von Natur«), oder sind sie Rechte, welche von der objektiven Rechtsordnung her den Bürgern als Gliedern der Rechtsgemeinschaft zugesprochen werden, wobei aber die Rechtsgemeinschaft selbst der einzige Grund ist, auf den die Träger solcher Rechte sich berufen können?

1. Die Stellung von katholischer Kirche und Theologie zu den Menschenrechten

Was wir heute »Menschenrechte« nennen, wurde in den englischen Rechteerklärungen des 17. Jahrhunderts vorbereitet und in der Bill of Rights von Virginia 1776 zum ersten Mal programmatisch formuliert[1]. Dies vollzog sich in einer geistigen Atmosphäre, die man als »christliche Aufklärung« bezeichnen kann. Auf dem europäischen Kontinent aber wurden die »Rechte des Menschen und Bürgers« zum ersten Mal während der Französischen Revolution in der Erklärung vom 26. August 1789 proklamiert, die ein Bestandteil der Revolutionsverfassung von 1791 wurde[2]. Ebenso wie sie berief sich auch die französische Menschenrechtserklärung von 1793 auf die »Gegenwart des höchsten Wesens«; sie brachte damit eine deutlich antikirchliche Tendenz zur Geltung. Gerade dies mußte jede positive Aufnahme des Menschenrechtsgedankens im Bereich der Kirchen und der Theologie außerordentlich erschweren. In besonderem Maße galt das für die katholische Kirche, die in ihren Entfaltungsmöglichkeiten und in ihrer Rechtsstellung durch die Revolution und ihre Folgen schwer erschüttert war. Die Veränderungen bis hin zu der – in Deutschland 1803 vollzogenen – Säkularisation des Kirchenguts galten als Folge und Frucht der Revolution und der »falschen Prinzipien«, auf die sie sich stützte. Der Geist des Umsturzes, der aus ihnen sprach, galt als unvereinbar mit den Grundsätzen, die sich aus dem christlichen Glauben für das Zusammenleben der Menschen ergäben.

Diese Haltung bestimmte die Stellungnahme des katholischen Lehramts zu den Menschen- und Bürgerrechten während des ganzen 19. Jahrhunderts. Zwar gab es auch im Katholizismus Strömungen, die sich die Behauptung vorstaatlicher Menschenrechte, die jedem politischen Zugriff entzogen seien, zu eigen machten; zu ihnen gehörte vor allem der liberale Katholizismus in Frankreich[3]. Doch die Stellungnahmen der Päpste des 19. Jahrhunderts zu den Menschenrechten waren, wie es in einer neuen Studie der päpstlichen Kommission »Justitia et Pax« heißt, von »Vorsicht und Ablehnung, ja manchmal sogar von offener Feindschaft und Verurteilung« gekennzeichnet[4]. Dies gilt auch noch für denjenigen Papst, der im übrigen eine Veränderung der katholischen Staats- und Soziallehre anbahnte, für Leo XIII. Er sah in den Menschenrechten einen

Geist des Umsturzes am Werk, den er auf die Zeit der Reformation zurückführte: »Als jedoch im 16. Jahrhundert jene unheilvolle und beklagenswerte Neuerungssucht erregt war, da entstand zuerst eine Verwirrung in bezug auf die religiöse Frage; bald jedoch im notwendigen Fortschritt wurden auch die Philosophie und von hier aus alle Ordnungen der bürgerlichen Gesellschaft in Mitleidenschaft gezogen. Hier ist der Ausgangspunkt der neueren, zügellosen Freiheitslehren, welche man unter den heftigsten Stürmen im vorigen Jahrhundert ersonnen und proklamiert hat als Grundlehren und Hauptsätze des neuen Rechtes, das, vorher unbekannt, nicht bloß vom christlichen, sondern auch vom Naturrecht in mehr als einer Beziehung abweicht.«[5] Im einzelnen kritisierte Leo XIII. vor allem den Gedanken der Gleichheit, die Lehre von der Volkssouveränität, die Forderung nach Meinungs-, Presse- und Lehrfreiheit, nicht zuletzt auch die Forderung nach Kultusfreiheit. Demgegenüber verlangte er die religiöse Homogenität des Staates: »Ein Staat ohne Gott oder auch, was schließlich auf dasselbe hinausläuft, ein Staat, der, wie man sich ausdrückt, gegen alle Religionen sich gleichgültig verhält und sie ohne Unterschied als gleichberechtigt anerkennt, stellt sich in Gegensatz zu Gerechtigkeit und Vernunft. Da daher der Staat notwendig Einheit des religiösen Bekenntnisses fordert, so hat er sich zu dem allein wahren, dem katholischen nämlich, zu bekennen.«[6] In dieser kritischen Bewertung durch das päpstliche Lehramt wurden die Menschenrechte verstanden als Abwehrrechte gegen eine legitime Autorität und als die ungerechtfertigte Forderung nach Glaubens- und Gewissensfreiheit außerhalb der Kirche und gegen die von ihr repräsentierte Wahrheit. Die so motivierte Ablehnung der Menschenrechte hatte eine weitgehende Isolierung der katholischen politischen Doktrin und des in der katholischen Kirche praktizierten Autoritätsverständnisses von der Entwicklung des neuzeitlichen Freiheitsbewußtseins zur Folge.

Die Position der katholischen Kirche begann sich während des Zweiten Weltkriegs grundlegend zu ändern; nun kamen die Traditionen des liberalen Katholizismus auch in den lehramtlichen Äußerungen zunehmend zur Geltung. Angesichts der manifesten Verletzung elementarer menschlicher Rechte erklärte Pius XII. in seinen Ansprachen seit dem Jahr 1941 in wachsender Deutlichkeit die Wiederherstellung und Wahrung der Würde des Menschen zu einer Aufgabe, an der auch die

Kirche teilhabe: »Die Kirche hat die Aufgabe, der Welt, die sich nach besseren und vollkommeneren Formen der Freiheit sehnt, die erhabenste und notwendigste Botschaft, die es geben kann, zu verkünden: die Würde des Menschen, seine Berufung zur Kindschaft Gottes. Es ist der mächtige Ruf, der von der Krippe von Bethlehem bis an die äußersten Grenzen der Erde in allen Ohren widerklingt, in einer Zeit, in der diese Würde in bedauerlicher Weise erniedrigt wird.«[7]

Es dauerte allerdings noch bis zur Zeit Johannes XXIII., daß eine ausgeführte Stellungnahme der katholischen Kirche zur Frage der Menschenrechte zustande kam. Die Enzyklika »Pacem in terris« vom 11. April 1963 kann man als die erste »Menschenrechtserklärung« des päpstlichen Lehramts bezeichnen; sie enthält die wichtigsten Rechte, die in der Allgemeinen Erklärung der Menschenrechte von 1948 aufgeführt sind, und begründet sie aus der Würde der menschlichen Person. Daran knüpft das Zweite Vatikanische Konzil an. Dessen wichtigste Äußerungen zu den Menschenrechten finden sich in der Pastoralkonstitution über »Die Kirche in der Welt von heute« sowie in der Erklärung über die Religionsfreiheit, beide vom 7. Dezember 1965. Der Mensch wird hier betrachtet als ein Wesen, das »vom Schöpfergott mit Vernunft und Freiheit als Wesen der Gemeinschaft« geschaffen ist[8]. Schutz der individuellen Menschenwürde, Anerkennung der grundlegenden Gleichheit aller Menschen, die Ermöglichung tätiger Anteilnahme an Leben und Leitung des Staates sind Grundelemente des Menschenrechtsverständnisses, das aus diesen Dokumenten spricht. Besonderer Nachdruck wird auf diejenigen Rechte und Pflichten gelegt, die sich aus der wechselseitigen Abhängigkeit innerhalb der einen Menschheit ergeben. »Jede Gruppe muß den Bedürfnissen und berechtigten Ansprüchen anderer Gruppen, ja dem Gemeinwohl der ganzen Menschenfamilie Rechnung tragen.«[9] Der Schutz und die Förderung der Menschenrechte wird in diesen Dokumenten als zentrale Aufgabe des Staats betrachtet. Doch zugleich dienen die Menschenrechte auch als Kriterien für politische Stellungnahmen der Kirche: Sie muß das Recht in Anspruch nehmen, »auch politische Angelegenheiten einer sittlichen Beurteilung zu unterstellen, wenn die Grundrechte der menschlichen Person oder das Heil der Seelen es verlangen«[10].

Die nach dem Zweiten Weltkrieg geschehene Entdeckung

der Menschenrechte in der katholischen Kirche hat durchaus ihre Voraussetzungen in der Tradition. Sobald das Schreckgespenst der Französischen Revolution, das die Menschenrechte an sich gefesselt hatte, verblaßt war, konnten Gesichtspunkte aus dem alten und aus dem neuthomistischen Naturrechtsdenken wieder Bedeutung gewinnen, konnte man sich sogar auf die alten monarchomachischen Lehren der Tradition beziehen, welche die Stellung der Herrschenden durch natürliche Rechte der Beherrschten entschieden eingegrenzt hatten. Es war allerdings die Frage, ob man die Menschenrechte nur als Position im naturrechtlich begründeten moraltheologischen System behandeln oder ihren Rechtscharakter berücksichtigen und sie also auch als Teil des Völkerrechtes interpretieren würde. In der Tat zeigt es sich jetzt häufig, daß die Betrachtung der Menschenrechte als »sittlicher Normen«, die sich aus der Würde des Menschen ergeben, einen deutlichen Vorrang vor ihrer Behandlung als eines Teils des Völkerrechts innehat.

Blickt man auf diese Rezeption der Menschenrechtsentwicklung durch die katholische Kirche, so ist besonders bemerkenswert, daß sie sich nicht einer einseitig-individualistischen Betrachtung angeschlossen hat. Sie beschränkt sich nicht auf die Erörterung der Freiheitsrechte der Einzelperson, sondern fragt nach den sozialen und ökonomischen Voraussetzungen dafür, daß der einzelne seiner Menschenwürde gemäß leben und von seiner Freiheit Gebrauch machen kann. Besonders deutlich geht dies auch aus der »Botschaft über Menschenrechte und Versöhnung« hervor, mit der die römische Bischofssynode im Oktober 1974 abgeschlossen wurde[11]. Die Synode gruppiert die Menschenrechte, um deren Verwirklichung in den Konflikten der Gegenwart in besonderem Maß gerungen werden müsse, unter folgenden fünf Gesichtspunkten: 1. das Recht auf Leben, 2. das Recht auf Nahrung, 3. die sozioökonomischen Rechte, 4. die politischen und kulturellen Rechte, 5. das Recht auf Religionsfreiheit. Darin deutet sich der Versuch an, eine Formulierung von menschenrechtlichen Elementarstandards zu finden, die hinter die übliche Unterscheidung zwischen individuellen und sozialen Menschenrechten zurückgeht. Wir werden sehen, daß zur gleichen Zeit im Ökumenischen Rat der Kirchen ein ähnlicher Versuch unternommen wurde[12]. Die fünf Grundelemente, die die römische Bischofssynode aufzählt, seien mit einigen Worten erläutert.

1. Das Recht auf Leben wird als fundamentales, unveräußerliches Recht bezeichnet; es werde in der Gegenwart vor allem durch Folter, Gewaltanwendung gegen Unschuldige und durch Krieg andauernd schwer verletzt. Den Rüstungswettlauf bezeichnen die Bischöfe in diesem Zusammenhang als »kostspieligen Wahnsinn zum Schaden der Welt, der Mittel zu einer noch massiveren Zerstörung des Lebens schafft«. Auch Abtreibung und Euthanasie werden unter dem Gesichtspunkt des »Rechts auf Leben« beklagt.

2. Aus dem Recht auf Nahrung wird ein Appell an alle Regierungen zu einer tiefgreifenden Revision ihrer Haltung gegenüber der hungernden Welt abgeleitet.

3. Als Gefährdung der sozioökonomischen Rechte wird vor allem die »Konzentration wirtschaftlicher Macht in den Händen einer kleinen Zahl von Nationen oder multinationaler Gruppierungen« betrachtet. Arbeitslosigkeit, Diskriminierungen im Beschäftigungssystem und Rohstoffausbeutung bilden Schwerpunkte der weiteren Überlegungen.

4. Im Rahmen der politischen und kulturellen Rechte treten das Recht des einzelnen auf politische Betätigung, die Meinungs- und Pressefreiheit und das Verbot der Diskriminierung aus rassischen oder politischen Gründen in den Vordergrund.

5. Das Recht auf Religionsfreiheit hat nach Auffassung der Bischofssynode deshalb eine hervorgehobene Bedeutung, weil in ihm die Würde der menschlichen Person in besonderem Maß zum Ausdruck komme. Deshalb verweise gerade dieses Recht auf die Grundlage aller Menschenrechte.

Auffallend an diesem Dokument ist der Umfang der Themen und Probleme, die dem Begriff der Menschenrechte untergeordnet werden. Nach einer langen Epoche der Ablehnung hat die katholische Kirche nun, so scheint es, die Menschenrechte als Orientierungsrahmen für ihre politisch-gesellschaftliche Verantwortung in umfassendem Sinn akzeptiert. Dabei verfolgt sie die Tendenz, grundlegende Probleme der internationalen Ordnung, wie die Frage der Abrüstung oder einer neuen Weltwirtschaftsordnung, unter der Überschrift der Menschenrechte zu behandeln. Wir werden später noch erörtern, welche Schwierigkeiten sich mit dieser Ausweitung der Menschenrechtsthematik verbinden und ob mit ihr die Menschenrechte nicht – unter Vernachlässigung ihres rechtlichen Charakters – zu allgemeinen moralischen Postulaten umgeformt werden.

Betrachtet man nach der geschilderten Entwicklung der lehramtlichen Äußerungen nun, wie das Thema innerhalb der katholischen Theologie erörtert wird, so ist ein höchst auffälliger Tatbestand zu registrieren: Die Frage nach der innerkirchlichen Geltung und Durchsetzung der Menschenrechte hat – jedenfalls im deutschsprachigen Raum – das Übergewicht über alle anderen Fragen. Das ist insofern berechtigt, als ein Plädoyer der Kirche für die Menschenrechte erst dann glaubwürdig sein kann, wenn sie in ihrem eigenen Bereich Respekt für die Würde des Menschen erkennen läßt. Dies aber erfordert, so argumentieren katholische Theologen, zuallererst eine Erweiterung der Mitbestimmungsbefugnisse der Kirchenglieder[13]. Es erfordert ferner einen umfassenden Schutz der Gewissensfreiheit, vor allem auch für kirchliche Amtsträger und Theologen, sowie die Garantie des rechtlichen Gehörs und eines fairen Verfahrens für den Fall, daß die Lehrmeinungen von Theologen und die kirchliche Autorität miteinander in Konflikt geraten[14]. Für all diese Bereiche wird hinsichtlich der gegenwärtigen Rechtslage in der katholischen Kirche ein erhebliches Defizit festgestellt. In der Überwindung dieses Defizits wird der wichtigste Beitrag der Kirche zu den Menschenrechten gesehen. Dagegen habe die Kirche als Institution keine unmittelbare Zuständigkeit für den »praktischen Vollzug der Menschenrechte in der Welt«; die »Katholizität« der Kirche verbiete es auch, ihren Auftrag auf jene einzuschränken, von denen behauptet werde, sie seien ihrer »menschlichen Rechte und Freiheiten« beraubt[15]. Die Mitwirkung der Kirche an der politischen Durchsetzung der Menschenrechte konzentriert sich bei einer solchen Betrachtung auf die »Formung der Einzelpersönlichkeiten«, durch die dann auch eine Veränderung der politischen Gemeinschaften bewirkt werden könne[16]. Hinter dieser Meinung steht die katholische Auffassung, daß Hierarchie und Klerus sich nur zu den Prinzipien des gesellschaftlichen Lebens äußern sollten, während politische Verantwortung im Einzelfall von den Laien wahrzunehmen sei – eine Auffassung, die gegenüber den Versuchen einer politischen Bevormundung der Laien durch das kirchliche Lehramt eine positive und notwendige Funktion hat, sich aber als sehr problematisch erweist, wenn sie im Sinn einer grundsätzlichen Scheidung der Verantwortungsbereiche formuliert wird. Wir werden zu der Stellung von katholischer Theologie und Kirche zu den Menschenrechten bei einem Vergleich mit der protestantischen Tradition noch einmal zurückkehren[17].

2. Die traditionelle Distanz des deutschen Protestantismus zu den Menschenrechten

Der deutsche Protestantismus ist im 19. und in der ersten Hälfte des 20. Jahrhunderts den Menschenrechten überwiegend aus kritischer Distanz, wenn nicht gar feindselig begegnet. Man erklärt das gemeinhin mit seiner Ablehnung der Französischen Revolution, in welcher die erste Proklamation der Menschenrechte auf dem Kontinent geschah. Allerdings wurden die Freiheits- und Menschenrechte von 1789 zunächst auch von vielen in Deutschland – darunter Fichte, Hegel, Schelling, Hölderlin – enthusiastisch als Aufrichtung der in den Staub erniedrigten Menschenwürde begrüßt. Nicht die äußere Niederlage der Revolution, wohl aber ihre immanente Selbstwiderlegung durch den Umschlag in das Stadium des organisierten Terrors und dann wieder in die für die deutsche Freiheit bedrohliche Herrschaft Napoleons hat schließlich das deutsche Urteil über die Menschenrechtsideologie entschieden. Rückblickend erschien das Umschlagen der Proklamation von Freiheit und Gleichheit in den Terror der Vernichtung als der unvermeidliche Prozeß der Selbstzerstörung einer bloß abstrakten Freiheit ohne Bindung, als Folge der hybriden Empörung einer vermeintlichen Autonomie gegen Gott. Die Erfahrungen der Freiheitskriege bewirkten, daß sich der deutsche Protestantismus immer selbstbewußter von der westeuropäischen Entwicklung absonderte und die konstruktive Bedeutung der Menschenrechte in den USA und deren Zusammenhang mit christlichen Motiven nicht ernstlich zur Kenntnis nahm.

Indessen ist es nicht selbstverständlich, daß man die Menschenrechte so in den Schatten der Französischen Revolution geraten ließ. Denn Immanuel Kant, oft als der Philosoph oder doch der Moralphilosoph des deutschen Protestantismus gerühmt, hat viel getan, um gerade das zu verhindern. In seiner Schrift »Zum ewigen Frieden« (1795) – also in voller Kenntnis der Revolution, des Terrorregimes von Robespierre und seines Sturzes – entwickelte Kant einen großen Entwurf, in dem er das Verhältnis von Staatsrecht, Völkerrecht und Weltbürgerrecht

(Menschenrechten) entfaltete und begründete. Hier findet sich die von großartigem Pathos getragene Aussage zu den Menschenrechten: »Da es nun mit der unter den Völkern der Erde einmal durchgängig überhand genommenen (engeren oder weiteren) Gemeinschaft so weit gekommen ist, daß die Rechtsverletzung an einem Platz der Erde an allen gefühlt wird: so ist die Idee eines Weltbürgerrechts keine phantastische und überspannte Vorstellungsart des Rechts, sondern eine notwendige Ergänzung des ungeschriebenen Kodex sowohl des Staats- als Völkerrechts zum öffentlichen Menschenrecht überhaupt, und so zum ewigen Frieden, zu dem man sich in der kontinuierlichen Annäherung zu befinden nur unter dieser Bedingung schmeicheln darf.«[18]

Für Kant ergibt sich aus der Tatsache, daß im damaligen Stadium der Geschichte eine Rechtsverletzung an einer Stelle auf der Erde überall als solche empfunden wird – daß also eine universale Sensibilität für Menschenrechtsverletzungen vorliegt –, die Notwendigkeit, Staats- und Völkerrecht durch öffentliche Menschenrechte zu ergänzen. Diese These hätte insbesondere von jenen Richtungen der protestantischen Theologie aufgenommen und weitergeführt werden können, die sich sonst mit aller Entschiedenheit auf Kant stützten und den christlichen Glauben mit dem Geist der Aufklärung zu vermitteln suchten, also von den Strömungen des sogenannten theologischen Rationalismus. Hier tendierte man freilich dazu, das religiöse Bewußtsein und den politischen Freiheitsgedanken ohne weiteres in eins zu setzen[19]. Das aufklärerische Zutrauen zum Vernunftcharakter des Menschen verband sich hier mit dem Freiheitspathos protestantischer Tradition; die Gestaltung weltlicher und kirchlicher Ordnung nach den Maßstäben der Vernunft wurde geradezu als Konsequenz der Reformation betrachtet. Die Welle der konservativen Kritik an der Französischen Revolution und den Menschenrechten jedoch – beginnend mit Edmund Burkes »Reflections on the Revolution in France« von 1790, in der deutschen Übersetzung durch Friedrich Gentz 1793/94 erschienen – hatte so starkes Gewicht, daß Kants ganz unrevolutionäre, freilich republikanisch orientierte Begründung von Völkerrecht und Menschenrechten gegenüber ihrer revolutionären französischen Begründung in Vergessenheit geriet. Auch in der demokratischen, liberalen und nationalen Revolution von 1848/49 griff man nicht auf Kants universales Weltbürgerrecht zurück, sondern proklamierte nur die nationalen, also partikularen »Grundrechte des Deutschen Volkes« und entwarf eine Verfassung, die sich nicht einmal im Ansatz auf Völkerrecht und Menschenrechte bezog[20].

Nur Schleiermacher hat sich nicht allzu weit von Kant entfernt, wenn ihm auch der Menschenrechtsgedanke zerbröckelt. Er geht von einer Affinität, nicht Identität von politischer Freiheit und Freiheit des Glaubens aus. Seinen Blick beschränkt er nicht auf die Probleme des innerstaatlichen Rechts, sondern hält an der Idee des Völkerrechts fest. Da es aber keine wirkliche Instanz gibt, welche die Idee des Völkerrechts verkörpert und über den Staaten steht, bleibt diese eine bloße Idee – freilich eine unentbehrliche; denn sie ist das weltliche Analogon zum Gedanken des Reiches Gottes, das heißt zu dem Gedanken des von Christus gestifteten universalen neuen Gesamtlebens. Aber Schleiermacher versucht nicht, sie mit der Idee der Menschenrechte zu verbinden[21]. Indessen ist Schleiermacher gleichzeitig für die »Konstitutionstendenz« im Staat und für die Verwirklichung der »Synodalverfassung« in der Kirche eingetreten; für beide Bereiche ergab sich aus dem Gedanken der Freiheit das Ziel der »gesetzlichen Aufhebung« der Ungleichheit und die »Tendenz, immer mehrere positiven Anteil nehmen zu lassen an den gemeinsamen Angelegenheiten, so daß der Gegensatz des Gebietens und des Gehorchens immer mehr nur ein funktioneller wird und immer mehr aufhört, ein persönlicher zu sein«[22]. Diese Überlegungen berühren sich durchaus mit den Grundmomenten des Menschenrechtsgedankens[23].

Auch Schleiermachers Einstellung setzte sich nicht durch. Vielmehr hatte sich im Gefolge des Scheiterns der Französischen Revolution und der siegreichen Freiheitskriege das Bewußtsein von der Besonderheit des »deutschen Geistes« verstärkt. Man fühlte sich emanzipiert aus der Bevormundung durch westeuropäischen Rationalismus und Materialismus; diese Erfahrung prägte auch den Protestantismus. Jetzt konnte man schlankweg die Humanitätsidee der deutschen Klassik den französischen Menschenrechtsideologien entgegensetzen. Die Romantik hatte den »Weg nach innen« geöffnet, in die universale Tiefe der Individualität ebenso wie in das historisch Gewachsene, das nicht rational Konstruierte und Gekünstelte[24]. Das protestantische Denken nahm geradezu den deutschen Idealismus auf als »den großangelegten Versuch deutscher

Denker, dem Radikalismus der westlichen Aufklärung gegenüber ein geist- und seelenhaftes, dem religiösen Glauben geöffnetes Verständnis des menschlichen Lebens zurückzugewinnen und damit das Abgleiten der europäischen Kultur ins rein Diesseitige und Irdische zu verhüten«[25].

Unter den deutschen Idealisten hat Hegel den größten Einfluß auf den Protestantismus, vor allem aber auf das Staatsrechtsdenken gewonnen. Er hat das Aufkommen des Menschenrechtsgedankens bewußt verarbeitet. Von ihm stammt die Forderung, die Grundrechte und Grundpflichten der Staatsbürger sollten »auf Tafeln in Kirchen aufgehängt, der erwachsenen Jugend beigebracht und zu einem stehenden Artikel des Schul- und kirchlichen Unterrichts gemacht werden«[26]. Indessen knüpft Hegel hier mehr an die Grundrechte des beginnenden deutschen Konstitutionalismus an als an die »abstrakten« Menschenrechte der Französischen Revolution. In seiner Rechtsphilosophie bindet er mit eherner Konsequenz die Rechte und Pflichten des einzelnen an den Staat, der seinerseits auf Religion beruhen muß, weil in ihr die Sicherheit der Gesinnung, der Pflichten gegen den Staat erst absolut sei. Menschenrechte, die dem einzelnen eine subjektive Rechtsposition auch gegenüber dem Staat einräumen würden, weil der einzelne nicht im Staat aufgehe, sind hier undenkbar. Mit ihnen würde die absolute Identität des Rechts und der Pflicht, die nur der Staat als göttlicher Wille gewährleistet, aufgelöst werden. Es entstünde eine Asymmetrie von Rechten und Pflichten, welche die Souveränität des Staates schmälern müßte[27]. Eine Anknüpfung an das Völkerrecht im Sinne Kants ist deshalb undenkbar, weil die Vorstellung einer rechtlichen Verbindlichkeit völkerrechtlicher Regeln auch im Konfliktfall dem Gedanken der staatlichen Souveränität widerspricht; völkerrechtliche Regeln sind deshalb auf moralische Verbindlichkeit beschränkt[28]. So hat Hegels rechtsphilosophische Begründung des Staatsrechts dem deutschen Rechtsdenken eine tiefe Abneigung gegen Menschenrechte als subjektiv-öffentliche Rechte eingepflanzt. Denn sie sind nicht bloß Grund- und Bürgerrechte, die aus dem besonderen Willen des Staates selbst hervorgehen, sondern haben einen den Staat transzendierenden Geltungsgrund.

Gleichwohl sind wichtige Elemente des Menschenrechtsgedankens in die deutsche Verfassungsentwicklung des 19. Jahrhunderts eingegangen, wenn nicht in bewußter Ableitung aus ihm, so doch als Alternative zu ihm. Die Ausbildung des deutschen Konstitutionalismus dieser Epoche, der die Verbürgung von Grundrechten einschloß, ist ohne ihn nicht denkbar.

In der protestantischen Ethik, die um die Mitte des 19. Jahrhunderts mit der Staats- und Rechtslehre eng verbunden war, kam eine Tendenz zur Herrschaft, die sich mit Nachdruck von dem westeuropäischen individualistischen Menschenrechtsgedanken abhob und die Gemeinschaft sowie die objektive Rechtsordnung in den Mittelpunkt ihrer Überlegungen stellte. Das sei an einem Zitat aus einem der einflußreichsten Lehrbücher der Zeit – der »Christlichen Ethik« von Adolph von Harleß – verdeutlicht: »Das Recht hat überall eine natürlich gegebene Ordnung zur Voraussetzung; es begründet dieselbe nicht, sondern es fixiert nur deren Anerkennung. Das Recht setzt nicht die geordnete Volksgemeinschaft und bringt sie nicht erst in eine Einheit, sondern es hat zur Voraussetzung die ursprünglich und natürlich gegebene Einheit der Nation, höher hinauf des Menschengeschlechts, als eine sittlich angelegte Gesamtexistenz. In der Zugehörigkeit des einzelnen zu diesen gegebenen sittlichen Gesamtexistenzen liegt die Verpflichtung, die im Rechte verwirklichte und als Gemeinethos erkannte Ordnung derselben anzuerkennen und ihr zu gehorsamen.«[29] Dem hier formulierten Spannungsverhältnis zwischen einem angeborenen Recht des einzelnen und einer natürlich gegebenen Gemeinschaftsordnung entspricht die Spannung zwischen der Betonung subjektiv-öffentlicher Rechte und der Hervorhebung der Pflichten, die sich aus einer objektiven Rechtsordnung ergeben; dieser Zusammenhang wird uns in unserer weiteren Erörterung des Menschenrechtsgedankens noch beschäftigen.

In den theologischen Auseinandersetzungen um die Revolution von 1848 trat diese Spannung in ausgeprägtem Maß hervor. Dabei kam es oft zu einer Vereinseitigung des Ordnungsbegriffs, auf den Harleß sich an der gerade zitierten Stelle in so abgewogener Weise bezieht. Ähnlich wie der Rationalismus die bürgerlichen Freiheitsrechte mit der Freiheit des Glaubens identifizierte, setzten nun Konservative die vorgegebene staatliche und gesellschaftliche Ordnung mit der göttlichen Ordnung gleich. Andere schreckten vor dem Fortschrittsoptimismus zurück, mit dem die Ideen der Revolution vertreten wurden; zu ihnen gehörten auch bedeutende Vertreter liberaler Theologie. »Der neue Geist der Zeit« – so heißt es bei Ferdinand Christian

Baur – »scheint dahin zu gehen, mit aller Vergangenheit für immer zu brechen, um künftig nichts gelten zu lassen, was nicht auf einem neuen, jetzt erst gelegten Grunde ruht. Aber das Kreuz des Herrn steht auch jetzt noch vor uns aufgerichtet; auch die glänzendsten Hoffnungen einer neuen Zeit, die man uns vorhält, können uns nichts Besseres geben ... Man folgt der einmal entstandenen Bewegung gern, weil man einer guten Sache zu dienen meint; und doch, wie bald ist die Grenzlinie überschritten, über die man nicht hinausgehen kann, ohne vor einem Abgrund zu stehen.«[30]

In dem »Weg nach innen«, der in der romantischen Religiosität und in der Frömmigkeit der Erweckungsbewegung eingeschlagen wurde, drückte sich noch eine weitere Einstellung zum Problem der Freiheitsrechte aus: nämlich die Gleichgültigkeit gegenüber Fragen der politischen Existenz. Alle drei Positionen – die Vorstellung von einer gottgegebenen Ordnung, die Skepsis gegenüber dem Fortschrittsoptimismus und die Distanzierung vom politischen Bereich – bestimmten auch in der Folgezeit, einander vielfältig durchdringend und modifizierend, oft auch durch andere Motive ergänzt, die Stellung weiter Teile des Protestantismus zum Problem der neuzeitlichen Freiheitsrechte.

Dennoch wurde die Formulierung der Grundrechte des deutschen Volkes durch die Frankfurter Nationalversammlung von einem großen Teil der für das religiöse und kirchliche Leben engagierten Kreise in Deutschland akzeptiert. Dies galt wohl auch für die religionsrechtlichen Regelungen, die im Rahmen der Frankfurter Grundrechtsdiskussion gefunden wurden und die für die Folgezeit, obwohl sie nicht verfassungsrechtlich in Geltung standen, den Charakter einer »lex regia« des deutschen Staatskirchenrechts annahmen[31]. Sie verbanden die Gewährleistung der Glaubens- und Gewissensfreiheit mit der Garantie der Autonomie der Religionsgesellschaften. Diese Autonomie war allerdings für die bisher bevorrechtigten Konfessionen teuer erkauft, da sie mit der Gleichstellung aller Religionsgesellschaften verknüpft war. Die Schulen stellte die Frankfurter Reichsverfassung unter die Oberaufsicht des Staats; die Rechtsgültigkeit der Ehe machte sie allein vom »Zivilakt« abhängig. Sie zielte also darauf, die geistliche Schulaufsicht zu beseitigen und der kirchlichen Trauung jede bürgerliche Rechtswirksamkeit abzuerkennen.

Diese stärkere Sonderung zwischen staatlichen und kirchlichen Institutionen nahm man jedenfalls in Teilen des deutschen Protestantismus hin. Vor allem aber suchte man – im Gegensatz zu einem als »westlich« verstandenen rationalistischen Individualismus – die religiösen und kirchlichen Grundlagen des Volkslebens zu erhalten. Dies äußerte sich in verschiedenen Formen, mit besonderem Nachdruck etwa im Begriff des »christlichen Staats« (F. J. Stahl) oder in dem Konzept der Volkskirche, als deren Aufgabe die »Durchchristlichung« des ganzen Volkes gesehen wurde (J. H. Wichern). Aus diesem Interesse entstanden gerade im Revolutionsjahr die ersten, wenn auch noch nicht sehr erfolgreichen Ansätze zu einem organisatorischen Zusammenschluß des gesamten deutschen Protestantismus[32]. Der Tendenz zur Säkularisierung des privaten wie des öffentlichen Lebens, die sich mit der Betonung der individuellen Freiheitsrechte zu verbinden schien, suchte man durch die Betonung der religiösen Grundlagen des Volkslebens entgegenzuwirken.

In besonders zugespitzter Weise wurde der Gegensatz zwischen den westlich-liberalen Vorstellungen und den »christlichen« Grundlagen des Zusammenlebens in den Jahren nach dem deutsch-französischen Krieg formuliert: nach dem Erfolg über Frankreich gehe es nun darum, den Sieg über das »innere Paris«, über das »Frankreich in Deutschland« davonzutragen – nämlich über die Denkart, die durch Aufklärung, Rationalismus, Liberalismus, Materialismus, Atheismus sowie die Menschenrechte charakterisiert sei. Man betrachtete nun vor allem auch die sozialistische Bewegung als den Erben dieses französischen Liberalismus[33]. Die Unvereinbarkeit zwischen christlichem Glauben und sozialistischen Überzeugungen ergab sich also bereits aus der westeuropäischen Herkunft dieser Überzeugungen[34].

Auch der liberale deutsche Protestantismus war, wie der konservative, im ausgehenden 19. Jahrhundert nicht bereit, den westeuropäischen Liberalismus der Menschenrechte zu übernehmen und damit die Gefahr einer Schwächung des starken Staates zu riskieren. Aber gerade im Kulturprotestantismus entwickelte sich eine Auffassung, die geeignet war, zwar nicht vom Individuum, aber von der Kulturtheorie her den Staat zu begrenzen. Wilhelm Herrmann hat dem in seiner »Ethik« vielfältigen Ausdruck gegeben. »Die Anerkennung dieser Tatsache, daß doch schließlich das Wichtigste im menschlichen

Leben der politischen Gewalt entzogen ist, muß der Christ von dem Staat, dem er angehört, verlangen.« Christlicher Einfluß bewirkt, daß alle Maßnahmen des Staates durchdrungen werden von der Einsicht in die gründliche Scheidung von sittlicher Freiheit und Gewalt. Dem kann nur dadurch genügt werden, »daß der Staat, der die Menschen beherrscht, einen Bereich der Freiheit, eine Heimat der Geister als seiner Gewalt unfaßbar anerkennt. Die nie endende Ausdehnung des öffentlichen Rechts auf seinem Gebiet, aber auch die strengste Beschränkung des öffentlichen Rechts auf dieses Gebiet, ist Dienst Gottes im Staat«[35]. Von Menschenrechten ist hier nicht die Rede; aber in der Konsequenz berühren sich manche Auffassungen des Kulturprotestantismus mit dem Menschenrechtsgedanken.

Es war ein Durchbruch in der deutschen Menschenrechtsdiskussion, als der Jurist Georg Jellinek 1895 die Frage nach der Vorgeschichte und Entstehung der französischen Erklärung der Menschen- und Bürgerrechte neu aufrollte[36]. Er verfocht eine doppelte These. Zum einen legte er dar, daß die Erklärung von 1789 in erster Linie nicht aus der Geschichte des französischen politischen Denkens zu erklären ist, sondern in ihrer Entstehung auf das Vorbild der nordamerikanischen Bills of Rights zurückgeht; zum anderen wollte er deutlich machen, daß der Menschenrechtsgedanke selbst sich aus der Forderung nach Religionsfreiheit entwickelt hat. Jellineks Thesen waren in der Folgezeit heftig umstritten und lassen sich, worauf später einzugehen ist, historisch nur teilweise aufrechterhalten. Doch ihre Bedeutung, die durch Kritik im einzelnen nicht berührt wird, lag vor allem in diesem Doppelten: Gegenüber der engen Verbindung zwischen dem Menschenrechtsgedanken und der Französischen Revolution war nun das Gewicht der nordamerikanischen Menschenrechtsentwicklung zur Geltung gebracht, und zum anderen war das Verhältnis zwischen Protestantismus und Menschenrechten mit Nachdruck zur Diskussion gestellt[37].

Doch diese Diskussion konnte nicht verhindern, daß im Ersten Weltkrieg »westliche Zivilisation« und »deutsches Wesen« erneut zu einer schroffen Alternative wurden. Ernst Troeltsch sah die formale westliche Freiheitsidee und die deutsche Idee der Freiheit als zwei selbständige Konzeptionen einander gegenüberstehen[38]. Die »Ideen von 1914« wurden gegen den Individualismus und Materialismus des westlichen Denkens gesetzt.

So waren die Voraussetzungen dafür nicht besonders günstig, daß der deutsche Protestantismus die Frage nach dem Verhältnis des reformatorischen Erbes zur Idee der Menschenrechte wieder hätte aufnehmen können. In ihrer überwiegenden Mehrzahl verhielten sich vielmehr die verantwortlichen Kirchenmänner und auch die Pfarrerschaft gegen die demokratische Republik von Weimar, damit aber auch gegen die Tradition der Menschenrechte beziehungsweise Grundrechte sowie gegen ihre Rezeption in der Weimarer Reichsverfassung distanziert und kritisch[39]. Ein zugespitztes, zugleich die wichtigsten Argumente pointiert zusammenfassendes Resümee der Auseinandersetzung findet man in Friedrich Gogartens »Politischer Ethik« von 1932, einer vielleicht nicht ganz repräsentativen, aber doch überaus kennzeichnenden Schrift. Deshalb seien Gogartens Einwände gegen die westliche Idee der Menschenrechte hier genannt.

In den Menschenrechten, die in Amerika entstanden und durch die Französische Revolution weltgeschichtliche Bedeutung gewannen, findet die individualistische Staatsauffassung ihren klassischen Ausdruck. Die Menschenrechte sind perfektionistische Vollkommenheitsideale; das fordernde Individuum verdrängt dabei die »in jeder Hinsicht begrenzte Möglichkeit des Lebens in der Polis«. In schwärmerischer Weise setzen diese Ideale »ein unbegrenztes Vermögen des Menschen« voraus, »über sich selbst . . . zu verfügen und das Gute im unendlichen Streben und in der Vervollkommnung seines Selbst zu verwirklichen. Jede individualistische Ethik und das heißt nichts anderes als unpolitische Ethik geht aus von der Voraussetzung, daß der Mensch grundsätzlich gut sei«[40]. Von dieser Voraussetzung aus wird ein Staat gefordert, der alles Mögliche können, aber nichts mehr dürfen soll. Damit aber wird der Staat selbst aufgehoben: Das öffentliche Leben entartet; alles löst sich in ohnmächtige, stumpfe Sinnlosigkeit auf.

Die Theologie kann sich nach Gogartens Auffassung in keinem Sinn auf die individualistische Vollkommenheitsethik der Menschenrechte und ihr Anspruchsdenken einlassen. Denn sie hat dem Menschen zu erklären, daß er radikal und unaufhebbar böse und der Macht des Bösen verfallen ist. Der Staat hat die Aufgabe, zu verhindern, daß die Menschen sich dem zerstörerischen Kampf aller gegen alle ausliefern. Deshalb gilt es, »die in jeder Hinsicht begrenzte Möglichkeit des Lebens in der Polis«, des Lebens unter dem – theologisch verstandenen – »Gesetz« und unter den aus der Bosheit des Menschen stammenden Notwendigkeiten zu ergreifen und ethisch zu bejahen.

Das Evangelium wird in dieser politischen Ethik aufgefaßt als die Botschaft an den Menschen, die ihn seiner Sünde überführt und ihm die Vergebung Gottes und darum Freiheit zuspricht. Doch diese Freiheit ist nach Gogarten mißverstanden, wenn sie als Grundlage für den Entwurf einer staatlichen Ordnung gebraucht wird, die dann das Böse im Menschen meint überspringen und geistliche Freiheit in staatliche Gesetze ummünzen zu können. Diese Verwechslung von Gesetz und Evangelium eben ist der Grundfehler in der Vollkommenheitsethik der Menschenrechte.

Auf dem Hintergrund einer solchen ablehnenden Haltung zu den Menschenrechten ist es auffallend, wie schnell nach 1945 auch im deutschen Protestantismus die Gewährleistung der Menschenrechte als ein positives Element gewürdigt und bejaht wurde. Dabei spielten einerseits die Erfahrungen eine Rolle, die man mit der Verletzung der Menschenwürde durch das nationalsozialistische und das stalinistische Regime gemacht hatte; sie nötigten zu einer neuen und positiven Würdigung des Menschenrechtsgedankens, der 1949 Eingang in den Grundrechtskatalog des Bonner Grundgesetzes fand. Gefördert wurde diese Haltungsänderung aber zugleich vielfach durch die Identifikation der Menschenrechte mit dem westlichen politisch-gesellschaftlichen System; ihm wurde die faktische Verleugnung und Verletzung der Menschenrechte in den osteuropäischen Staaten kontrastierend gegenübergestellt. Walter Künneth sprach in einem der frühesten Entwürfe christlicher Ethik des Politischen in dieser Zeit von der Inkonstanz des außerchristlichen Menschenbildes, welche die Festlegung allgemeiner »Menschenrechte« unmöglich mache. Ein auf dem säkularistischen Denken aufgebautes Naturrecht führe nur zur Absolutsetzung der menschlichen Natur. »Eine ›Politische Ethik‹ läßt sich also nicht auf diese vermeintliche Entdeckung der Menschenrechte begründen. Die Rede von ihnen ist nicht die Voraussetzung der Ethik, sondern vielmehr die ethische Folge der Offenbarungserkenntnis.«[41] Es wird nicht deutlich, ob Künneth überhaupt zwischen Grundrechten und Menschenrechten einen Unterschied macht. Andere Theologen bestritten, insbesondere im Gefolge der Dialektischen Theologie, die Möglichkeit einer »theologischen Begründung« von Menschenrechten grundsätzlich[42]. Die Diskussion verengte sich in der weiteren bundesrepublikanischen Entwicklung bald auf eine Erörterung der im Bonner Grundgesetz gewährleisteten Grundrechte: Nicht das Problem der Menschenrechte, sondern allenfalls die Frage nach dem Rechtsstaat wurde zum Thema theologischer Sozialethik. Diese Themenstellung, so notwendig sie war, barg die Tendenz zu einer auf den staatsinternen Bereich verengten Betrachtungsweise in sich. Der Zusammenhang der innerstaatlichen Grundrechtsgarantien mit der internationalen Menschenrechtsentwicklung trat weitgehend in den Hintergrund. Es bedurfte neuer Anstöße, vor allem aus der ökumenischen Bewegung, um ein Interesse an der umfassenderen Problematik der Menschenrechte zu wecken.

3. Menschenrechte in der ökumenischen Diskussion

Die Behandlung der Menschenrechtsthematik hat im Rahmen der ökumenischen Bewegung eine lange Tradition. Zu deren bemerkenswertesten Etappen gehört die Rolle, die die Kommission der Kirchen für internationale Angelegenheiten (CCIA) bei der Ausarbeitung der Allgemeinen Erklärung der Menschenrechte von 1948 gespielt hat: Insbesondere die Fassung des Rechts auf Religionsfreiheit hat sie erheblich beeinflußt. Darüber hinaus fand die westliche, speziell die angelsächsische Menschenrechtstradition Eingang in das sozialethische Konzept, das seit der Weltkirchenkonferenz für Praktisches Christentum 1937 in Oxford vorbereitet und auf der Gründungsversammlung des ÖRK in Amsterdam 1948 proklamiert wurde, nämlich das Konzept der »verantwortlichen Gesellschaft«[43]. Zu deren Kennzeichen sollen folgende Elemente gehören: Meinungsfreiheit, Toleranz, Kontrolle politischer und wirtschaftlicher Macht, Gleichheit sowie die Freiheit eines Volkes, seine Regierung zu kontrollieren, zu kritisieren und zu wechseln.

In den ersten Jahrzehnten nach 1948 wurde dieses Konzept vor allem im Blick auf den Neuaufbau der Gesellschaften nach dem Krieg, die Auseinandersetzung zwischen Ost und West und den Konflikt zwischen kapitalistischem und kommunistischem Gesellschaftssystem zur Geltung gebracht. Die Genfer Weltkonferenz für Kirche und Gesellschaft im Jahre 1966 zeigte als ein Signal, daß etwas Neues nach Beachtung drängte: Die frühere Fragestellung wurde überlagert durch das Problem der Selbstbestimmung und eigenverantwortlichen Entwicklung in den Ländern der Dritten Welt. Inzwischen war das Konzept der »verantwortlichen Gesellschaft« ergänzt worden durch ein Programm über »schnellen sozialen Wandel«, das in den Theologien der Revolution und der Befreiung radikalisiert wurde. Zugleich damit gewann die Frage nach der (inhaltlichen) sozialen Legitimität politischen Handelns den Vorrang vor der Frage der (formalen) demokratischen Legalität politischer Entscheidungsprozesse. Da eine der wichtigsten Funktionen der Menschenrechte darin liegt, daß sie Kriterien für die Legitimation des politischen Handelns abgeben sollen, mußte die geschilderte Entwicklung zu einer neuen und umfassenden Erörterung dieses Themas im Rahmen der Ökumene führen.

Andere Elemente traten hinzu. Innerhalb der Menschenrechte rückte für das Handeln des Ökumenischen Rates der Kirchen das Verbot der Diskriminierung aus rassischen Gründen in den Mittelpunkt[44]. Das vom ÖRK seit 1970 durchgeführte »Programm zur Bekämpfung des Rassismus« (PCR) bildete einen vielbeachteten Meilenstein auf dem Wege der Beschäftigung mit der Menschenrechtsthematik. Die Frage war allerdings, ob die – insbesondere auch von der EKD vorgeschlagene – Einbettung dieses Programms in den größeren Rahmen der Menschenrechte zu einer Entschärfung oder gar Neutralisierung der ökumenischen Parteinahme in diesem – besonders im Südlichen Afrika brennenden – Konflikt führen oder ob sie eine größere Sensibilität in den christlichen Kirchen für die Verantwortung hervorrufen würde, die mit den sich steigernden Menschenrechtsverletzungen in der heutigen Welt auf sie zukommt.

Weiteren Nachdruck erhielt die ökumenische Behandlung der Menschenrechtsthematik dadurch, daß auch in der Arbeit der konfessionellen Weltbünde seit 1970 auf sie verstärktes Gewicht gelegt wurde. Der Lutherische Weltbund (LWB), der seine Vollversammlung 1970 im letzten Augenblick von Porto Alegre (Brasilien) nach Evian (Frankreich) verlegte, war vor allem durch die Situation in Brasilien zu einer klaren Stellungnahme genötigt. Die Menschenrechtserklärung von Evian, die nach intensiven Auseinandersetzungen verabschiedet wurde, bezeichnet die Menschenrechte als »gottgegeben«. Besonders hebt sie hervor, daß Menschenrechte nicht nur durch die Anwendung direkter Gewalt, sondern auch durch die Auswirkungen ungerechter sozialer und ökonomischer Systeme verletzt werden. Angesichts dieser Situation fordert sie zu verstärktem Studium der Menschenrechtserklärungen, zu einer Weiterentwicklung des Menschenrechtsbewußtseins in den Kirchen und zu praktischer Hilfe für die auf, die – als einzelne oder als gesellschaftliche Gruppen – in ihren Rechten beeinträchtigt werden[45]. Dieser Appell hat im Rahmen des LWB einen Studien- und Arbeitsprozeß ausgelöst, dessen Resultate bei der nächsten Vollversammlung in Daressalam zur Diskussion stehen werden. Ähnliche Anstöße bewegten auch den Reformierten Weltbund seit seiner Vollversammlung in Nairobi im Jahr 1970. Diese Versammlung veranlaßte eine theologische Untersuchung des Problems in den Mitgliedskirchen, deren Abschluß in der Erklärung über »die theologische Basis der Menschenrechte« vom Februar 1976 vorliegt. Auf diese Studie werden wir später noch eingehen[46].

In all diesen Studienprozessen der letzten Jahre kam die dramatische Akzentverschiebung zur Geltung, der das Thema der Menschenrechte heute unterworfen ist. Bis in die zweite Hälfte der sechziger Jahre stand hinter den Menschenrechtskonzepten der Vereinten Nationen wie auch der Ökumene die Überzeugung, daß es durch »Entwicklung« zur Weltgesellschaft möglich sei, die Lebensbedürfnisse eines jeden Menschen zu befriedigen; dabei vertraute man insbesondere auf die Wirkungen des technischen Fortschritts. Unter diesen Voraussetzungen erschien es als sinnvoll, die Menschenrechte als Ansprüche des Individuums an »den Staat« und als Leitprinzipien staatlichen Handelns zu fassen und alle Länder hinsichtlich der Menschenrechte so zu betrachten, als seien sie auf dem Weg zur Wohlstandsdemokratie. Die damalige optimistische Einschätzung der Weltentwicklung ließ die Frage nicht aufkommen, wie Menschenrechte – als abstrakte Normen mit universaler Gültigkeit verstanden – dann umgeformt werden müssen, wenn die meisten Regionen der Welt offenbar nicht auf dem Weg in den Wohlstand, sondern in unabsehbare Knappheitsbedingungen sind. Diese Situation – und mit ihr: die ökologische Bedingtheit von Menschenrechten – tritt aber seit der Wende zu den siebziger Jahren immer stärker ins politische und auch ins kirchliche

Bewußtsein. Damit stellt sich eine Reihe von fundamentalen Fragen für das Verständnis und die Anwendung von Menschenrechtskatalogen. Einige dieser Fragen seien genannt: Müssen, wenn Knappheit herrscht, elementare Menschenrechtsstandards formuliert werden, die auf keinen Fall unterschritten werden dürfen? Muß eine Rangfolge der Menschenrechte im Blick auf die Dringlichkeit ihrer Verwirklichung eingeführt werden? Was wären die Kriterien für eine solche Reihenfolge? Weiter: Muß eine Differenzierung der Menschenrechtskataloge durchgeführt werden, die der jeweils unterschiedlichen Lage in verschiedenen Regionen der Erde Rechnung trägt? Oder nötigt die gegenwärtige Situation umgekehrt dazu, die häufig als Alternative und Konkurrenz auftretenden verschiedenen Verständnisse der Menschenrechte auf ihren gemeinsamen und unaufgebbaren Kern zu befragen? Für eine kirchlich-theologische Reflexion geht es bei all diesen Problemstellungen darum, ob es theologische Kriterien für die Interpretation und Gewichtung der Menschenrechte gibt und wie sich die behauptete Universalität der Menschenrechte zur Universalität des Evangeliums verhält.

Eine erste Anstrengung, auf solche Fragen Antworten zu finden, wurde bei der Konsultation des ÖRK in St. Pölten im Oktober 1974 unternommen. Zu deren wichtigsten Ergebnissen gehört der Versuch, einen Katalog elementarer menschenrechtlicher Standards zu formulieren, der der Differenzierung in individuelle und soziale Menschenrechte vorgeordnet ist; seine Funktion soll die einer gemeinsamen Basis sein, von der aus Christen, die in unterschiedlichen Situationen leben, Menschenrechtsprobleme behandeln können. Dieser Vorschlag einer Argumentationsbasis lautet:

»(a) Es gibt ein grundlegendes Recht des Menschen auf Leben – zu dieser Thematik gehört auch die gesamte Frage des Überlebens, der Bedrohungen und Verletzungen, die aus ungerechten wirtschaftlichen, sozialen und politischen Systemen erwachsen, und die Frage der Lebensqualität. (b) Es gibt ein Recht, sich kultureller Identität zu erfreuen und diese zu erhalten – zu dieser Thematik gehören Fragen wie die nationale Selbstbestimmung, die Rechte von Minderheiten usw. (c) Es gibt ein Recht, an den Entscheidungsprozessen in der Gemeinschaft teilzuhaben – diese Thematik erstreckt sich auf die gesamte Frage effektiver Demokratie. (d) Es gibt ein Recht auf eigene, auch abweichende Meinung, das eine Gemeinschaft oder ein politisches System davor bewahrt, sich in autoritärer Unbeweglichkeit zu verhärten. (e) Es gibt ein Recht auf persönliche Würde, das zum Beispiel die Verurteilung der Folter und einer fortgesetzt verlängerten Haft ohne faires Gerichtsverfahren einschließt. (f) Es gibt ein Recht, sich frei für eine Religion oder einen Glauben zu entscheiden. Dieses Recht umfaßt die Freiheit, allein oder in Gemeinschaft mit anderen, öffentlich oder privat seine Religion oder seinen Glauben in Wort und Tat, durch Gottesdienst und Befolgung von Riten zu bekennen.«[47]

Die Nähe dieses Katalogs zu der gleichzeitig entstandenen Zusammenstellung der römischen Bischofssynode, von der oben die Rede war, ist offenkundig. Beide Dokumente verdienen als Versuche, einen Konsens über grundlegende Elemente der Menschenrechte herbeizuführen, Beachtung. Allerdings wird man beiden gegenüber fragen müssen, ob es sich hier um mehr handelt als um eine additive Zusammenstellung derjenigen Aspekte der Menschenrechtsidee, die in der heutigen Situation besonderes Interesse auf sich ziehen, beziehungsweise ob, anders gewendet, aus ihnen schon eine in sich konsistente und überzeugende Grundstruktur des Menschenrechtsgedankens abzulesen ist. Und man wird ferner fragen müssen, ob das Hineinnehmen so weitreichender – und vielfach noch ungeklärter – Probleme wie derjenigen der Lebensqualität, der internationalen Wirtschaftsbeziehungen oder der kulturellen Identität in den Menschenrechtsgedanken diesen nicht derart ausdehnt, daß er in der Gefahr steht, seine spezifischen Konturen zu verlieren. Es handelt sich dabei um Probleme, die meist auch im Völkerrecht und im innerstaatlichen Recht ihren Ort haben oder neuerdings bekommen; daher ist zu überlegen, ob die für sie angemessenen Kriterien als subjektiv-öffentliche Rechte (Menschenrechte) formuliert werden können und wie sich hinsichtlich dieser Probleme formulierte Menschenrechte zu dem sonstigen Recht verhalten würden. Und schließlich bleibt zu fragen, welcher theologisch verstandene Grund zu einer solchen Bestimmung und Anordnung menschenrechtlicher Elementarstandards Anlaß gibt.

Der Katalog menschenrechtlicher Elementarstandards, den die Konsultation in St. Pölten aufgestellt hatte, wurde von der Vollversammlung des ÖRK, die Ende 1975 in Nairobi zusammentrat, aufgenommen. Als Problemkreise, die der besonderen

Aufmerksamkeit bedürfen, nennt sie folgende: das Grundrecht auf Leben (a), die Rechte auf Selbstbestimmung, auf kulturelle Identität und die Rechte von Minderheiten (b), das Recht auf Mitbestimmung innerhalb der Gemeinschaft (c), das Recht des Andersdenkenden (d), das Recht auf die Würde jedes einzelnen (e) und die Religionsfreiheit (f). Innerhalb dieser verschiedenen Problemkreise wird die Frage nach dem rechtlichen Status der Frauen und ihrer effektiven Gleichberechtigung nachdrücklich zur Geltung gebracht[48]. In den Mittelpunkt des Interesses aber rückte in Nairobi die Frage der Religionsfreiheit. Erörtert wurde vor allem, welche Konsequenzen sich aus der Schlußakte der Konferenz für Sicherheit und Zusammenarbeit in Europa vom August 1975 ergeben[49]. Sie verpflichtet die Unterzeichnerstaaten zur Achtung der Menschenrechte und Grundfreiheiten einschließlich der Gedanken-, Gewissens-, Religions- oder Überzeugungsfreiheit. Dies war der Anknüpfungspunkt für eine intensive Auseinandersetzung der Vollversammlung mit dem Problem der Behinderung und Verweigerung freier Religionsausübung in den osteuropäischen Staaten, vor allem in der Sowjetunion. Auf eine gemeinsame inhaltliche Stellungnahme zu dem Problem konnte sich die Vollversammlung nicht einigen; statt dessen wurde der Generalsekretär des ÖRK beauftragt, dafür zu sorgen, »daß die Frage der Religionsfreiheit Gegenstand gründlicher Beratungen mit den Mitgliedskirchen der Signatarstaaten des Helsinki-Abkommens ist und daß auf der nächsten Zentralausschußtagung im August 1976 ein erster Bericht vorgelegt wird«[50].

Dieser Bericht wurde inzwischen von Philip Potter, dem Generalsekretär des ÖRK, erstattet[51]. Er verzichtet aus Rücksicht auf die Lage der Kirchen in den sozialistischen Ländern darauf, die Einschränkung der Religionsfreiheit in den osteuropäischen Staaten generell zu kritisieren. Statt dessen schlägt er eine Reihe von Maßnahmen vor, durch die die Kirchen im Bereich der Unterzeichnerstaaten des Dokuments von Helsinki wirkungsvoller als bisher gemeinsam für die Verwirklichung der Menschenrechte und den Schutz der Religionsfreiheit eintreten können. Der Bericht drängt vor allem die europäischen Kirchen, sich verstärkt dem Studium der Menschenrechte zuzuwenden und auf der Basis der wechselseitigen Information, der Zusammenarbeit und des gegenseitigen Vertrauens für die Menschenrechtsverwirklichung zu arbeiten. Aus dem Bericht

Philip Potters geht schließlich mit Deutlichkeit hervor, daß die theologische Reflexion über das Verständnis der Menschenrechte und den Umgang mit ihnen ein notwendiges Element in der gemeinsamen Arbeit der Kirchen für deren Verwirklichung ist.

4. Zwischenbilanz zur Stellung von Theologie und Kirche zu den Menschenrechten

Die vorangegangenen Skizzen der Behandlung des Themas Menschenrechte im römischen Katholizismus, im deutschen Protestantismus und in der ökumenischen Bewegung geben uns die Möglichkeit zu einer komparativen Auswertung. Dabei greifen wir auf die Fragen, die wir am Anfang des Kapitels gestellt haben, zurück.

Der römische Katholizismus wie der deutsche Protestantismus wurden durch die Französische Revolution vor das Problem der Menschenrechte gestellt; sie wurden dadurch nicht allein mit der Forderung nach innerstaatlichen Grund- und Bürgerrechten, sondern eben mit dem Postulat universaler Menschenrechte konfrontiert. Sie reagierten beide ganz überwiegend mit Ablehnung, aber aus recht verschiedenen Gründen.

Das päpstliche Lehramt betrachtete die Menschenrechte nur als Teil eines »neuen Rechtes«, dessen Wurzeln in der Reformation zu finden wären und das im 18. Jahrhundert vollends vom »christlichen Recht« ebenso wie vom »Naturrecht« – so Leo XIII. 1885[52] – abgewichen sei, die gottgegebenen Autoritäten und die Eintracht zwischen Kirche und Staat untergrabe und den verhängnisvollen Entwicklungen wie Demokratie, Volkssouveränität, Kommunismus, Sozialismus und Nihilismus – diesen »Todesboten der bürgerlichen Gesellschaft« – den Weg bahne[53]. Auch der aufklärerisch-naturrechtlichen Begründung der Menschenrechte, die dem katholischen Naturrecht doch nicht allzu fern stand, wurde kein milderes Urteil zuteil; denn die Menschenrechte waren eben als subjektiv-öffentliche Rechte gegenüber der Autorität formuliert und nicht als von der Autorität gewährte Rechte. Zu einer differenzierten Beurteilung der Bedeutung und Funktion der Menschenrechte kam es bei dieser pauschalen Gegnerschaft nicht.

Im deutschen Protestantismus konnten die Stellungnahmen

vielfältiger und widersprüchlicher ausfallen, da man nicht an ein Lehramt und nicht an das thomistische beziehungsweise neuthomistische Naturrecht gebunden war. Wenn trotzdem teils Ablehnung, teils Nichtbeachtung vorherrschten, so einmal wegen der Verurteilung der Französischen Revolution, zum anderen aber, weil man Rechte nicht vom Individuum herleiten wollte, sondern von objektiven geschichtlichen Größen wie dem Staat oder dem Volk, und weil man diesen Größen eine gottgegebene Dignität und Legitimität zusprach, der gegenüber subjektiv-öffentliche Menschenrechte nicht begründbar erschienen. Nur wo der Staat – oder, wie in der Paulskirche 1848, das deutsche Volk – selbst solche Rechte gab, also Grundrechte der Bürger einführte, schienen diese als Rechte legitim. Rechte, die von Natur jedem Menschen angeboren sein sollten, kamen hier nicht in Betracht. Man kann also sagen: Die Menschenrechte sind, jedenfalls in vielen Bereichen des europäischen Kontinents, insbesondere aber in Deutschland, vorwiegend gegen den Willen von Theologie und Kirche zur Geltung gebracht worden.

Diese Gesamteinstellung zu den Menschenrechten änderte sich im römischen Katholizismus wie im deutschen Protestantismus erst infolge der Erfahrungen mit dem kirchenfeindlichen nationalsozialistischen Staat in Deutschland und dem die Abschaffung der Kirche erstrebenden stalinistischen Staat in Rußland. Solchen Staaten gegenüber benötigte man eine letzte Berufungsinstanz, die bei achristlichen Staaten nicht christlich-religiös sein konnte, sondern profan sein mußte: die Anerkennung der Würde eines jeden einzelnen Menschen. Damit kam ein Moment ins Spiel, das das jeweilige gesetzte Recht eines Staates oder Volkes transzendierte und das dennoch nicht an eine bestimmte Religion gekoppelt war; es konnte subjektiven Rechten Rückhalt bieten, und diese Rechte wiederum sollten die Funktion haben, die Setzung von Recht bloß im Interesse der Staaten zu begrenzen. Theologien und Kirchen kam in der Konfrontation mit achristlichen Staaten zu Bewußtsein, daß sie ein Interesse daran haben mußten, die Menschenrechte noch einmal von den Grundrechten abzuheben und ihre Verankerung im Völkerrecht zu fördern; denn wenn Völkerrecht auch nur durch Vereinbarungen und Pakte von Staaten zustande kommt, so hat doch die erreichte Anerkennung von Menschenrechten als völkerrechtlicher Normen eine transstaatliche Geltung.

Zweifellos wurden diese kirchlich-theologischen Einsichten

zuerst in der ökumenischen Bewegung wach, und dort wurden sie auch in Konzepte, anfangs das der »verantwortlichen Gesellschaft«, und in ein planmäßiges Mitwirken bei der Förderung der Menschenrechte umgesetzt. Das Vorherrschen angelsächsischer Denkweisen in den ökumenischen Gremien nach 1945 begünstigte diese Entwicklung; es erschwerte allerdings oft auch dem deutschen Protestantismus die Zustimmung aus voller theologischer Überzeugung. Die römisch-katholische Kirche zog eine Generation später unter Papst Johannes XXIII. nach; ihre offiziellen Stellungnahmen zu den Menschenrechtsproblemen sind denen des ÖRK erstaunlich ähnlich. Bei beiden aber haben die unermeßlichen Probleme der Dritten Welt zu einem verunsicherten Verhältnis zu den kodifizierten Menschenrechtspakten der Vereinten Nationen geführt. Diese werden zwar von ihnen uneingeschränkt bejaht. Die eigenen – freilich noch im Entstehen befindlichen – Überlegungen bewegen sich aber, wie die »Botschaft über Menschenrechte und Versöhnung« der römischen Bischofssynode von 1974 und die ÖRK-Menschenrechtskonsultation in St. Pölten 1974 zeigen, auf einer eher präjuristischen Ebene, das heißt auf dem Plateau moralisch-politisch-sozialer Postulatenbildung, nicht auf dem der kodifizierten Menschenrechte. Diese Entwicklung ist problematisch, sofern nicht das Verhältnis zu den Menschenrechtsvereinbarungen als Teil des Völkerrechts geklärt wird. Das Ausweichen der kirchlichen Diskussion bloß auf die moraltheologisch-postulatorische Ebene wäre zweifellos ein Zurückbleiben hinter der eigentlichen Aufgabe.

Im deutschen Protestantismus liegt, verglichen mit der römisch-katholischen und der ökumenischen Einstellung zu den Menschenrechten, eine charakteristisch andere Diskussionskonstellation vor. Allerdings beginnen die ökumenischen Initiativen sich auch hier stärker auszuwirken. Dies hat sich insbesondere in den beiden Thesenreihen niedergeschlagen, mit denen sich die Kammer der EKD für öffentliche Verantwortung in den Jahren 1974 und 1975 an der ökumenischen Erörterung beteiligt hat[54]. Zu nennen sind ferner die Beiträge von Theologen und Juristen zum Thema, die sich dem Problem einer theologischen Grundlegung und Interpretation der Menschenrechte beziehungsweise der Frage der kirchlichen Mitverantwortung für ihre Verwirklichung zugewandt haben. Allerdings scheint in solchen kirchlich-theologischen Stellungnahmen die Frage nach dem Verhältnis zwischen den sogenannten klassischen individuellen Freiheits- und Schutzrechten und den heute mit Nachdruck geforderten sozialen Menschen- beziehungsweise Grundrechten noch nicht ausreichend geklärt zu sein. Dies mag damit zusammenhängen, daß der vorrangige Ausgangspunkt für die neueren kirchlichen Stellungnahmen aus der Bundesrepublik nicht im Bereich der Menschenrechte, sondern im Bereich der innerstaatlichen Grundrechte liegt, wie sie das Bonner Grundgesetz – mit einer thetischen Bezugnahme auf »unverletzliche und unveräußerliche Menschenrechte« – aufgenommen hat. Eine andere Situation herrscht in den Kirchen der DDR, in denen während der letzten Jahre – angeregt durch die ökumenische Entwicklung einerseits, die Konferenz für Sicherheit und Zusammenarbeit in Europa andererseits – eine sehr intensive theologische Erörterung eingesetzt hat, die gerade an die internationalen Menschenrechtskodifikationen anknüpft und die innerstaatliche Verfassungslage dazu ins Verhältnis zu setzen versucht. Mit der unvermeidlichen Spannung zwischen der Formulierung universaler Menschenrechte und der Kodifizierung innerstaatlicher Grundrechte haben sich die Diskussionen in der Bundesrepublik dagegen bisher kaum beschäftigt; deshalb wurde auch die Differenz zwischen deutschem Grundrechtsdenken und den im Völkerrecht herrschenden Tendenzen noch nicht in voller Deutlichkeit herausgearbeitet. Dem entspricht, daß auch die Frage nach der theologischen Beurteilung der Menschenrechte und Grundrechte kaum mit großer Leidenschaft und entsprechender Differenziertheit gestellt wurde. Eine freundliche Hinnahme der Grundrechte bestimmte bisher weithin die Gesamteinstellung; einzelne Bemühungen um eine Vertiefung der theologischen Fragestellung fanden keine sehr große Resonanz.

5. Theologische Grundmodelle für die Interpretation der Menschenrechte

Worin könnte der Beitrag von Theologie und Kirche zu Interpretation und Verwirklichung der Menschenrechte heute bestehen? Wir haben in der Zwischenbilanz festgestellt, daß es einen weitreichenden kirchlich-ökumenischen Konsensus in vielen Fragen gibt, oft allerdings um den Preis eines Nichtbewußtmachens oder einer Einebnung der vielen in der Sache selbst liegenden Kontroversen und Spannungen. Diese Kontroversen werden sofort virulent, wenn es um die weltweite Konkretisierung der Menschenrechte geht; besondere Bedeutung gewinnt dabei dasjenige Ringen um das Verständnis der Menschenrechte, in dem die einen vorrangig von individuellen Freiheitsrechten, die anderen von sozialen Grundrechten, die dritten vom Selbstbestimmungsrecht der Völker ausgehen. So erheben sich die oben schon angedeuteten Fragen: Gibt es theologische Kriterien für eine Auswahl und Rangordnung von Menschenrechten beziehungsweise Grundrechten? Was bedeuten die unterschiedlichen Mangel- und Knappheitsbedingungen in den verschiedenen Regionen der Erde für diese theologischen Kriterien? Gibt es theologische Gründe für eigene christliche beziehungsweise kirchliche Formulierungsversuche menschenrechtlicher Elementarstandards, seien es Versuche abgesehen von den bisherigen Kodifizierungen, seien es Bemühungen, diese aufzunehmen in der Hoffnung, über sie hinausführen zu können? Wie verhält sich die behauptete Universalität der Menschenrechte zu der Universalität des Heilshandelns Gottes in Christus? Kann dieses für die Begründung oder Legitimation formulierter Menschenrechte herangezogen werden, oder lassen sich gar Menschenrechte aus dem Rechtshandeln Gottes mit den Menschen deduzieren?

Wenn wir im folgenden mit solchen Fragen an einige theologische Konzepte herangehen, werden wir einerseits die jeweilige Methode, wie theologische Grundaussagen zum Thema der Menschenrechte in Beziehung gesetzt werden, beachten. Zum anderen interessiert uns, welche Antworten auf die bisher herausgearbeiteten Fragen im Rahmen der betreffenden Konzepte möglich werden und welche spezifischen Schwierigkeiten sich herausstellen. Betrachtet man die neueren Beiträge unter den genannten methodischen und inhaltlichen Gesichtspunkten, so legt es sich nahe, fünf Grundmodelle für die Interpretation der Menschenrechte zu unterscheiden.

1. Ein erstes Grundmodell liegt dort vor, wo man sich um eine klare Begründung oder Deduktion der Menschenrechte aus bestimmten theologischen Basissätzen bemüht. Als Beispiel für dieses Verfahren kann das Studiendokument des Reformierten Weltbunds über »die theologische Basis der Menschenrechte« verbunden mit den dazugehörigen Arbeiten von Jürgen Molt-

mann[55] gelten. Am Anfang des Studienprozesses im Reformierten Weltbund wurde die theologische Aufgabe noch so formuliert: »Welche theologischen Verbindungslehren zwischen dem christlichen Glauben und der Tradition der Menschenrechte sind tragfähig und fruchtbar?«[56] Im Verlauf der Arbeit aber spitzte sich die Aufgabe auf die theologische Begründung der Menschenrechte zu: »Wir sehen den grundlegenden theologischen Beitrag des christlichen Glaubens in diesen Fragen in der Begründung der fundamentalen Menschenrechte aus dem Recht Gottes auf den Menschen.«[57] Diese Begründung der Menschenrechte aus dem »Bund der Treue Gottes mit seinem Volk« und dem darin enthaltenen »Recht Gottes auf den Menschen« wird entfaltet im Blick auf die Verpflichtung gegenüber dem menschlichen Leben »in seiner Gesamtheit«, im Blick auf die Verantwortung, die sich aus der permanenten Verletzung der Menschenrechte ergibt, und im Blick auf den Versöhnungsdienst der Kirche. Diese Begründung, für die Moltmann selbst den – allerdings auch nach seiner Auffassung irreführenden – Titel eines Ansatzes »von oben« in Anspruch nimmt, wurde deshalb gewählt, weil so die Universalität der Menschenwürde und des Menschenrechts zur Geltung gebracht werden könne[58]. Jeder Ansatz »von unten«, so erklärt Moltmann, jede Entfaltung der Menschenrechte von der Erfahrung aus ist dagegen notwendigerweise partikular. In der Form eines Begründungsverhältnisses werden also die Universalität des Evangeliums und die Universalität der Menschenrechte zueinander in Beziehung gesetzt. Allerdings stellt sich mit diesem Versuch zugleich eine Reihe von Fragen. Die nach unserer Auffassung wichtigsten seien angeführt.

Wie verhält sich die theologische Begründung zur faktischen geschichtlichen Entwicklung der Menschenrechte? Wie kann deren »säkularer« Charakter sowie der Tatbestand, daß sie in erheblichem Umfang gegen Theologie und Kirche zur Geltung gebracht wurden, mit einem solchen Begründungsversuch vermittelt werden?

Worin besteht in dieser Deutung der Rechtscharakter der Menschenrechte? Liegt nicht eine Äquivokation vor, eine Gleichsetzung verschiedener Begriffe, wenn die Menschenrechte aus dem Recht Gottes auf den Menschen abgeleitet werden?

Muß eine solche Ableitung nicht dazu führen, daß die Menschenrechte ihre historischen und juristischen Konturen verlieren, daß im Interesse an der Universalität der Menschenrechte deren Begriff selbst zu einem Allgemeinbegriff wird, unter dem eine Fülle politischer Zielvorstellungen zusammengefaßt werden kann? Wie aber lassen sich dann theologische Kriterien für die Auswahl und die Rangordnung von Menschenrechten finden?

Wie geht dieses Konzept mit der vielfältigen Spannung zwischen universalen Menschenrechten und innerstaatlichen Grundrechten um? Werden auch die Grundrechte und mit ihnen das innerstaatliche Recht aus dem Recht Gottes auf den Menschen abgeleitet?

2. Ein zweites Grundmodell findet sich dort, wo man eine doppelte Begründung der Menschenrechte anbietet. Die eine Grundlage ist dann der – menschlicher Vernunft angeblich allgemein einsehbare – Begriff der Menschenwürde. Die andere, spezifisch christliche Begründung besteht in dem Zurückführen dieser Menschenwürde auf die Gottesebenbildlichkeit des Menschen sowie in dem Ableiten einer besonderen Verpflichtung der Christen hinsichtlich bestimmter Menschenrechte aus göttlichen Geboten. Eine Begründung aus dem Gebot Gottes wird vor allem für das Recht auf Religionsfreiheit durchgeführt: es gehe zurück auf den göttlichen Auftrag an den Menschen, nach der Wahrheit zu suchen. Dieses Verfahren der doppelten Begründung findet sich vor allem in den Dokumenten des Zweiten Vaticanums; ihnen liegt die Überzeugung zugrunde, daß über den Inhalt der Menschenrechte zwischen Christen und Nichtchristen eine Verständigung auf der Basis der allgemeinen Vernunft möglich ist und daß deshalb die Menschenrechte gegenüber jedem Staat, unabhängig von seiner weltanschaulichen Prägung, zur Geltung gebracht werden können. Dieses Interesse an der Verständigung zwischen Christen und Nichtchristen über die Menschenrechte muß, so scheint uns, auf jeden Fall festgehalten werden. Doch die spezifisch christliche Begründung, die in diesem Fall additiv hinzutritt, erhält bei diesem Verfahren unweigerlich den Charakter einer partikularen Begründung; dies aber widerstreitet dem Glauben an die Universalität der Heilstat Gottes in Christus. Diese Lösung scheint die traditionelle doppelte Begründung der katholischen Morallehre einerseits aus naturrechtlicher, andererseits aus offenbarungshafter Quelle zu wiederholen, ohne die methodische Mög-

lichkeit der Verbindung zwischen beiden neu zu klären. Obendrein unterstellt sie eine Evidenz des Begriffs wie der Sache der Menschenwürde, welche durch die in der Menschenrechtsgeschichte hervortretenden tiefen Differenzen nahezu dementiert wird. Auch kommen der Rechtscharakter der Menschenrechte und das Verhältnis zwischen Menschenrechten und Grundrechten nicht zur vollen Klarheit.

3. Ein drittes Grundmodell verzichtet auf eine spezifisch theologische Begründung oder Legitimation der Menschenrechte. Das ergibt sich für die Vertreter dieses Modells zunächst aus der historischen Entwicklung der Menschenrechte: Sie sind, so argumentiert Martin Honecker[59], nicht einfach als Frucht und Folge des Christentums entstanden; deshalb dürfen sie auch nicht auf dem Wege theologischer Legitimation für den christlichen Glauben reklamiert werden. Damit verbindet er die These, die Menschenrechte seien Ausdruck eines universalen »natürlichen« Ethos und könnten deshalb nicht als Ausprägung christlicher Ethik begriffen werden; dies würde der Säkularisierung, Rationalisierung und Universalisierung widerstreiten, die dem »Ethos einer humanen Weltgesellschaft« zugrunde liegt. Eine besondere theologische Begründung würde also den universalen Charakter der Menschenrechte gefährden. Aus dieser These ergeben sich weitreichende Konsequenzen für die Frage nach der Möglichkeit theologischer Ethik überhaupt. Ethik bezieht sich nach Honeckers Auffassung auf ein allgemein und fundamental Menschliches, das als solches nicht durch die Berufung auf das spezifisch Christliche begründbar ist; denn jeder christlichen Begründung eignet unweigerlich der Charakter der Partikularität. Deshalb können Inhalte des christlichen Glaubens zwar in die »ethische Grundorientierung« der handelnden Christen eingehen; sie lassen sich jedoch nicht in »operationalisierbare Zielvorstellungen« umsetzen, die dem Kriterium rationaler Kommunikabilität genügen müssen und deshalb am ehesten aus »popularisierungsfähigen Ergebnissen der Humanwissenschaften« zu gewinnen wären. Denkbar ist allenfalls, daß es bei einem ethischen Einzelproblem zu einer »Konvergenzargumentation« zwischen solchen humanwissenschaftlichen Ergebnissen und theologischen Einsichten kommt[60].

Im Rahmen dieses Modells ist es relativ leicht möglich, den Rechtscharakter der Menschenrechte zur Geltung zu bringen und für die Anerkennung der positiv-rechtlich sanktionierten

Menschenrechtskataloge unabhängig von den jeweiligen religiösen und weltanschaulichen Voraussetzungen zu plädieren. Die Frage nach einer eventuell nötigen Eingrenzung der Menschenrechte und nach ihrer Rangfolge kann dabei als ein Problem betrachtet werden, das aus der Analyse der jeweiligen Situation zu lösen ist; theologische Kriterien erscheinen dafür nicht als erforderlich.

Dies aber verweist schon auf die Problematik, in die diese Position sich verwickelt. Sie tendiert dazu, Universalität mit dem Ergebnis von Säkularisierung und Rationalisierung gleichzusetzen. Dabei erhalten die Inhalte des christlichen Glaubens unweigerlich den Charakter der Partikularität. Die Frage nach dem Verhältnis zwischen der Universalität der Menschenrechte und der Universalität des Evangeliums wird nämlich so beantwortet, daß die Universalität der Menschenrechte vorbehaltlos akzeptiert wird, während eine Universalität des Evangeliums nicht zur Geltung kommen kann. Uns ist zweifelhaft, ob man das »Ethos einer humanen Weltgesellschaft« einfach als gegeben voraussetzen darf; denn wie ein solches Ethos zu formulieren wäre, ist äußerst umstritten – was gerade durch die Auseinandersetzungen um die Menschenrechte nachdrücklich dokumentiert wird. Angesichts solcher Kontroversen aber sollte sich die Theologie nicht der Frage entziehen, welche Kriterien sie selbst zur Klärung des Menschenrechtsverständnisses beizutragen hat. Sie kann nicht ein »natürliches« Ethos mit universalem Anspruch lediglich in seiner Differenz zum Christlichen als universales Ethos begreifen wollen, sondern sie muß nach der Relevanz des christlichen Glaubens für die Ausbildung ethischer Standards fragen, über die auch zwischen Christen und Nichtchristen ein Einverständnis hergestellt werden könnte. Im Rahmen der so aufgefaßten Aufgabe kommt dem Thema der Menschenrechte eine Schlüsselstellung zu.

Einen Gesichtspunkt des gerade erörterten Modells wird man wohl auf jeden Fall festhalten müssen: In der theologischen Erörterung dieses Themas kann es nicht um den Versuch gehen, einen christlichen Monopolanspruch auf die Menschenrechte zu erheben; dies stünde im Widerspruch sowohl zur geschichtlichen Entwicklung als auch zur gegenwärtigen Funktion der Menschenrechte. Die Aufgabe besteht vielmehr darin, einen produktiven Beitrag zum Verständnis der Menschenrechte und zum Umgang mit ihnen zu leisten, der, von der Universalität des

Evangeliums ausgehend, die Universalität der Menschenrechte prüft.

4. Ein viertes Grundmodell geht von der Beobachtung aus, daß es für die Menschenrechte in ihrem gegenwärtigen Bestand keine – sei es theologische, sei es philosophische – Begründung gibt, die mit dem Anspruch auf allgemeine Gültigkeit auftreten könnte. Doch Kontroversen über die Begründung der Menschenrechte heben die Evidenz nicht auf, die jede Berufung auf die Menschenrechte für sich geltend machen kann – eine Evidenz, die mit dem Appell an den Titel Mensch und an die Freiheit der menschlichen Person selbst gegeben ist[61]. Von dieser Beobachtung her hat vor allem Trutz Rendtorff den Versuch unternommen, die Verbindung zwischen den Menschenrechten und der Theologie nicht auf dem Wege über die Begründungs- und Legitimationsfrage, sondern durch eine Analyse der Funktion der Menschenrechte herzustellen[62]; denn von ihr aus zeigt sich die strukturelle Parallelität der Menschenrechte mit theologischen Denkformen. Diese Funktion der Menschenrechte läßt sich folgendermaßen beschreiben: Sie nötigen zu einer inhaltlichen Legitimierung politischen Handelns – es muß sich nun vor dem Titel Mensch als einer vorgegebenen Rechtswirklichkeit bewähren; sie bringen also zur Geltung, daß politische Ordnung die Freiheit und Humanität des Menschen bereits voraussetzt und nicht ihrerseits erst schafft; damit stellen sie fest, daß diese Freiheit und Humanität des Menschen staatlich-politischer Verfügung und Manipulation entzogen ist. Die theologische Denkform, die dieser Funktion der Menschenrechte strukturell entspricht, ist die Rechtfertigungslehre: Die in der Gnade Gottes gründende Freiheit des Menschen wird als unbedingte, als voraussetzungslose und damit als unverfügbare Freiheit gedacht, als eine Freiheit, die nicht an bestimmte Formen ihrer geschichtlichen Realisierung gebunden, sondern mit dem Titel Mensch selbst gegeben ist. Aus diesem Ansatz geht nicht ein Programm zu einer bestimmten Gestaltung der Gesellschaft hervor – wie auch aus den Menschenrechten ein solches Programm nicht abzulesen ist. Sondern es ergeben sich daraus Kriterien für die Funktion des Staats, der als Garant für die Gewährleistung individueller Freiheit in Anspruch genommen werden muß. Diese Behauptung einer strukturellen Gemeinsamkeit zwischen Rechtfertigungslehre und Menschenrechten bewährt sich in historischer Perspektive darin, daß beide dem

»gleichen historischen Entfaltungsraum des Freiheitsbewußtseins« angehören.

Diese Interpretation hebt ein wichtiges Element der Entsprechung zwischen den Menschenrechten und einem Grundinhalt des christlichen Glaubens hervor, das wir in unseren Überlegungen noch weiter verfolgen wollen. Schwierigkeiten macht jedoch in dieser Argumentation die Behauptung, man brauche auf das Problem der Begründung der Menschenrechte nicht einzugehen, weil ihnen selbst eine fraglose Evidenz innewohne. Damit wird eine Eindeutigkeit der Menschenrechte postuliert, die in der Wirklichkeit nicht vorliegt. Die Menschenrechte sind vielmehr im Streit; die Auseinandersetzungen um ihr Verständnis eben sind es, die auch in der Frage nach ihrer Begründung zum Ausdruck kommen. So liegen auch der gerade geschilderten Konzeption nicht einfach »die« Menschenrechte, es liegt ihr vielmehr eine bestimmte Interpretation der Menschenrechte zugrunde – diejenige nämlich, die den Aspekt der individuellen Freiheit als ihr konstitutives Merkmal betrachtet. Die Merkmale der Gleichheit und der Teilhabe, die in der Geschichte der Menschenrechte eine große Bedeutung haben, treten demgegenüber zurück. Das Merkmal der individuellen Freiheit aber wird mit theologischen Inhalten so verknüpft, daß es scheint, als sei die grundsätzliche Vereinbarkeit des politischen Freiheitsbewußtseins der Neuzeit mit christlichem Freiheitsverständnis vorgängig gewiß. Eine kritische Prüfung, die nicht nur nach der Vergleichbarkeit, sondern auch nach der Differenz zwischen diesen beiden Freiheitsbegriffen fragt, kann nur durch eine Erweiterung des methodischen Ansatzes in Gang gebracht werden. Ohne sie bleibt zweifelhaft, ob und wie diese theologische Reflexion der Menschenrechte kritisch-produktiv dem Weiterkommen in ihrem Verständnis und im Umgang mit ihnen nützen kann.

5. Ein letztes Grundmodell, das hier genannt werden soll, geht von der Frage nach Analogie und Differenz zwischen theologischen Grundaussagen und Menschenrechten aus[63]. Es fragt nicht nach der theologischen Begründung der Menschenrechte, weil diese Fragestellung weder der historischen Entwicklung noch dem gegenwärtigen Geltungsanspruch der Menschenrechte gerecht wird; es fragt vielmehr nach dem Grund, auf dem ein christlicher Umgang mit den Menschenrechten beruht und von dem her sie theologisch verstanden werden können. Dieser

Grund ist – andeutungsweise gesprochen – darin zu finden, daß zwischen der Gerechtigkeit, die Gott schafft, und der Rechtsstellung, welche die Menschen in ihren wechselseitigen Beziehungen innehaben oder einander zuerkennen, eine Entsprechung besteht, daß sich also zum Beispiel aus der dem Menschen von Gott zukommenden Freiheit Kriterien dafür ergeben, welche Freiheitsrechte die Menschen einander gewähren können und sollten. Zwischen der Gerechtigkeit, die in Christus aufgerichtet ist, und dem Recht, das Menschen für die Gestaltung ihrer Welt setzen und anstreben, besteht deshalb eine Beziehung, weil diese Gerechtigkeit Gottes für alle Schöpfung und den ganzen Menschen gilt. Zwischen beiden herrscht keine Identität; wohl aber bestehen Analogien, die orientierende Bedeutung haben. Zugleich herrscht zwischen der Gerechtigkeit Gottes und den unter Menschen verwirklichten oder erstrebten Rechten eine fundamentale Differenz, die sich in der Vorläufigkeit und Relativität alles menschlichen Rechts zeigt. Deshalb kann es in der theologischen Erörterung der Menschenrechte nicht darum gehen, das Evangelium als eine rechtschaffende Gabe in eine politische Doktrin zu verwandeln und es damit zum »Gesetz« werden zu lassen; es geht vielmehr darum, in der Auslegung der befreienden Gerechtigkeit Gottes diejenigen Zumutungen zu formulieren, die auch als Kriterien menschlicher Rechtsfindung und Rechtsverwirklichung nach Geltung drängen. Eine solche Auslegung schärft zugleich die Wahrnehmungsfähigkeit für diejenigen wahren Merkmale von Menschenwürde und Menschenrecht, die im historischen Prozeß immer wieder aufleuchten – als errungenes Recht und als uneingelöste Hoffnung ineins.

Ein solches Modell der theologischen Erörterung erhebt nicht den Anspruch, Menschenrechte allererst zu begründen – so als hätten sie sich nicht bereits in einer langen geschichtlichen Entwicklung, oft auch gegen den Widerstand von Kirche und Theologie, entwickelt. Doch es verzichtet auch nicht darauf, theologische Kriterien für den gegenwärtigen Umgang mit den Menschenrechten zu formulieren; solchen Verzicht vermag es deshalb nicht zu leisten, weil es an der Universalität des Evangeliums und an der umfassenden Geltung der Menschenrechte zugleich interessiert ist. Dieses theologische Modell versteht die Menschenrechte nicht allein als ethische Postulate (die dann vielleicht aus ethischen Grundorientierungen des christlichen

Glaubens abgeleitet werden könnten), sondern versucht, den Rechtscharakter der Menschenrechte zu würdigen – dies aber nicht in der Form, daß es das Evangelium als Gesetz interpretierte. Es behauptet nicht eine Identität zwischen der von Gott gewährten Gerechtigkeit und den von Menschen gesetzten Rechten, sondern versucht, in der Denkform von Analogie und Differenz die kritisch-begrenzende wie die konstruktiv-inspirierende Bedeutung des Evangeliums für den Prozeß menschlicher Rechtsverwirklichung zur Wirkung kommen zu lassen.

An diesem – hier zunächst nur knapp skizzierten – Grundmodell wollen wir uns in unseren weiteren Überlegungen ausrichten. Es veranlaßt uns zunächst dazu, die verschiedenen Ebenen, auf denen die Frage der Menschenrechte erörtert werden muß, methodisch sorgfältig voneinander zu unterscheiden. Denn die Erwägungen, die wir zu den heute vorliegenden theologischen Grundmodellen angestellt haben, machen uns deutlich, daß es nicht günstig ist, eine theologische Basis der Menschenrechte für sich allein – unter Absehen von dem rechtlichen und philosophisch-ethischen Charakter der Menschenrechte – zu entwickeln. Vielmehr bilden die Analyse des Rechtscharakters der Menschenrechte und die Behandlung der philosophisch-ethischen Grundprobleme, die mit ihnen gestellt sind, notwendige Schritte bei dem Versuch, theologische Kriterien für den Umgang mit ihnen zu entwickeln. Verfährt eine theologische Interpretation nach dem Modell von Analogie und Differenz, so muß sie die eigene Struktur desjenigen Bereichs, den sie bedenken will, möglichst genau zu erfassen suchen; deshalb haben die Kontroversen hinsichtlich des juristischen und des philosophisch-ethischen Verständnisses der Menschenrechte erhebliches Gewicht für ein theologisches Urteil über sie. Hieraus ergibt sich die Gliederung der folgenden Kapitel. Wir erörtern zunächst den Rechtscharakter der Menschenrechte und gehen dann zu ihren philosophisch-ethischen Problemen über. Dann nehmen wir die explizit theologischen Überlegungen wieder auf; Gesichtspunkte zur Verantwortung der Christen und der Kirchen für die Verwirklichung der Menschenrechte sollen den Abschluß bilden.

III. Der Rechtscharakter der Menschenrechte

Der kritische Nachvollzug einiger Modelle für die theologische Interpretation der Menschenrechte und den christlichen Umgang mit ihnen führte uns dazu, das Modell von Analogie und Differenz zu wählen. Dieses Modell erlaubt nicht, die Menschenrechte aus theologischen Basissätzen zu deduzieren. Sie würden dabei auch wie theologische Postulate, wie bloße Gedankengebilde erscheinen, während sie doch eine zweihundertjährige Geschichte hinter sich haben. In dieser Geschichte gewannen sie durch Akte der Willenseinigung ihre rechtskräftige Gestalt, sei es, daß sie zu innerstaatlichen Grundrechten oder – durch internationale Vereinbarungen von Staaten – zu Menschenrechtskatalogen mit völkerrechtlicher Qualität wurden. Nicht bloß auf ihre gedankliche Aussage, sondern auf ihre juristische Fassung und deren Wirkungsgeschichte muß sich die theologische Interpretation beziehen.

Eine derartige Betonung der Konkretheit und des Rechtscharakters der Menschenrechte hindert freilich nicht, die präjuristischen und metajuristischen Faktoren ihrer Entwicklung und Geltung zu beachten. Bereits im ersten Kapitel haben wir gezeigt, wie sehr die Menschenrechte auf bestimmte Überzeugungen in der öffentlichen Meinung, auf einen gewissen philosophisch-ethischen Konsens und auf entsprechende politische Einstellungen angewiesen sind. Diese andere Seite der Menschenrechte – und die Frage ihrer philosophischen Begründbarkeit – soll im vierten Kapitel behandelt werden, so daß wir uns jetzt auf die Interpretation ihres Rechtscharakters konzentrieren können.

Jede Sammlung der kodifizierten Menschenrechte zeigt, daß sie in einer Vielfalt von äußerst komplexen und unübersichtlichen Katalogen vorliegen. Zwar kehren bestimmte Formulierungen von Rechten, etwa der Freiheit, der Gleichheit, der Sicherheit oder auch der Teilnahme an öffentlichen Angelegenheiten, immer wieder, aber stets in neuen Zusammenhängen. Es fragt sich also, ob die konkreten historischen Einigungen über Menschenrechtskataloge zu einer disparaten Vielheit geführt haben oder ob ihnen unbeschadet aller Mannigfalt und allen Weitergreifens in neue Dimensionen dennoch eine gewisse Kontinuität, ja vielleicht sogar Systematik innewohnt. Gibt es so etwas wie einen Kern der Menschenrechte, auf den man sich beziehen könnte, wenn es gilt, Umbildungen und Weiterbildungen zu beurteilen?

1. Die vorstaatliche und vorgesellschaftliche Komponente in den Menschenrechten

Es wird weithin anerkannt, daß die Proklamation der Menschenrechte erst im Wirkungsfeld des modernen souveränen Staates verständlich ist; denn dieser zog im Zeitalter des Absolutismus so sehr alles Recht auf sich, daß es angebracht schien, ihm gegenüber Rechte geltend zu machen, die ihre Legitimation aus einer anderen Quelle herleiteten.

1576 formulierte bereits Jean Bodin: »Souveränität ist die unbeschränkte und dauernde Gewalt des Staates.« Der souveräne Staat beanspruchte das Gewaltmonopol und das alleinige Gesetzgebungsrecht. Er wollte alles Recht in ein strenges Subordinationsrecht verwandeln. Ihm gegenüber machten die ersten Menschenrechtsdeklarationen bestimmte Rechte des Individuums geltend, die dem staatlichen Zugriff entzogen sein und als regulative Prinzipien in die Verfassungen einwirken sollten. Die Menschenrechte sollten fortan als Kriterium für die inhaltliche Legitimation der politisch-gesellschaftlichen Ordnung gelten und mit anderen Legitimationskriterien in Konkurrenz treten.

Längst schon gab es in den europäischen Völkern Freiheitsrechte, zum Beispiel ständische Rechte. Sie wurden bestimmten Personengruppen aufgrund ihres politisch-sozialen Status zuerkannt, sicherten diese zum Teil gegen die Willkür der Herrscher und gewährleisteten ihnen eine privilegierte Stellung in der Gesellschaft. Aber nicht nur gegen die Willkür der Staatsmacht, sondern auch gegen die Privilegien im feudalen Gesellschaftssystem wandten sich die neuen Rechte, die allen Menschen als Menschen und nicht aufgrund eines besonderen politischen oder gesellschaftlichen Status zukommen sollten. Die naturrechtlichen Theorien vom Gesellschaftsvertrag und vom Herrschaftsvertrag leisteten wichtige Hilfe bei der Begründung dieser Rechte. Jetzt betrachtete man den Menschen als Individuum, das im Naturzustand selbst im Besitz aller Rechte gewesen sei und einen Teil von ihnen erst abgetreten habe, als es in Verträgen gesellschaftliche und staatliche Verbindungen einging. Von einer Identität der Interessen und Rechte der Individuen mit denen von Staat und Gesellschaft konnte hier nicht die Rede sein; denn die Individuen hatten nur einen Teil ihrer Rechte abgetreten, und im Prinzip waren diese eben vorgesellschaftlich und vorstaatlich und in einem Kernbestand unveräußerlich.

Einen unverfügbaren Kern von Menschenrechten in Anspruch zu nehmen, lag auch in der Konsequenz des religiösen Kampfes um Glaubens- und Gewissensfreiheit, der mit der Reformation begonnen hatte und in den Konfessionskriegen sich verschärfte. Insbesondere die konfessionellen Minderheiten mußten die Toleranz der Staaten als Pendant der Gewissensfreiheit fordern. Es lag nahe, daß sie auch für andere vorstaatliche Rechte eintraten, wie insbesondere die Geschichte des Calvinismus in Westeuropa und Amerika zeigt. Die Bill of Rights von Virginia wußte naturrechtliche und religiöse Motive zu verbinden. Abschnitt 16 lautet: »Die Religion oder die Ehrfurcht, die wir unserm Schöpfer schulden, und die Art, wie wir sie erfüllen, können nur durch Vernunft und Überzeugung bestimmt sein und nicht durch Zwang oder Gewalt; daher sind alle Menschen gleicherweise zur freien Religionsausübung berechtigt, entsprechend der Stimme ihres Gewissens; es ist die gemeinsame Pflicht aller, christliche Nachsicht, Liebe und Barmherzigkeit aneinander zu üben.« Solche Sätze konnten im Strahlungsbereich christlicher Aufklärung, die in Amerika eine spezifische Gestalt annahm, formuliert werden. Europa redete profaner, aber doch nicht ohne Pathos von den Menschenrechten.

Es wäre verfehlt, in den Menschenrechtskatalogen nur Rechtsansprüche gegenüber der Staatsgewalt zu sehen, bloße politische Abwehr- und Schutzrechte. Die pessimistische Anthropologie, daß im Naturzustand homo homini lupus sei und daß der Mensch auch in der gesellschaftlichen Verbindung der Sicherung seiner Rechte gegenüber seinesgleichen bedürfe, war weit verbreitet. Bereits in den Theorien des 17. Jahrhunderts hatte man vielfach zwischen dem Gesellschaftsvertrag – dem pactum unionis als Sozialvertrag – und dem Herrschaftsvertrag – dem pactum subjectionis als Staatsvertrag – unterschieden. Man verstand beide als komplementär aufeinander angewiesen, eventuell wie Samuel Pufendorf als die Teile eines zweistufigen Vertrages[1]. Dementsprechend machte der Menschenrechtsgedanke seit dem letzten Drittel des 18. Jahrhunderts die natürlichen Rechte des Individuums gegenüber Staat und Gesellschaft geltend. Das gesellschaftliche Zentralrecht war das Recht auf Eigentum, das freilich mehr umfaßte als den materiellen Besitz. Grundlegend verstand man es als Recht auf freie Verfügung über die eigene Person, ihre Fähigkeiten, ihr Vermögen, und legte es später auch als Autonomie aus. Da diese Freiheit in jeder Gesellschaft vielfach eingeschränkt wird – in den feudalen Gesellschaften durch ein umfassendes System personenbezogener Abhängigkeiten –, mußte es als unverletzliches Menschenrecht geltend gemacht werden. Freie Verfügung über alles, was dem Individuum gehört, seine Begabungen, seine Zeit, seine Arbeitskraft, heißt auch, es im Tausch gegen anderes veräußern zu dürfen. Doch gilt für den Menschen und Bürger: »Seine Person ist kein veräußerliches Eigentum. Das Gesetz erkennt keinen Stand der Dienstbarkeit an« (Französische Verfassung 1793 Art. 18).

Als die Argumentation mit einem historisch ursprünglichen Naturzustand *vor* jedem Gesellschaftsvertrag nicht mehr überzeugte, ließen zum Beispiel Kant und Fichte den »ursprünglichen Kontrakt« als »bloße Idee der Vernunft« erscheinen. Diese verbinde den Gesetzgeber, seine Gesetze so zu fassen, als hätten sie aus dem vereinigten Willen des ganzen Volkes entspringen können. Lagen die Menschenrechte der gesellschaftlichen und staatlichen Assoziation nicht zeitlich-genetisch voraus, so jedenfalls sachlich in ihrem Geltungsanspruch.

Das Bonner Grundgesetz von 1949 geht ohne Begründung von der unantastbaren Würde des Menschen aus, die zu achten und zu schützen alle staatliche Gewalt verpflichtet ist (Art. 1 Abs. 1). Die »unverletzlichen und unveräußerlichen Menschenrechte« werden als Grundlage »jeder menschlichen Gemeinschaft, des Friedens und der Gerechtigkeit in der Welt« bezeichnet. Kein Zweifel, daß hier auch vorgesellschaftliche Rechte angesprochen werden, obwohl sie nicht ausdrücklich naturrechtlich begründet und entfaltet sind. Das Grundgesetz ist vorwiegend im Horizont der Erfahrungen des vom totalitären *Staat* unterdrückten Menschen formuliert worden. Der Schutz vor der Knechtung durch *gesellschaftliche* Herrschaftsgewalt – schwerwiegendes Thema der bürgerlichen Emanzipation aus dem Feudalismus – tritt in ihm auffallend zurück.

Zunächst haben wir als Ergebnis dieses Abschnittes festzuhalten, daß die Denkform der Menschenrechte nur möglich ist, wo man auf vorstaatliche und – das sei angesichts vieler verengter Interpretationen betont – vorgesellschaftliche, dem Menschen als Menschen zugehörige, rechtsrelevante Momente glaubt zurückgreifen zu können.

2. Die Grundfigur des Menschenrechtes

Der naheliegenden Meinung, daß der Menschenrechtsgedanke im Lauf der Geschichte und beim Übergang in kodifizierte Menschenrechte beziehungsweise Grundrechtskataloge sich in viele disparate Elemente aufgelöst habe, stellen wir die These entgegen, daß sich bei idealtypischer Betrachtung – im Sinne Max Webers – eine zentrale Grundstruktur erkennen läßt, welche wir »*Grundfigur des Menschenrechts*« nennen. Es handelt sich um die Konfiguration weniger Sachmomente, die in der zweihundertjährigen Geschichte des Rechtsinstitutes der Menschenrechte beziehungsweise Grundrechte immer wieder hervorgetreten ist. Die drei Momente, auf die wir abheben, sind am besten mit den Begriffen *Freiheit, Gleichheit* und *Teilhabe* zu bezeichnen.

Die große Losung der Französischen Revolution hieß: Freiheit, Gleichheit, Brüderlichkeit. In die Menschenrechtserklärungen fand diese Trias keinen Eingang. Selbst in der radikalsten Fassung, der von 1793, fehlte eines der drei Glieder; die Grundrechte lauten dort: Gleichheit, Freiheit, Sicherheit, Eigentum (Art. 2). Diese Zurückhaltung gegenüber dem Begriff der Brüderlichkeit ist verständlich. Denn so stark er als Ausdruck der erstrebten Wertorientierung einer neuen Gesellschaft – nicht zuletzt auch wegen seiner Berührung mit dem christlichen Bruderbegriff – wirken mochte, so war er doch als verfassungsrelevanter Rechtsbegriff nicht geeignet, weil »brüderliches« Verhalten kaum justitiabel sein kann. Überraschend wirkt, daß in den früheren Menschenrechtserklärungen Freiheit und Gleichheit meist durch Eigentum und Sicherheit ergänzt werden, so daß das Eigentum gleichsam die Stelle der Brüderlichkeit in der Trias einnimmt. Indessen muß man bedenken, daß Eigentum als die rechtlich geordnete Teilhabe an den Gütern der Gesellschaft und als Ermöglichungsbedingung für die Teilhabe an der politischen Willensbildung verstanden worden ist. Diese Überlegung bestärkt uns, das dritte Sachmoment als Teilhabe zu bestimmen.

Ludwig Raiser hat erwogen, ob man an die Stelle des verlorengegangenen dritten Grundmoments von 1789, der Brüderlichkeit, den Begriff der Solidarität oder Sozialität setzen solle, »um damit ein vermittelndes Element in die Spannung zwischen Freiheit und Gleichheit einzuführen«, ein Element, zu dem der Christ vom Liebesgebot her einen eigenen Zugang habe. Der Begriff der Solidarität hat überdies den Vorzug, daß er in Traditionen der deutschen Arbeiterbewegung fest verankert ist. So wird er als »Wert« einer objektiven Rechtsordnung für viele überzeugend sein. Doch er scheint uns nicht geeignet, das dritte Sachmoment in der Grundfigur des Menschenrechts zu bezeichnen; denn die Momente der Grundfigur sind die Grundlage subjektiv-öffentlicher Rechte und können nicht ohne weiteres als Werte der objektiven Rechtsordnung ausgelegt werden[2].

Reinhold Zippelius hat als drittes Moment neben Freiheit und Gleichheit die »Sozialstaatlichkeit« genannt[3]. Dieser Vorschlag liegt im Blick auf die Grundrechtsentwicklung der Bundesrepublik Deutschland nahe. Denn die mit Art. 20 und 28 des Bonner Grundgesetzes festgestellte »Sozialstaatlichkeit« der Bundesrepublik hat es ermöglicht, die Grundrechte von einer individualistisch-liberalen Interpretation abzulösen und ihre Auslegung auf soziale Grundrechte hin zu erweitern. Dennoch paßt der Begriff »Sozialstaatlichkeit« nicht mit den Begriffen Freiheit und Gleichheit zusammen; denn er bezeichnet eine Qualität des staatlichen Handelns, der staatlichen Ordnung, nicht ein Sachmoment der Grundrechte von Personen. Zur Bezeichnung eines berechtigten Anspruchs auf sozialstaatliches Verhalten der Staatsorgane ist der von uns bevorzugte Begriff der Teilhabe durchaus geeignet. Denn wo durch soziale Unterprivilegierung Ungleichheiten entstehen und Bevölkerungsgruppen in Außenseiterstellungen abgedrängt werden, entfällt die Möglichkeit der Teilhabe der betreffenden Menschen an politischem und gesellschaftlichem Geschehen und an dessen materiellen Erträgen.

Die einzelnen formulierten Menschen- oder Grundrechte erweisen sich durchweg als spezielle, von der Situation und der jeweiligen Rechtstradition mitbedingte Konkretisierungen der drei Sachmomente der Grundfigur des Menschenrechts. So wird zum Beispiel seit den Katalogen des 18. Jahrhunderts das Recht auf Eigentum oder die wichtige Gruppe der Habeas-corpus-Rechte (Unverletzlichkeit der Person, Schutz vor willkürlicher

Haft und vor Folter, Justizrechte und andere) auf die Freiheit bezogen. Jedes von ihnen nennt man ein Freiheitsrecht. Dem Verbot der Diskriminierung wegen Rasse, Hautfarbe, Geschlecht, Sprache, Religion, nationaler oder sozialer Herkunft liegt das Moment der Gleichheit zugrunde; und der Anspruch auf Kontrolle und Mitwirkung in öffentlichen Angelegenheiten ergibt sich aus dem Moment der Teilhabe.

Es wäre allerdings falsch, die konkret kodifizierten Einzelrechte jeweils nur auf eines der Sachmomente in der Grundfigur des Menschenrechts zu beziehen. Tatsächlich ist das Zusammenspiel aller drei Sachmomente von Bedeutung, wenn es gilt, in bestimmten Lagen gegenüber bestimmten Problemen ein Recht zu strukturieren und zu kodifizieren. Daraus ergibt sich als Konsequenz eine *hermeneutische Regel:* Die drei Sachmomente der Grundfigur des Menschenrechts – Freiheit, Gleichheit, Teilhabe – sind stets in wechselseitiger Bedingtheit und Bezogenheit ins Spiel zu bringen; jedes einzelne Menschenrecht ist, wenn es auch in besonderer Nähe zu einem der drei Sachmomente steht, im Blick auf alle drei Sachmomente auszulegen.

Dieser hermeneutischen Regel zufolge ist ein Menschenrechts- oder Grundrechtskonzept, in dem eines der drei Sachmomente nicht zur Geltung kommt, defizient – es bedarf der Ergänzung. Das trifft zum Beispiel für die in der Bundesrepublik verbreitete Neigung zu, Menschenrechte einseitig als Freiheitsrechte aufzufassen. Es gilt in analoger Weise für jene Rechtslehre und -praxis in den sozialistischen Staaten, durch welche die Menschen- beziehungsweise Grundrechte einseitig als gesellschaftliche Anteils- und Beteiligungsrechte ausgelegt werden.

Freiheit, Gleichheit und Teilhabe sind Verhältnisbegriffe. Sie charakterisieren Beziehungen, in denen der Mensch zu seinem Recht kommt oder eben sein Recht nicht erlangt und sich dementsprechend als unfrei, ungleich und ausgeschlossen empfindet. Diese Beziehungen verknüpfen sich für den einzelnen mit den Wirklichkeitsbereichen, die wir Staat oder Gesellschaft nennen. Das sind aber pauschale und also nur aushilfsweise zu brauchende Sammelbegriffe. Die Realitäten, zu denen der Mensch in rechtlich relevanten Beziehungen steht, sind differenzierter, als es die einfache Begrifflichkeit von »Staat und Gesellschaft« erkennen läßt.

Johannes Schwartländer hat unter philosophischem Aspekt

eine Ordnung der Menschen- und Grundrechte entsprechend ihrer Bezogenheit auf folgende Lebensbereiche vorgeschlagen: 1. Ökonomische Lebensgemeinschaft, 2. Kultur und Zivilisation, 3. Bereich des eigentlich Politischen, 4. Sittlich-personale Lebensgemeinschaft, 5. Bereich des Glaubens und der Weltordnung[4]. Wir halten einen solchen Versuch, das Bezugsfeld der Menschen- beziehungsweise Grundrechte zu klären, für sinnvoll. Allerdings ist die Aufgliederung eines Gemeinwesens wie der Bundesrepublik nach Lebensbereichen äußerst schwierig. Sie führt mitten in den Streit der Fakultäten. Soziologische, andere sozialwissenschaftliche, politologische, sozialphilosophische und rechtsphilosophische Einteilungsschemata werden hier miteinander konkurrieren. Noch schwieriger wird die Aufgabe bei den Menschenrechten, weil im Hinblick auf sie das internationale System in Bereiche oder Subsysteme zu gliedern wäre. Wir müssen auf einen derartigen Versuch verzichten.

3. Die Relationalität der Menschenrechte

Häufig teilt man die Menschenrechte und Grundrechte in Abwehr-, Mitwirkungs- und Anspruchsrechte ein. Diese Klassifikation geht vom einzelnen aus. Abwehrrechte dienen dem Schutz der individuellen Freiheitssphäre; Mitwirkungsrechte sichern dem Bürger die Teilnahme am öffentlichen Leben; Anspruchsrechte sind die wirtschaftlichen, sozialen und kulturellen Rechte, deren Gewährleistung durch Initiativen von Staat und Gesellschaft erwartet wird, zum Beispiel um den Individuen bestimmte materielle und soziale Mindestbedingungen zum Leben beziehungsweise für die Persönlichkeitsentfaltung bereitzustellen.

Diese Einteilung macht nicht deutlich, daß und wie die betreffenden Rechte durch Unterlassungen oder Handlungen bestimmter Organe in Staat oder Gesellschaft verwirklicht werden. Das ist aber für die konkrete Fassung der Rechte von außerordentlicher Bedeutung. So müssen Rechte, die dem Bürger gegenüber bestimmten Staatsorganen zustehen – zum Beispiel daß die Polizei sich keine ungesetzlichen Übergriffe erlaubt –, durch andere Staatsorgane gewährleistet werden, also etwa durch die Gerichte gegenüber der Polizei. Und der Schutz in der »staatsfreien« gesellschaftlichen Sphäre, zum Beispiel gegen ungesetzliches Eindringen in das Privatleben der Person, muß wiederum durch Staatsorgane garantiert werden. Immer schließen die Rechte also direkte oder indirekte Beziehungen des Individuums zu Handlungsträgern in Staat und Gesellschaft ein. Es handelt sich demnach nicht bloß um eine Abwehr gegenüber Staat und Gesellschaft, sondern auch um deren Hilfe. Die hier sich konstituierenden Beziehungen lassen sich auch von der anderen Seite her formulieren: Werden vom Staat Grundrechte gewährleistet und werden sie in der Gesellschaft ermöglicht, so sind dadurch die öffentlichen, die politischen, wirtschaftlichen und sozialen Beziehungen, in denen die Bürger leben, mit strukturiert.

Es bedarf also einer bestimmten Fassung der Beziehungen zwischen Individuum und Staat oder Gesellschaft, damit Grundrechte zum Zuge kommen können. Die bloß deklaratorische Aufnahme ins Völkerrecht oder in die Verfassungen genügt nicht. Wo zum Beispiel zwischen den Interessen der Gesellschaft und denjenigen der Individuen dogmatisch eine Identität behauptet wird, da erscheint im Prinzip ein Schutz des einzelnen gegenüber der Gesellschaft als unnötig; denn der einzelne verwirklicht – der Theorie zufolge – seine Interessen und Rechte, die »Freiheit und Würde seiner Persönlichkeit«, nach Maßgabe der gesellschaftlichen Verhältnisse und in Übereinstimmung mit der gesellschaftlichen Entwicklung. So sagt es zum Beispiel die Verfassung der DDR von 1968 Art. 19, Art. 2 Abs. 4, Art. 4 und öfters. Walter Ulbricht formulierte: »Das, was der Gesellschaft nützt, soll auch dem einzelnen von Nutzen sein.« Grundrechte können dann höchstens gegen jene Kräfte eine Abwehr sichern, die wegen bestehender oder nachwirkender klassenmäßiger Bindungen den Interessen der Werktätigen und ihrer sozialistischen Gesellschaft antagonistisch gegenüberstehen. Daß dem Menschen gegenüber der Gesellschaft oder dem Staat, der nach sozialistischer Auffassung die Menschenrechte als Grundrechte gewährt, Schutz not täte, ist unter diesen Voraussetzungen undenkbar.

Andererseits läßt sich die Eigenart menschenrechtlicher Beziehungen auch nicht verstehen, wenn in einem radikalen Individualismus die Interessen des einzelnen gegenüber Staat und Gesellschaft als ein völlig Fremdes gesetzt werden; denn dann wird undenkbar, worauf die Theorie vom Gesellschaftsvertrag verwies: nämlich daß der einzelne einen Teil seiner

Rechte abgetreten und in die soziale wie politische Gemeinschaft eingebracht hätte. Vorrangig bedarf dann die Frage einer Klärung, wieweit der einzelne seine unveräußerlichen Rechte festhalten muß und wieweit er darauf angewiesen ist, sie an Staat und Gesellschaft abzutreten, damit ihm gerade so konkrete Rechte gewährleistet werden können. Auf jeden Fall setzen Menschenrechte und Grundrechte voraus, daß zwischen den unveräußerlichen Rechten des einzelnen und den in Staat und Gesellschaft wirksamen Rechten ein Verhältnis der Divergenz (Nichtidentität) und der Konvergenz (Übereinkommen) zugleich besteht. Daß die Divergenz unaufhebbar ist, wird dort besonders deutlich betont, wo die Theorie, wie es überwiegend im deutschen Rechtsdenken geschieht, eine objektive, von Werten bestimmte Rechtsordnung statuiert – mit dieser müssen die Menschenrechte immer erst in einem zusätzlichen Schritt vermittelt werden.

Nicht schon die Grundrechte, wohl aber die Menschenrechte setzen notwendigerweise voraus, daß es im Rechtsverhältnis zwischen Staat oder Gesellschaft und Individuum etwas gibt, was nicht erst vom Gesetzgeber gewährt wird, sondern von ihm als vorgängig anerkannt und als nicht verfügbar respektiert werden soll. Das ist nach dem Art. 1 Abs. 1 des Bonner Grundgesetzes die unantastbare Würde des Menschen. Die Bill of Rights von Virginia 1776 bringt das mit den Worten zum Ausdruck: »Alle Menschen sind von Natur aus in gleicher Weise frei und unabhängig und besitzen bestimmte angeborene Rechte.« Diese unantastbare Würde des Menschen, seine Freiheit »von Natur aus«, ist empirisch nicht konstatierbar, wird aber zu einer Realität, sofern die Rechtsordnung sich mit Rücksicht auf diese Überzeugung konstituiert.

In diesem Abschnitt, in dem wir besonders auf die Beziehungen achten, in die menschenrechtliches Denken den einzelnen einfügt, stellt sich die Aussage von der unantastbaren Würde des Menschen als eine Grenzbestimmung dar, freilich eine Bestimmung von fundamentaler Bedeutung. Sie besagt nämlich, daß dem Menschen als Person eine Eigenständigkeit gegenüber allen Weltbezügen, in die er verflochten ist, zukommt, daß er also nicht nur Ensemble der gesellschaftlichen Verhältnisse ist, sondern sich noch einmal gegenüber der Gesamtheit der Weltverhältnisse, die er ist, verhalten kann. Der Mensch soll als »von Natur«, »von Geburt«, das heißt in seinem zentralen Sein als frei gelten, als nichtbedingt durch all die Verhältnisse, in die er verflochten ist. Das ist ein genuin religiöser Gedanke. Kann man eine Distanz des Menschen zur Gesamtheit immanenter Weltbezüge, die sich in ihm verknoten, denken, ohne ein Gegenüber zur Gesamtheit der weltimmanenten Verhältnisse mitzudenken? Der monotheistische Gottesgedanke war von jeher der Ausdruck dieser Sichtweise. Wie man die Pluralität der Erscheinungen zur Einheit, zu der einen Welt deswegen zusammenfassen konnte, weil man den *in* ihr waltenden Schöpfergott auch ihr *gegenüber* sah, so konnte der Mensch als Person insofern eine Distanz von seinem Teil-der-Welt-Sein gewinnen, als man diese Distanzierung durch eine nichtweltliche Bezogenheit der Person ermöglicht glaubte. Aus dieser Distanz konnte und mußte der Mensch sich dann zu sich selbst als Ensemble von Weltverhältnissen noch einmal ins Ververhältnis setzen. Wer den Menschen als frei, als nicht absolut durch immanente Bedingungen determiniert versteht, indem er ihm eine unantastbare Würde zuspricht, der bleibt, so säkular oder atheistisch er sich selbst verstehen mag, in der Tradition des Gottesgedankens. Das Gegenüber von Gott und Welt bestimmt, wenn auch nur noch in funktionaler Formalität, weiterhin sein Denken. Auch der Humanismus, soweit ihm der Mensch für den Menschen das höchste Wesen ist, dem Freiheit zukommt, bewegt sich in der gleichen Bahn. Denkt er den Menschen in seiner Immanenz als frei, so versteht er diese Immanenz so, wie sie nur gedacht werden kann, wenn man ihr anderes, die sie ermöglichende Transzendenz, mitdenkt; denn ohne Transzendenz verlöre der Begriff der Immanenz seinen Sinn. Eben für die transzendente Seite des immanenten Wesens Mensch steht der Begriff der voraussetzungslosen Würde der Person. Diese Personalität äußert sich laut heutigem Sprachgebrauch im Gewissen, allerdings nicht in dem Sinne, in welchem das Gewissen Gegenstand der Psychoanalyse ist, sondern als Ausdruck der Freiheit von der restlosen Determination durch andere Weltinstanzen verstanden[5].

Wird die Person mit ihrer unantastbaren Würde in ihrer Differenz gegenüber allen innerweltlichen Bedingungen anerkannt und werden die Menschenrechte eben an dieser Grenzbestimmung als der einen Seite des Verhältnisses orientiert, so bedeutet das doch nicht eine Trennung der Person von der Welt. Vielmehr werden die Weltbezüge durch diese Grenzbestimmung in bestimmter Weise qualifiziert und strukturiert, so nämlich, daß sie nur Recht sein können, wenn sie der Würde und der Freiheit der Person Raum lassen. Staat und Gesellschaft haben ihr Handeln so einzurichten, daß für die Eigenbestimmung und den Eigenwert der Person Raum bleibt. Da Freiheit, Gleichheit und Teilhabe sich relational verwirklichen, können sie der Person nicht innerlich bleiben, sondern müssen sich veräußerlichen, müssen in Rechten im gesellschaftlichen und politischen Bezugsfeld ihren Ausdruck finden. Innere Freiheit scheint schrankenlos, nach außen gewendet aber findet sie ihre Schranke in der Freiheit konkreter Mitmenschen und in Recht und Gesetz, wodurch Grenzen der Vereinbarkeit der Freiheit eines jeden mit der Freiheit aller anderen konkret gezogen werden.

Schon flüchtige Einblicke in die Grundrechtsdiskussion in der Bundesrepublik zeigen, daß bei Juristen wie Theologen die Freiheit das beherrschende, oft das einzige Moment ist, das man in der unableitbaren Würde des Menschen, in seiner Möglichkeit, sich der Gesamtheit innerweltlicher Relationen gegenüberzustellen, begründet sieht. Die Freiheit der Person gilt schlechterdings als »der zentrale Wert des Grundrechtssystems«; Gleichheit oder Teilhabe erscheinen oft sogar als eine Gefährdung für diesen Wert.

Das mag aus der deutschen Geistes- und Rechtsgeschichte sowie aus der Lage der Bundesrepublik verständlich sein, ist aber dennoch bedenklich. In der monotheistischen Gottesbeziehung jedenfalls gilt prinzipiell die Gleichheit aller Menschen vor Gott, und der Menschenrechtsgedanke hat die Gleichheit der Freiheit mit Nachdruck an die Seite gestellt, freilich die Spannung zwischen beiden kaum verdeutlicht. Die sozialen Bewegungen aber und die weltweiten Kämpfe um Überwindung von Diskriminierung – insbesondere von Rassendiskriminierung – haben die fundamentale Bedeutung des Gleichheitspostulats ans Licht gebracht. Es ist mit dem Aufkommen und dem Bestand der modernen industriellen Gesellschaften eng verbunden. Besonders sind es die Entrechteten, welche mit Berufung auf die unantastbare Würde des Menschen die diskriminierenden Ungleichheiten anklagen. Es mag der weniger spontane Zugang zum Gleichheitsmoment sein – Frankreich hat hier seit Jean-Jacques Rousseau und Amerika im Gefolge der Sklavenbefreiung andere Traditionen –, der in der Bundesrepublik in den letzten Jahrzehnten ein relativ indifferentes Verhältnis zum

Beispiel zur Apartheidspolitik und zur »white supremacy«-Ideologie begünstigte[6].

Die mittels der Grundrechte zu verwirklichende Teilhabe war von Anfang an in der demokratischen Bewegung und der Arbeiterbewegung Europas ein fundamentaler Zielbegriff. Und der marxistische Sozialismus verhieß, den Menschen zum Subjekt seiner Geschichte zu machen und darin die Menschenwürde zu verwirklichen. In neuer und abermals vertiefter Bedeutung begegnet uns das Postulat der Teilhabe in der Theologie Schwarzer, besonders in Südafrika. »Die Teilnahme an Macht verweigert zu bekommen, wirkt als Herabsetzung auf die Ebene der Untermenschlichkeit«, schreibt Manas Buthelezi als einer der theologischen Sprecher in der schwarzen Mehrheitsbevölkerung der Republik Südafrika[7].

Es scheint verfehlt, Menschenrechte und Grundrechte zwar als Ausdruck der Freiheit des Menschen zu verstehen, Gleichheits- und Teilhaberechte aber nur als Leistungen der Sozialstaatlichkeit auszulegen und sie als Konkurrenz zum Menschenrecht als Freiheitsrecht zu behandeln. Wir gehen vielmehr davon aus, daß Freiheit, Gleichheit und Teilhabe in ganz analoger Weise ihren Rückhalt in der unantastbaren, alle weltlichen Bedingungen transzendierenden Würde des Menschen haben; sie geraten zwar bei ihrer Umsetzung in konkrete Grundrechte – angesichts der Endlichkeit des menschlichen Lebens und der dieses Leben ermöglichenden Güter – in scharfe Spannung zueinander, aber gerade so müssen sie miteinander verwirklicht werden, soll die Lebenswirklichkeit nicht der Würde des Menschen radikal widersprechen.

Deutlich ist: Freiheits-, Gleichheits- und Teilhaberechte sind nicht abstrakt zu fassen, sondern strukturieren sich erst in ihrem Sinn und ihrer Funktion, wenn sie im Verhältnis zu konkreten Bereichen der Lebens- und Rechtswirklichkeit ausgelegt werden, wenn man sie also in ihrem realen Bezugsfeld – in ihrer Relationalität – ins Auge faßt.

4. Freiheit, Gleichheit und Teilhabe als Relationsbegriffe

1. *Freiheit* in einer unantastbaren Würde des Menschen begründet zu sehen, stößt sich hart mit einem älteren Begriff, demzufolge »Freiheiten« – libertates, privilegia – durch die

jeweiligen Herren gewährt oder bestätigt wurden. Dieser ältere Freiheitsbegriff setzt sich auch heute durch, sofern man Freiheitsrechte als durch den souveränen Staat gewährleistet sieht und in ihnen kein vorstaatliches und vorgesellschaftliches Grundelement anerkennt.

Das deutsche Wort »frei« war ursprünglich ein Rechtsbegriff, durch den die Glieder eines Gemeinwesens von Fremden abgehoben waren. »Freisein« bedeutete Ledigsein von fremder Gewalt. Man war frei als bezogen auf die Gruppe, innerhalb deren durch Schutz nach außen Frieden herrschte und also Freiheit gewahrt wurde. Hier gehörte die Freiheit also zum Gemeinwesen, das in der Unabhängigkeit von anderen Gemeinwesen nach innen Freiheit gewährleistete und ständische Privilegien – Freiheiten in einem anderen Sinne – vergeben konnte.

Der Freiheitsbegriff der Menschenrechtserklärungen bringt eine spezifisch neue Erfahrung zum Ausdruck und antwortet auf sie: daß das – Schutz und Frieden gewährleistende – eigene Gemeinwesen, als Staat organisiert und mit dem Macht- und Gesetzgebungsmonopol ausgestattet, selber die Ursache der Unfreiheit seiner Bürger wird. Das aber setzt voraus, daß Freiheit nicht allein im Horizont des eigenen Staates und der eigenen Gesellschaft verstanden ist, daß vielmehr der Bürger als Mensch eine das Gemeinwesen überschießende Freiheit in Anspruch nimmt, die nun zu den Befugnissen von Staat und Gesellschaft in eine Beziehung gebracht werden muß. Negativ ist diese Beziehung, sofern Freiheitsrechte des Bürgers als den Staat einschränkende Rechte zur Wirkung kommen, positiv, sofern Freiheitsrechte den Bürger in die Teilhabe, das heißt insbesondere die aktive Teilhabe an der Staatsgewalt, einweisen.

Indessen steht bei »Freiheit« nicht nur das Verhältnis des einzelnen zum Staat auf dem Spiel. Ursprünglicher noch ist das Verhältnis der Freiheit eines jeden zu der Freiheit anderer problematisch. Die Rechtsgemeinschaft regelt solche Verhältnisse, indem sie die rechtliche Freiheit der einzelnen gegeneinander abgrenzt und so die Spielräume möglichen legalen Verhaltens kenntlich macht. Dabei ist es freilich für das Klima einer Rechtsgemeinschaft von großer Bedeutung, ob sie die Freiheit des einzelnen, die sie ebenso schützen wie einschränken muß, als die kalte Privatautonomie miteinander feindlich konkurrierender Individuen ansieht – homo homini lupus – oder voraussetzt, daß Menschen für die Verwirklichung ihrer Freiheit auch einander bedürfen – die anderen können der wichtigste Reichtum sein. Erwartet man von dem Verhältnis eines jeden zu anderen nicht bloß negativ eine wechselseitige Beschränkung der Freiheit, sondern auch positiv eine wechselseitige Ermöglichung von Freiheit, so wird man darauf achten, daß Abgrenzung und Solidarität tunlichst einander nicht hindern. Gewiß können Rechtsregelungen nur die Begrenzungen gegeneinander garantieren, nicht die solidarische Zuwendung zueinander. Aber sie können letzterer Raum geben und können den prä- und metajuristischen »Wert« oder »Standard« der Solidarität berücksichtigen. »Freiheit« läßt beide Auslegungen zu: ein kühl individualistisches Insistieren allein auf der Privatautonomie und ein Hineinnehmen der Teilhabe aneinander und der gemeinsamen Teilhabe an den öffentlichen Dingen. Bei der letzteren Auslegung kommt also das dritte Sachmoment der Grundfigur des Menschenrechts mit ins Spiel und qualifiziert das Moment der Freiheit sowohl in den interindividuellen wie auch in den mit den öffentlichen Freiheitsrechten gesetzten Beziehungen.

Es ist häufig dargestellt worden, wie das individualistisch-liberalistische Klima, das dort entstand, wo man die ganze Gesellschaft möglichst nach dem Modell des Marktgeschehens organisierte – wo also der Besitzindividualismus die gesamte Lebenswirklichkeit durchdrang –, zur Verkümmerung der emotionellen Beziehungen der einzelnen untereinander und dem Gemeinwesen gegenüber führte[8]. In dieses Vakuum strömten dann kollektive Ideen und Emotionen ein, etwa der Nationalismus oder auch der Faschismus; sie konnten scheinbar jene Solidarität anbieten, die aus den formalisierten Individualbeziehungen verdrängt war. Das rein formale Prinzip der Freiheit erweist sich als eine Leerformel; entscheidend für eine Rechtsgemeinschaft ist, in welchen Relationen es wirksam wird. Der Freiheitsbegriff des Menschenrechtsgedankens trägt die Erkenntnis bei, daß Form wie Inhalt der konkreten Freiheitsrechte, zum Beispiel als Grundrechte, auf jenes Transzendierende bezogen bleiben müssen, das den Bürger als Menschen nie völlig mit seinem Staat und seiner Gesellschaft identisch werden läßt und gerade so die Möglichkeit der Solidarität auch über Schranken hinweg offenhält.

2. Augenfälliger als für die Freiheit ist es für die *Gleichheit,* daß sie nur als Verhältnisbegriff gedacht werden kann. Der so

bezeichnete Sachverhalt ist nicht an einzelnen Gegenständen oder Personen zu konstatieren, sondern nur an einer Beziehung zwischen mehreren. Es gibt immer nur Gleichheit in bestimmten Hinsichten; sonst würde es sich um Identität handeln. Wer von Gleichheit spricht, muß die Kriterien – die tertia comparationis – angeben können, hinsichtlich deren mehrere miteinander gleich oder ungleich sein sollen. Die französische Verfassung von 1793 erklärt: »Alle Menschen sind durch die Natur und vor dem Gesetz gleich.« Aber die These der Gleichheit »durch die Natur« ist alles andere als evident und nur von bestimmten Prämissen der Aufklärungsphilosophie her und im Gegenüber zu den legitimierten Ungleichheiten der alten Stände verständlich. Die Forderung nach der Gleichheit »vor dem Gesetz« leuchtet heute noch unmittelbar ein, so schwer ihre Verwirklichung im konkreten Falle auch sein mag.

Wahrscheinlich enthält das Gleichheitsmoment der Menschenrechte mehr revolutionäre Potenz als das Freiheitsmoment. Die bürgerliche Emanzipation konnte mit ihrem Kampf gegen die feudalen Privilegien, welche die Ungleichheiten festschrieben und steigerten, auf unmittelbare Zustimmung rechnen. Aber diese bestimmte Emanzipation legte auch fest, in welcher Hinsicht künftig Gleichheit herrschen solle: Gleichheit vor dem für alle geltenden Gesetz im Sinne von gleichem Zugang zum Markt, auf dem niemand ein Vorrecht haben, in dessen Rechtsstruktur jede Person und jede Ware beliebig austauschbar sein sollte. Jeder war gleichberechtigt – in bezug auf das, was er im Tausch veräußern konnte. Gerade dieser Umstand aber war es, der den Lohnabhängigen auf dem Markt benachteiligte und ihn in eine Position der Ungleichheit drängte.

Gleichheit im Verhältnis zum Staat und zum Gesetz ist etwas anderes als Gleichheit in der wirtschaftenden Gesellschaft. Denn die Bedingungen, die zur Wahrnehmung von Gleichheit unerläßlich sind, sind in diesen beiden Fällen verschieden. Im Verhältnis zum Staat können die Gleichheitsbedingungen durch den Staat selbst gewährleistet werden. In marktförmig organisierten Beziehungen aber nützt der Person, die nicht über marktverwertbares Eigentum verfügt, rechtlich abgesicherte Chancengleichheit wenig. Auf diese Erfahrung reagiert der Grundsatz der dynamischen Gleichbehandlung: Für Unterschiede, die anhand eines bestimmten Gleichheitskriteriums erkennbar sind, ist Ausgleich zu schaffen; so müssen in der marktorientierten Gesellschaft ökonomisch-soziale Ungleichheiten ausgeglichen werden, damit aus Chancengleichheit Chancengerechtigkeit wird. Im Bonner Grundgesetz ermöglicht die Sozialstaatsklausel Art. 20 und Art. 28 die Auslegung des statisch formulierten Art. 3, »Alle Menschen sind vor dem Gesetz gleich«, in Richtung auf eine dynamische Gleichbehandlung und trägt sie dem Gesetzgeber auf[9].

Der Gleichheitsgrundsatz ist nicht in jedem Fall Ausdruck einer solidarischen Zuordnung der einzelnen zueinander und zum Gemeinwesen. Individualistisch interpretiert, kann er die Menschen als fremde und feindliche Individuen einander formal zuordnen. Tocqueville, der große Kritiker der Demokratie in Amerika, sah 1835 in ihr die Freiheit deshalb gefährdet, weil die Gleichheit allem anderen vorgezogen würde. »Die Demokratie hält die Menschen davon ab, sich ihren Mitmenschen zu nähern. Da in den Zeitaltern der Gleichheit keiner verpflichtet ist, seinen Mitmenschen beizustehen, und keiner berechtigt, von seinen Nächsten eine große Hilfe zu gewärtigen, ist jeder zugleich unabhängig und schwach.« Nicht weniger scharf ist die heutige Kritik, die zu bedenken gibt, wohin die Betonung der Gleichheit nicht nur in der staatlichen und politischen, sondern auch in der sozialen Sphäre führe: das Gleichheitspostulat begründe ein Anspruchsdenken, das vom Sozial- und Wohlfahrtsstaat mehr verlange, als er zu leisten vermöge, und das gleichzeitig den Rückgang der persönlichen Verantwortungs- und Einsatzbereitschaft bewirke. Man führt meist die leistungsstimulierende Differenzierungskraft der individuellen Freiheit gegen die apathisch machende Nivellierungskraft der Gleichheitsforderung ins Feld. Indessen wird diese sozialpsychologische, an der Produktivität von Wirtschaft und Gesellschaft orientierte Argumentationsweise der Rolle des Gleichheitsmoments im nötigen Zusammenspiel aller drei Grundmomente nicht gerecht. Nicht umsonst ist gerade der Gleichheitssatz in den Kernbestand der Grundrechte moderner Verfassungen eingegangen. Er ist für die Legitimierung moderner Gemeinwesen von größter Bedeutung. Denn in einer pluralistischen Situation, in der keine Gruppe sich das Recht nehmen darf, ihre Wahrheitserkenntnis zur Norm der Gestaltung von Staat und Gesellschaft zu machen, wo dementsprechend keiner Gruppe von vornherein ein Vorzug gebührt, muß Legitimität in permanenten Prozessen gewonnen werden, in welchen alle Beteiligten gleichberechtigt an dem Verfahren zur Gewinnung geltenden Rechts beteiligt sind. Hier verbinden sich die Momente von Gleichheit und Teilhabe besonders intensiv miteinander.

3. In den Menschenrechts- und Grundrechtskatalogen ist *Teilhabe* nicht ein ebenso prägnanter Terminus wie Freiheit und Gleichheit; dennoch können wir mit diesem Wort ein Grundmoment von eigener systematischer Bedeutung bezeichnen. Auch Teilhabe ist ein Verhältnisbegriff, der zwischenmenschliche Bezüge und Bezüge der einzelnen zu Gesellschaft und Staat zum Ausdruck bringt. Es war von Anfang an die erklärte Funktion der Menschenrechte, die Beteiligung der Bürger an der Staatsmacht und am Gesellschaftsprozeß zu sichern. Man forderte zum Beispiel für den einzelnen den status activus des Stimmbürgers und wollte ihn damit zum Mit-Subjekt im öffentlichen Geschehen machen. Teilhabe sicherte also eine Dimension politischer Freiheit und Gleichheit. Nicht nur das Wahlrecht, sondern auch die Freiheit der Meinungsäußerung und der Presse war zugleich ein Teilhaberecht. Ebenso ist das Eigentum als rechtlich gewährleisteter Zugang zu ausgegrenzten Gütern, die den Genuß des Lebens sichern, in diesem Sinne verstanden worden, freilich nicht ohne die Gegenmeinung, die Rousseau vertrat: Eigentum sei die Quelle menschlicher Entfremdung, Ungleichheit und Unfreiheit und insofern ein Hindernis der humanen gemeinsamen Teilhabe an den Gütern des Lebens. Das Eigentum galt als Bedingung der Teilnahme am Markt und übte insofern faktisch die Funktion aus, die Besitzlosen aus der bürgerlichen Gesellschaft auszuschließen, sie auch oft genug teilweise oder ganz ihres Stimmrechts zu berauben. Hatte der Abbé Sieyès 1788 in einer Streitschrift formuliert: »Was ist der Dritte Stand? Alles! Was ist er bis jetzt in der politischen Ordnung gewesen? Nichts! Was verlangt er? Etwas zu sein!«, so paßte das sechzig Jahre später haargenau für den Vierten Stand, der nunmehr dem Kommunistischen Manifest zufolge dazu bestimmt war, »Alles« zu sein, das heißt die Interessen der Gesamtgesellschaft allein zu repräsentieren.

Bei den Freiheits- und Gleichheitsrechten scheint primär das Verhältnis zwischen Menschen beziehungsweise zwischen Menschen und menschlichen Institutionen im Blick zu sein. Die Teilhabe an materiellen Gütern – Bedingung für die Teilnahme am Tauschgeschehen des Marktes – ließ bereits im 18. Jahrhundert erkennen, daß sich die Beziehungen von Mensch zu Mensch vielfältig mit den Beziehungen von Mensch und Natur verschlingen. Materielle Güter sind großenteils Ergebnisse eigener und fremder Arbeit, und diese ist Ausdruck des aktiven Stoffwechsels des Menschen mit der Natur. Die heutige ökologische Diskussion ruft ins Bewußtsein, wie sehr die Teilhabe des Menschen an der Natur im industriellen Zeitalter den Modus der Ausbeutung mit zerstörerischen Folgen angenommen hat, wobei Störungen im Gleichgewicht des Naturhaushaltes sich als Gefährdungen der Lebenswelt auch des Menschen erweisen. Das bestätigt die alte Einsicht: Das Verhältnis von Mensch zu Mensch ist nur in einer schmalen Zone ein direktes, rein personales; überwiegend ist es ein indirektes, durch gemeinsamen – wenn auch meist konkurrierenden – Bezug auf Sachen und Güter und so letztlich auch auf die physische Umwelt vermitteltes Verhältnis. Daraus resultieren Grenzen für das Recht der Teilhabe; die Ansprüche des einen finden nicht nur in denen des anderen notwendigerweise ihre Schranke, sondern auch darin, daß menschliche Teilhabe an der Natur sich durch deren endliche physische Bedingungen begrenzen lassen muß.

Die bundesrepublikanische Diskussion um den Sozialstaat zeigt, daß Teilhabe sehr verschieden strukturiert und ihre rechtliche und anthropologische Qualität sehr unterschiedlich sein kann. Ernst Forsthoff hat den Freiheit garantierenden Rechtsstaat dem Teilhabe gewährenden Sozialstaat gegenübergestellt. Die Gewährleistungen der rechtsstaatlichen Verfassungen seien in erster Linie Ausgrenzungen, hingegen zielten die sozialstaatlichen Gewährleistungen auf Teilhabe: »Die Teilhabe als Recht und Anspruch meint einen leistenden, zuteilenden, verteilenden, teilenden Staat, der den einzelnen nicht seiner gesellschaftlichen Situation überläßt, sondern ihm durch Gewährungen zur Hilfe kommt. Das ist der soziale Staat.«[10] Diese Definition kritisiert Hans-Hermann Hartwich: »Teilhabe heißt also nicht etwa Mitbestimmung oder die Emanzipation des einzelnen in der Wirtschaft durch seine nicht nur rechtliche, sondern auch gesellschaftspolitische Stützung als Subjekt des Geschehens. Teilhabe heißt von nun an in der ›herrschenden‹ Sozialstaatsinterpretation: Recht und Anspruch auf Hilfe durch den Staat.«[11] Die aktive Seite der Teilhabe, das in der demokratischen Tradition liegende Element der Mitbestimmung, tritt bei Forsthoffs Fassung der Sozialstaatlichkeit zurück, Teilhabe wird auf den

Anspruch, Hilfe zu erhalten, reduziert, der Staat als Sozialstaat allein in der handelnden Rolle, als Hauptsubjekt des Geschehens gesehen. Aber Teilhabe und Teilnahme als Moment der Grundfigur des Menschenrechts bezeichnet noch etwas anderes, eben das Recht des einzelnen, als Mit-Subjekt auch im Felde sozialstaatlichen Handelns in Erscheinung zu treten. Auch darin verwirklicht sich Freiheit, nicht nur in den »Ausgrenzungen«, in denen die rechtsstaatliche Verfassung die individuelle Sphäre vor Eingriffen der Staatsgewalt schützt. Freilich bedarf das Verhältnis von »subjektiven« Menschenrechten beziehungsweise Grundrechten und objektiver gesellschaftlicher und staatlicher Ordnung in ihrer spezifischen Rechtsgestalt noch unserer Aufmerksamkeit, zumal bei der Bestimmung dieses Verhältnisses darüber mitentschieden wird, welchen Ort im Ganzen des Rechts, insbesondere gegenüber Völkerrecht und innerstaatlichem Recht, die Menschenrechte einnehmen können[12].

Die Interpretation der Momente der Grundfigur des Menschenrechts – Freiheit, Gleichheit, Teilhabe – als Relationsbegriffe zeigt die Notwendigkeit der *hermeneutischen Regel*[13]: Die Sachmomente sind nur unter Berücksichtigung ihrer Korrelation untereinander auszulegen. Jede bestimmte Festlegung des einen Momentes hat Folgen für die beiden anderen Momente. Besonders deutlich tritt das zum Beispiel in der Eigentumsproblematik hervor; die konkrete Ausformung dieses Rechtsinstituts wird von dem jeweiligen Freiheits-, Gleichheits- und Teilhabeverständnis beeinflußt.

Freilich vertreten wir nicht die Auffassung, man könnte oder sollte aus dieser Konstellation von Sachmomenten das gesamte Rechtssystem, sei es ein innerstaatliches, sei es das Völkerrecht, deduzieren. Wir stellen nur fest: Bei jeder Entscheidung, die Menschenrechte verwirklicht, spielen bewußt oder unbewußt alle drei Sachmomente mit, und was von ihnen zur Geltung gebracht oder verdrängt wird, hat Folgewirkungen. Bei keiner geschichtlichen Konkretisierung von Menschenrechten darf damit gerechnet werden, daß die Sachmomente in einem Verhältnis harmonischer Ergänzung stehen. Zwischen ihnen herrscht vielmehr ein spannungsvolles Widerspiel und Zusammenspiel. Es gibt daher auch keine eindeutig und zeitlos optimalen Lösungen, sondern immer nur Annäherungslösungen, die unter bestimmten endlichen Bedingungen als legitim vor dem

Menschenrechtsgedanken gelten können und insofern – unbeschadet der kritischen Beachtung ihrer Schwächen – Zustimmung verdienen.

5. Das Verhältnis subjektiv-öffentlicher Menschenrechte zur objektiven Rechtsordnung

Warum läßt sich von den Menschenrechten oder Grundrechten her nicht ein – internationales oder nationales – Rechtssystem insgesamt entwerfen? Ein solches Verfahren, so scheint es auf den ersten Blick, würde den Menschen als wahres Subjekt seiner Geschichte erscheinen lassen, und zwar so, daß er nicht in irgendwelchen Kollektiven verschwindet, sondern auch als einzelner, freilich in wechselseitiger Bezogenheit auf die vielen anderen einzelnen, respektiert wird.

Indessen ist es eine elementare menschliche Erfahrung, daß dort, wo durch die Einigung einzelner die Elemente einer Ordnung entstehen, diese sich alsbald gegenüber den subjektiven Intentionen jedes einzelnen objektivieren. Sie werden ihm gegenüber so fremd, daß es erneuter subjektiver Bemühungen bedarf, sich selbst in jener objektiven Ordnung wiederzufinden, in ihr bei sich selbst sein zu können, also in ihr frei zu sein. Diese Erfahrung hat insbesondere in der politischen Philosophie einen starken Niederschlag gefunden.

Viele Theorien beziehen sich vorwiegend auf eine solche objektivierte, für die subjektiven Intentionen kaum noch durchlässige Ordnung. Sie explizieren ihr Eigengewicht, die in ihr wirksamen Mechanismen und Gesetzmäßigkeiten, und führen folgerichtig zu der These von der Eigengesetzlichkeit »des Staates«, »der Wirtschaft« und so weiter. In der europäischen Neuzeit ist zunächst der Staat in dieser Weise gesehen worden. Zwar ging ein Mann wie Thomas Hobbes auch hinsichtlich der Genese des Staates von einem Gesellschaftsvertrag aus; aber dieser schließt nach Hobbes ein, daß die Bürger die Herrschaftsmacht einem »Repräsentanten« übertragen, der von nun an die höchste, allumfassende, dem Gesetz nicht unterworfene Gewalt ist. Er ist der alleinzuständige Ausleger des Naturrechts und des göttlichen Rechts – er schränkt beide durch Gesetze ein. Der Herrscher hat sich vor keiner Autorität neben der Staatsgewalt noch zu legitimieren. Auctoritas non veritas facit legem! Hier erreicht die Objektivierung der Staatsgewalt und die Entfremdung von den subjektiven Intentionen der einzelnen einen äußersten Grad, obwohl Hobbes bestimmte »liberale« Gegengewichte zum Schutze des einzelnen vorsieht. Aber Menschenrechte sind mit dieser Ordnung nicht zu vermitteln. Sie stellen eine solche Ordnung nur in Frage, bestreiten ihre Legitimität, weshalb John Locke auch Hobbes' Theorie vom absoluten Souverän verwarf.

In der deutschen Tradition, in der pessimistische Komponenten christlicher Anthropologie besonders stark zum Zuge kamen, sind immer wieder große Bedenken geltend gemacht worden, mit Gesellschaftsvertragstheorien das Gemeinwesen von subjektiven Intentionen oder gar von der Moralität her zu entwerfen. Kant, der in seinen Aussagen vom radikalen Bösen mit einer tiefen Verkehrtheit des menschlichen Herzens rechnete, drängte beim Entwurf einer dem Recht des Menschen angemessenen republikanischen Verfassung auf eine Ordnung, in welcher auch der moralisch böse Mensch ein guter Bürger zu sein gezwungen wird. »Das Problem der Staatserrichtung ist, so hart wie es auch klingt, selbst für ein Volk von Teufeln (wenn sie nur Verstand haben) auflösbar und lautet so: ›Eine Menge von vernünftigen Wesen, die insgesamt allgemeine Gesetze für ihre Erhaltung verlangen, deren jedes aber in Geheim sich davon auszunehmen geneigt ist, so zu ordnen und ihre Verfassung einzurichten, daß, obgleich sie in ihren Privatgesinnungen einander entgegenstreben, diese einander doch so aufhalten, daß in ihrem öffentlichen Verhalten der Erfolg eben derselbe ist, als ob sie keine solche böse Gesinnungen hätten.‹ Ein solches Problem muß auflöslich sein.«[14] Nicht Moralität, sondern der »Mechanism der Natur« soll es nach Kant sein, der das Funktionieren eines Staates mit seinem Recht gewährleistet. Diese Theorie hat direkt und indirekt die Abneigung vieler deutscher Juristen gegen die Angewiesenheit des Rechtes auf subjektive moralische Intentionen, auf eine prä- und metajuristische Moral kräftig gefördert. Ihr zufolge darf und soll die objektive Rechtsordnung ihr Funktionieren durch Mechanismen garantieren lassen, die nicht der Hilfe durch die Moral bedürfen und so unabhängig bleiben vom subjektiven Wollen der einzelnen.

Für Hegel, den bis heute in Deutschland am stärksten nachwirkenden Rechtsphilosophen, ist der Staat objektiver Geist. »So hat das Individuum nur Objektivität, Wahrheit und

Sittlichkeit, als es ein Glied desselben ist.« Noch die marxistische These von der Identität der Interessen des einzelnen mit denen der Gesellschaft und von der alleinigen Gewährleistung der Grundrechte durch den souveränen Staat läßt sich als Nachwirkung dieses Gedankens begreifen. Der objektive Charakter dieses Staates macht es unmöglich, seine Legitimierung vor den Menschenrechten zu erwarten. Diese gelten vielmehr in hegelscher Tradition als »abstrakter Gedanke«, als der Versuch, den Staat nach dem bloßen Begriff des Rechts umzubilden, während er viel mehr ist, nämlich für Hegel die Wirklichkeit der sittlichen Idee, ja der Gang Gottes in der Geschichte. Für die heutigen staatssozialistischen Gesellschaften ist er die organisierte politische Macht des werktätigen Volkes, die dem objektiv-gesetzmäßig bestimmten heutigen Stand der Geschichte entspricht und erst später absterben soll. Subjektive Menschenrechte können gegenüber dem, was der eherne Gang der Geschichte ist, weder bei Hegel noch in den heutigen sowjetsozialistischen Gesellschaften viel bedeuten.

Auch im Völkerrecht zeigt sich die Spannung zwischen den Regeln einer objektiven Rechtsordnung und Folgerungen aus subjektiv-öffentlichen Rechten. Das Interventionsverbot zum Beispiel – also das Verbot für Staaten, sich in die inneren Angelegenheiten anderer Staaten einzumischen – kollidiert leicht mit Konsequenzen aus den Menschenrechten. Wo Staaten die Menschenrechte permanent verletzen, da stellen sie ihre eigene Legitimität in Frage und provozieren von außen kommende Hilfeleistungen für die bei ihnen unter Rechtsverletzungen leidenden Bevölkerungsteile. Solche Hilfeleistungen werden freilich regelmäßig als »Einmischung in innere Angelegenheiten« kritisiert. Angesichts dieser Spannung entwickelt sich aber die Tendenz, die bisherige »objektive Ordnung« mitsamt ihren Regeln zu modifizieren. Denn es müssen um der Menschenrechte willen Verfahrensweisen entwickelt und rechtlich anerkannt werden, nach denen die internationale Rechtsgemeinschaft auf rechtsverletzende Staaten einwirken kann. Dies ist am Beispiel rassischer und politischer Diskriminierung und der massenhaften Verbreitung der Folter in den letzten Jahrzehnten ganz offensichtlich geworden. Die Tätigkeit nicht-gouvernementaler Organisationen, wie etwa Amnesty International, unterstreicht die Notwendigkeit solcher rechtlicher Verfahren zur Durchsetzung der Menschenrechte.

Eine analoge Objektivierung gegenüber dem einzelnen erfahren die Gesellschaften – und durchaus auch ihre »staatsfreien« Bereiche. Auch ihre Mechanismen verobjektivieren sich zu einer angeblich transmoralischen und transsubjektiven Eigen- und Sachgesetzlichkeit, und so werden sie dann durch juristische Normen »objektiv« geordnet. Wird zum Beispiel das Marktgeschehen rechtlich geordnet, so ist hier jeweils der einzelne Mensch nur insoweit im Blick, als er funktionell an diesem Geschehen beteiligt ist.

Auch der Umstand, daß alle rechtlichen Ordnungen in mühsamen historischen Prozessen so geworden sind, wie sie sind, steigert den Grad ihrer objektiven Eigengewichtigkeit gegenüber subjektiven Intentionen und Rechten der einzelnen. Es ist nicht schwer, einzusehen, daß keine Rechtsordnung »funktionieren« würde, löste man sie abrupt von den historisch gewordenen und gewachsenen Fakten und Normen, die in ihr weiterwirken. Sie kann harte Zwänge enthalten und zugleich nicht ad hoc produzierbare Chancen bieten – beides steigert die Widerständigkeit gegen das Einbringen subjektiver Rechtsansprüche.

Die Einsicht in die Objektivität der Rechtsordnungen steht also der Intention entgegen, die Menschen- oder Grundrechte zum konstitutiven Prinzip jeder Rechtsordnung zu machen. Wohl aber sind Menschenrechte und Grundrechte als *regulative Prinzipien* geltend zu machen, und zwar in dem Sinne, daß jeweils die Kompatibilität (Vereinbarkeit) der Verfassung, der Gesetzgebung, der Judikatur und der Verwaltung mit ihnen zu prüfen und anzustreben ist. Demnach können die Menschenrechte zum Beispiel nicht einfach als konstitutive Prinzipien einer New Economic Order – einer veränderten Weltwirtschaftsordnung – behandelt werden; sie können aber auch nicht als irrelevant für deren Fragen gelten, sondern müssen in ihr als regulative Prinzipien mit berücksichtigt werden.

Die ökologische Krise hat einige Autoren veranlaßt, den Menschenrechten ein »Recht der Erde auf den Menschen« an die Seite zu stellen. Dieses Verfahren ist allerdings bedenklich. Denn der eher metaphorisch-poetische Ausdruck »Recht der Erde« trifft nicht die rechtliche Problematik. Man wird allerdings sagen können, daß das subjektiv-öffentliche Recht auf Unversehrtheit des Lebens in dieser Hinsicht Konsequenzen hat. Wo das Gleichgewicht, die »Lebensgemeinschaft« zwischen

Mensch und Natur gestört wird, werden auch die Voraussetzungen menschlichen Lebens in Mitleidenschaft gezogen.

Die Prüfung dessen, was in der Rechtsordnung, der Gesetzgebung wie der Rechtssprechung, mit den Menschenrechten vereinbar ist, erkennt den Menschenrechten eine bestimmte Funktion zu: Als wichtiges Kriterium für die Beurteilung der Legitimität des rechtlich geordneten Gemeinwesens haben die subjektiv-öffentlichen Menschenrechte Relevanz für die objektive Rechtsordnung.

Wir gehen also von einer Dualität im Rechtssystem aus. Menschen- und Grundrechte als subjektiv-öffentliche Rechte und die Rechte der objektiven, an Werten orientierten Rechtsordnung sind nicht wechselseitig auseinander abzuleiten oder aufeinander zu reduzieren. Bestimmte Elemente auf beiden Seiten entsprechen allerdings einander. Denn die Werte, die für die objektive Rechtsordnung bestimmend sind, müssen auch in die Sphäre subjektiver Rechte hinein zu vermitteln sein. Dasselbe gilt auch in der anderen Richtung. In aller Regel werden sich immer wieder Spannungen zwischen den beiden Bereichen entwickeln. Jede Rechtsgemeinschaft wird um den Ausgleich zwischen ihnen bemüht sein. Natürlich sollte man nicht aus den Augen verlieren, daß diese Spannungen im Rechtssystem westlich-rechtsstaatlicher Demokratien viel geringer sind als diejenigen, die sich im internationalen System ergeben, wenn in der Völkerrechtsordnung neben dem Staatenrecht die Menschenrechte als neues Humanrecht in der Form von subjektiv-öffentlichen Rechten zur Geltung gebracht werden – und dieses nicht mehr ausschließlich durch die Vermittlung von souveränen Staaten[15].

6. Die Durchsetzbarkeit der Menschenrechte als Kriterium für die Beurteilung ihres Rechtscharakters

Die Überlegungen des vorigen Abschnitts ergaben, daß Menschenrechte und Grundrechte nur als ein besonders gearteter Teil im Gesamtsystem der Rechts- und Ordnungsprinzipien angesehen werden dürfen, freilich nicht als ein Fremdkörper, sondern als ein Teil mit regulativer Bedeutung für das Ganze. Für den speziellen Rechtscharakter dieses Teiles ist die Frage wichtig, ob, wieweit und auf welchen Wegen Menschenrechte judiziabel sind, gerichtlich eingeklagt werden können und durch die Androhung von Sanktionen eine Absicherung erfahren. In der deutschen Diskussion gibt es eine nachhaltige Tendenz, wenn nicht die Grundrechte, so doch die Menschenrechte als bloße moralische oder ideologische Postulate einzuschätzen und ihnen den Rechtscharakter mehr oder weniger abzusprechen. Dahinter steht ein Denken, das als Recht nur anerkennen will, was gegebenenfalls durch Sanktionen erzwungen werden kann. Nicht selten beruft man sich bei dieser strikten Verbindung von Recht und Sanktionen, Recht und Zwang auf lutherische oder kantische Traditionen. Dort wird das, was aus reinem inneren Antrieb geschieht, also aus wahrer Moralität entspringt, dem scharf gegenübergestellt, was bloß legal ist, also formal durch Gebote oder Verbote gesichert ist, aber eben allein dadurch Recht sei. Der Garant des Rechts ist dann in exklusiver Weise der Staat, der allein über die Sanktionen verfügt.

Dieses enge Verständnis des Rechts scheitert indessen, sobald man das Völkerrecht als Recht anerkennt. Ihm stehen nur in sehr begrenztem Umfang Sanktionen im strengen juristischen Sinn zur Verfügung, im Bereich der Menschenrechte sogar in besonders geringem Umfang. Das Völkerrecht ist ein Koordinationsrecht, das durch Vereinbarungen zustande kommt und der Ratifizierung durch die Einzelstaaten bedarf. Es entsteht also durch Konsensus, der sich im Abschluß von Verträgen, Pakten, Abkommen am klarsten ausdrückt. Auch hier gibt es, wie im staatlichen Bereich, eine bis zu einem gewissen Grade bindende Kraft des Gewohnheitsrechts. Fehlt den Menschenrechten, wie jedem Koordinationsrecht, das stringente Sanktionensystem, so schmälert das doch nicht ihren Rechtscharakter.

Durch die Positivierung als Grundrechte werden Menschenrechte dem innerstaatlichen Subordinationsrecht eingeordnet und gewinnen so Anteil an dem hier zur Verfügung stehenden Sanktionensystem. Indessen gilt dieses innerhalb der unterschiedlichen innerstaatlichen Rechtssysteme in sehr verschiedenem Umfang und fällt für die einzelnen Gruppen der Menschenrechte jeweils sehr anders aus. Es war ein bedeutsamer Schritt der Weimarer Reichsverfassung, daß Grundrechte als Schutzrechte des Bürgers nicht nur gegenüber der staatlichen Exekutive, sondern auch gegenüber dem parlamentarischen Gesetzgeber anerkannt wurden. Das Bonner Grundgesetz hat durch den Ausbau der Verfassungsgerichtsbarkeit die Geltung der Grundrechte gegenüber dem Gesetzgeber bekräftigt und die Möglichkeit der Klage gegen ihn eröffnet.

Es liegt auf der Hand, daß diejenigen Menschenrechte, welche die Freiheit des einzelnen schützen und durch bloße Unterlassungen von (Eingriffs-)Handlungen der Staatsorgane gesichert werden können, rechtstechnisch besonders gut zu handhaben sind. Sie sind vor den Gerichten einklagbar. Ähnliches gilt für politische Mitwirkungsrechte (aktive Teilhaberechte) der Bürger, soweit sie dadurch gewährleistet werden, daß Staatsorgane sie nicht behindern. Auch Rechte wie die Gleichheit vor dem Gesetz oder vor dem Gericht sind durchaus justiziabel.

Viel schwieriger ist die Gewährleistung von Rechten, sofern sie im gesellschaftlichen Bezugsfeld zur Geltung kommen sollen und nicht bloß Schutz- und Abwehrrechte sind – durch welche andere zu Unterlassungen angehalten werden –, sondern durch Handlungen des Staates oder gesellschaftlicher Kräfte überhaupt erst gewährleistet werden müssen. Die »sozialen Grundrechte« sind das meist diskutierte Beispiel dafür. So gebräuchlich dieser Begriff auch ist, so unscharf ist er doch, insbesondere wenn man individuelle und soziale Rechte gegenüberstellt. Denn auch bei letzteren handelt es sich primär um Grundrechte, welche dem *einzelnen* im sozialen (oder wirtschaftlichen oder kulturellen) Bereich zukommen sollen. Bei den sozialen Rechten und ihren eventuellen Garantien steht immer auch das Verhältnis von Staat und Gesellschaft auf dem Spiel. Daher ist es nicht verwunderlich, daß der Streit um die sozialen Rechte ein politisches Problem ersten Ranges ist, und zwar nicht nur in der Bundesrepublik und anderen westlich-demokratischen Staaten, sondern auch zwischen diesen und den sozialistischen Volksdemokratien.

Ludwig Raiser unterscheidet drei Gruppen solcher sozialer Rechte: (a) Recht auf Sicherung der Grundbedürfnisse menschlichen Lebens, also Nahrung, Unterkunft, Sicherung gegen die Wechselfälle des Lebens wie Krankheit, Alter und so weiter, (b) Recht auf Arbeit und gerechte Entlohnung, angemessene Arbeitsbedingungen, Erholung, Schutz für schwächere Gruppen, Arbeitslosenunterstützung und so weiter, (c) Recht auf Erziehung, Bildung, Berufsausbildung, Teilnahme am kulturellen Leben und so fort[16]. Diese Rechte finden sich nicht im

Grundrechtsteil des Bonner Grundgesetzes, haben aber ihren Rückhalt in der sogenannten Sozialstaatsklausel Art. 20 Abs. 1 und Art. 28 Abs. 1, jedoch nicht schon so, daß aus der Sozialstaatsklausel allein einklagbare Leistungsansprüche gegen den Staat – zum Beispiel hinsichtlich eines Rechts auf Arbeit oder Sozialhilfe – begründet werden könnten. Dazu bedarf es spezieller Gesetze, welche ihrerseits die Sozialstaatsklausel berücksichtigen. Bei sozialen Rechten, die einen einklagbaren Anspruch begründen, ergibt sich die durchgehende Schwierigkeit, daß der Staat nicht zusagen kann, was großenteils in der Gesellschaft, zum Beispiel in der freien Wirtschaft, einzulösen wäre, und auch, was er selbst zu finanzieren nicht in der Lage ist.

Die sozialistischen Länder stehen – auf den ersten Blick gesehen – nicht vor der gleichen Schwierigkeit. Bei ihnen entfällt die Trennung von Staat und Gesellschaft. Organe der Partei und des Staates verfügen allein über alle Instrumente der Wirtschafts- und Sozialplanung, haben also auch die volle Verfügungsmacht über den Arbeitsmarkt, so daß zum Beispiel das in der DDR-Verfassung von 1968 Art. 24 zugesagte Recht auf Arbeit durch Staatsmaßnahmen gesichert werden kann. Die Verfassung nennt im Art. 24 ausdrücklich die Faktoren, durch die dieses Recht gewährleistet wird, wobei das »einheitliche sozialistische Arbeitsrecht« nur einer unter anderen Faktoren ist (hinzu kommen: sozialistisches Eigentum an Produktionsmitteln, Planung, Wachstum der sozialistischen Produktionskräfte, wirtschaftlich-technische Revolution, Bildung und Weiterbildung der Bürger). Der Artikel 24 verpflichtet also den Staat, für die Vollbeschäftigung der Bürger Sorge zu tragen, und gibt diesem Ziel einen hohen Rang. Die Programmverpflichtung für den Staat ist von viel größerer Bedeutung als die hier faktisch kaum gegebene und vorgesehene Einklagbarkeit. Als subjektiv-öffentliche Rechte gegenüber dem Staat können die Grundrechte nicht zum Zuge kommen, wo prinzipiell die Identität der Interessen der sozialistischen Gesellschaft und des Bürgers angenommen wird. Ein soziales Grundrecht, zum Beispiel das auf Arbeit, ist also in den verschiedenen Gesellschaftssystemen etwas durchaus Verschiedenes; seine formalrechtliche, vor allem aber seine reale Verwirklichung unterliegt ganz unterschiedlichen Bedingungen.

Innerhalb der Grundrechtsdiskussion der Bundesrepublik

wird häufig die Auffassung vertreten, daß die Unmöglichkeit, soziale Grundrechte in gleicher Weise wie die klassischen Rechte justiziabel zu machen, ihre Aufnahme in den Grundrechtsteil ausschließe. An dieses Argument knüpft sich oft eine Sorge an: Wenn man die für die Bundesrepublik verbindlichen »wirtschaftlichen, sozialen und kulturellen Rechte« der UN-Konventionen von 1966 im Grundrechtsteil mit den klassischen Freiheits- und Schutzrechten gleichstellen würde, dann würden die letzteren ihre – im Rechtssystem der Bundesrepublik auch rechtstechnische – Stellung verlieren und nivelliert werden. Der Wert der individuellen Freiheits- und Habeas-corpus-Rechte besteht ja nicht zuletzt darin, daß sie im Bedrohungsfall Rechtsschutz erhalten, daß Sanktionen gegen den, der sie verletzt, zur Verfügung stehen. Das kann bei den sozialen Grundrechten, die von Staat und Gesellschaft zu gewährleisten sind und nur unter bestimmten materiellen Bedingungen verwirklicht werden können, nicht in gleicher Weise der Fall sein.

Schließlich verbindet sich diese Frage der vollen beziehungsweise geringeren Justiziabilität durchaus mit metajuristischen, politisch-weltanschaulichen und anthropologischen Grundauffassungen. Wer die Freiheit der Person für unvereinbar mit entschiedener Sozialstaatlichkeit, mit »dem Wohlfahrtsstaat«, hält, wird geneigt sein, das rechtstechnische Argument der geringeren Justiziabilität der Sozialrechte möglichst radikal geltend zu machen. So argumentiert Forsthoff: »Der Versuch, die liberalen um soziale Grundrechte zu erweitern (Recht auf Arbeit, Mutterschutz, Schutz der geistigen Arbeit und so weiter), mußte fehlschlagen. Gewährleistungen bedürfen einer spezifizierten Regelung, die nicht die Verfassung, sondern nur das Gesetz leisten kann. Deshalb kommt die rechtsstaatliche Verfassung über programmatische soziale Verheißungen, die unmittelbar keine Ansprüche begründen, nicht hinaus. Der liberale Charakter der Grundrechte ist unzerstörbar.«[17]

Dieses Votum geht ganz von der westlichen innerstaatlichen Grundrechtsdiskussion aus. Es findet zweifellos starke Resonanz in den heute herrschenden juristischen Lehrmeinungen. Dennoch sind ihm gegenüber einige Überlegungen geltend zu machen. Einmal ist die Bundesrepublik dem Pakt der UN über »wirtschaftliche, soziale und kulturelle Rechte« von 1966 beigetreten und hat sich damit verpflichtet, auch diesen Menschenrechten in der Verfassung und Rechtswirklichkeit Raum zu geben. Ob dieses auch im Grundrechtsteil geschehen muß – was rechtssystematisch am klarsten wäre – oder nur durch eine Ergänzung des Verfassungstextes im Anschluß an die Sozialstaatsklausel der Artikel 20 und 28 (das bevorzugt mit anderen Ludwig Raiser), ist letztlich nicht von entscheidender Bedeutung. Indessen sollte es eine Maxime der Rechtsentwicklung in der BRD sein, die Verfassung im Einklang mit der Entwicklung des Völkerrechts zu halten und – durchaus im eigenen Interesse – darauf hinzuwirken, daß das Völkerrecht mitsamt seinem Menschenrechtsteil nicht in drei oder vier verschiedene Korpora auseinanderbricht, sondern sich auf ein universales Recht hin entwickelt; denn die Spaltung in ein bloß antithetisches Nebeneinander von Völkerrechten des Westens, des Ostens, der Entwicklungsländer und Chinas wäre insbesondere für die deutsche Nation äußerst negativ.

Zum anderen aber erweist sich die Interpretation von Forsthoff und anderen als eine reduktionistische Selektion der Sachmomente, die in der zweihundertjährigen Menschenrechtsgeschichte zur Entfaltung gekommen sind. Wir haben deren Kernbestand in Gestalt der Grundfigur des Menschenrechts in ihrer Relation auf die Bereiche von Staat und Gesellschaft sichtbar zu machen versucht. Es werden nämlich zugunsten bestimmter Freiheitsrechte, die man im Zusammenhang mit einem bestimmten liberalen Rechtsstaatsbegriff interpretiert, wichtige Elemente der Gleichheit und der Teilhabe vernachlässigt. Das schlägt sich besonders deutlich in der Ablehnung sozialer Grundrechte in jeder Form nieder. Unbestritten bleibt, daß den Schutz- und Abwehrrechten in ihrer besonderen Bedürftigkeit wie Fähigkeit, justiziabel gefaßt zu werden, eine gewisse Sonderstellung zukommt, die nicht nivelliert werden sollte. Die Geltung von Sozialrechten sollte also nicht durch die Abschwächung von Freiheitsrechten erkauft werden. Jedoch kann die geringere Justiziabilität und das Fehlen eines Systems rechtskräftiger Sanktionen den Menschen- und Grundrechten im Bereich des Sozialen nicht a priori den Charakter des Rechts nehmen.

Praktische Erfahrungen und sozialwissenschaftliche Analysen haben die Einsicht vertieft, daß der *Rechtsgemeinschaft* jene ökonomischen, sozialen und kulturellen Bedingungen nicht gleichgültig sein können, die erst den wirklichen Gebrauch von Freiheits-, Gleichheits- und Teilhaberechten möglich machen.

Die ständige Bedeutungszunahme des Prinzips der Sozialstaatlichkeit ist ein Indiz dafür.

7. Menschenrechte, Grundrechte, Pflichten und Verantwortung

Schon die Verfassung der französischen Republik von 1795 sah sich genötigt, den 22 Artikeln der Rechte des Menschen und Bürgers neun Artikel der Pflichten gegenüberzustellen. Implizit enthielt natürlich auch die Bill of Rights von Virginia 1776 Pflichten – und im Artikel 16 nannte sie ausdrücklich die moralisch-religiöse Pflicht aller, Nachsicht, Liebe und Barmherzigkeit aneinander zu üben. Aber hier wie in den französischen Menschenrechtskatalogen von 1789 und 1793 standen die Freiheiten und Rechte ganz im Vordergrund. Das Bonner Grundgesetz von 1949 verzichtet darauf, die Grundrechte mit Pflichten zu verknüpfen. Hingegen kennt die DDR-Verfassung von 1968 – viel mehr als die von 1949 (man vergleiche Artikel 4) – das volle Pathos der Sprache der Pflicht. Sie geht davon aus, daß erst im Sozialismus, aufgrund der Übereinstimmung der gesellschaftlichen und persönlichen Interessen, die Pflichten und die Rechte der Persönlichkeit zur Einheit zusammenwachsen und daß diese Einheit geradezu das Prinzip der Verfassung sei. Darum handelt Kapitel 1 auch ineins von den »Grundrechten und Grundpflichten der Bürger«. Artikel 24c formuliert den durchgängigen Grundsatz so: »Das Recht auf Arbeit und die Pflicht zur Arbeit bilden eine Einheit.«

Es gibt natürlich keine Verfassung, die nicht Pflichten des einzelnen gegenüber der Gemeinschaft voraussetzt. Auch Artikel 29 der Menschenrechtserklärung von 1948 stellt fest, daß jeder Mensch Pflichten gegenüber der Gemeinschaft hat. Jedoch fragt es sich, ob diese Pflichten als allgemeine moralische Postulate gefaßt sind oder rechtlichen Charakter haben und ob, wenn letzteres der Fall ist, sie in einem Grundrechtsteil formulierbar sind. Weiter fragt sich, ob oder inwiefern es sich mit subjektiven Grundrechten verträgt, daß sie direkt mit Pflichten verbunden werden. Pflichten erscheinen dann ja als Kehrseite oder gar als unmittelbare Voraussetzung der Menschenrechte.

Rechtspflichten sind dem Menschen auferlegte Handlungen, die sich aus seiner Stellung in der Rechtsgemeinschaft ergeben. Normalerweise wird man davon ausgehen können, daß in einer Rechtsgemeinschaft geltende Rechtssätze – diese verknüpfen Tatbestände mit Rechtsfolgen – so formuliert sind, daß die Rechtsfolgen in Rechten und Pflichten bestehen[18]. Für Grundrechte gilt dies dann, wenn man mit den sozialistischen Verfassungen die Interessenidentität der in der Rechtsgemeinschaft sich darstellenden Gesellschaft mit den einzelnen statuiert. Anders ist es, wo man mit der menschenrechtlichen Komponente der Grundrechte Ernst macht und von Differenz und Konvergenz des einzelnen mit dem Gemeinwesen ausgeht. Dort werden subjektive Rechte durch staatliche Gewährung begründet. »Hier wird dem Berechtigten eine Machtsphäre eingeräumt, damit er innerhalb ihrer seine persönlichen Interessen wahrnehmen kann.«[19] Wenn das Bonner Grundgesetz Artikel 1 von unverletzlichen und unveräußerlichen Menschenrechten spricht und als erstes Grundrecht in Artikel 2 das Recht auf freie Entfaltung der Persönlichkeit anerkennt, dann liegt die Pointe darin, daß diesem Recht nicht direkt eine rechtlich formulierte Pflicht entsprechen kann. Der zunächst voraussetzungslosen Anerkennung als Mensch und der Zuerkennung einer Rechtsstellung in der Rechtsgemeinschaft könnte ja nur die Grundpflicht entsprechen, sich als Mensch zu verhalten, also eine metajuristische Verpflichtung, die wir als eine humane, moralische oder religiöse Pflicht denken.

Symmetrische Pflichten zur Glaubens- und Gewissensfreiheit lassen sich auf der Ebene des Rechts kaum formulieren. Die Glaubensfreiheit schließt auch die negative Freiheit ein, keinen Glauben zu haben, kein religiöses oder weltanschauliches Bekenntnis zu vertreten. Am ehesten würde der Glaubens- und Gewissensfreiheit die Pflicht zur Toleranz entsprechen. Mit gutem Grund hat sich aber der Verfassungsgeber bei diesen Grundrechten gescheut, eine Symmetrie von Rechten und Pflichten herzustellen, obwohl es als konsequent erscheinen könnte, daß der, der Glaubensfreiheit in Anspruch nimmt, dem anderen, der etwas Analoges tut, mit Toleranz zu begegnen hat. Die Pflicht zur Toleranz leitet sich jedoch direkt aus dem Recht des anderen und aus dem Interesse des pluralistischen Staates ab, Religionsfrieden zu wahren.

Der Gewährleistung des Rechts auf Eigentum hat das Bonner Grundgesetz eine Bestimmung über die Sozialbindung des

Eigentums angefügt. »Eigentum verpflichtet. Sein Gebrauch soll zugleich dem Wohle der Allgemeinheit dienen« (Art. 14 Abs. 2). Gelegentlich wird in Kommentaren zum Grundgesetz gesagt, das Grundrecht auf Eigentum begründe für den Eigentumsinhaber eine Grundpflicht. Aber auch hier besteht, wie die Gesetzgebung zeigt, keine volle Symmetrie. Die Bestimmung über die Sozialpflichtigkeit des Eigentums wird durchweg nur bei »Enteignung zum Wohle der Allgemeinheit« herangezogen, betrifft also eine mögliche Beschränkung von Eigentumsrechten, nicht aber wirklich deren Gebrauch, etwa in dem Sinne, daß soziale Regeln für den Umgang mit Eigentum aufgestellt würden.

Der Artikel 18 des Grundgesetzes befaßt sich mit der »Verwirkung von Grundrechten«. Wenn sie zum Kampf gegen die freiheitliche demokratische Grundordnung mißbraucht werden, sollen Grundrechte verwirkt sein. Diese Bestimmung enthält noch keine positive Verpflichtung, wie sie in Art. 5 Abs. 3 steht: »Die Freiheit der Lehre entbindet nicht von der Treue zur Verfassung.« In Angelegenheiten, die für den Schutz des Staates von substantieller Bedeutung sind, formuliert das Bonner Grundgesetz Pflichten, zum Beispiel in Artikel 12a, wo es um Wehr- und andere Dienstverpflichtungen geht. Aber hier wird wiederum die Pflicht nicht an ein bestimmtes Grundrecht gebunden, so daß von einer Symmetrie der Rechte und Pflichten nicht die Rede sein kann.

Es zeigt sich also: Solange man bei der Formulierung von Grundrechten nur das Verhältnis des einzelnen zum Staat im Auge hat, entsprechen den Rechten beim Individuum Pflichten beim Staat. Die liberale Tradition hat dabei einseitig die Unterlassungspflichten favorisiert. Tatsächlich ergeben sich für den Staat auch Gestaltungspflichten. Bei der Meinungs- und Pressefreiheit (Artikel 5) zum Beispiel muß der Staat die Bedingungen gewährleisten, die für die Pressefreiheit unerläßlich sind, also etwa einer übermäßigen Pressekonzentration entgegenwirken. Für die Grundrechte, die sich auf das Schulwesen beziehen, gilt ähnliches. Es ist also nichts systematisch Neues, wenn die weitere Ausformung von Grundrechten im sozialen Bereich (soziale Grundrechte) dem Staat Gestaltungsaufgaben zumutet.

Gegen diese Entwicklung wird mit Leidenschaft geltend gemacht, der Wohlfahrtsstaat habe das Anspruchsdenken begünstigt. Er verleite die Bürger, soziale Leistungen zu erwarten, welche das Mögliche weit überschreiten, und er verführe, entsprechende Verpflichtungen gegenüber dem Gemeinwesen nicht zu sehen und anzuerkennen[20]. Verwirft man die Entwicklung »sozialer Menschenrechte« nicht von vornherein – nach dem Beitritt der BRD zu den UN-Menschenrechtskonventionen von 1966 wäre das nicht problemlos –, so liegt der Gedanke nahe, Grundrechte, die soziale Leistungen von Staat und Gesellschaft begründen, mit sozialen Pflichten gegenüber dem Gemeinwesen zu verbinden und diese korrespondierend zur Sozialstaatsklausel (Art. 20 und 28 GG) im Grundrechtsteil zu verankern. Indessen dürfte das mit Schwierigkeiten verbunden sein. Lassen sich soziale Pflichten so formulieren – und justiziabel fassen –, daß sie sozialen Grundrechten an die Seite treten können? Oder handelt es sich hier eher um ein prä- und metajuristisches Problem, das auf der Ebene der Moral liegt und der politischen Erziehung Aufgaben stellt? Die Erfahrung lehrt, daß in einer marktorientierten Gesellschaft, in welcher die Organisation und die Regeln des Marktgeschehens die Bürger lehren, Gewinnmaximierung sei das maßgebende Prinzip des Verhaltens, es schwer ist, anderen – sozialen, gemeinschaftsbezogenen – Kriterien Geltung zu verschaffen.

Aber wie immer man dieses Problem löst, zu beachten ist die Asymmetrie zwischen Grundrechten und rechtlich formulierbaren Pflichten. Den Grundrechten eignet der Bezug auf die voraussetzungslose Würde der Person; gegen sie verstieße man, wenn man die Rechte nur dem zukommen ließe, der sich durch Pflichterfüllung gegen die Gemeinschaft als würdig erwiesen hat. Räumt das Gemeinwesen dem Menschen als Menschen Rechte ein, so muß es in Kauf nehmen, daß die menschenrechtliche Komponente der Grundrechte eine direkte Parallelität zwischen Rechten und Pflichten ausschließt. Nur die aus sozialistischen Verfassungen bekannte Behauptung der Interessenidentität von Individuen und Gesellschaft läßt eine solche Parallelität zu. Wo Differenz und Konvergenz zugleich gilt, ist eine Symmetrie von Rechten und Pflichten nicht möglich. Wo sie dennoch erzwungen wird, geht die Tiefendimension der Menschenwürde verloren.

Es zeigt sich also, daß das Problem des Verhältnisses von Rechten und Pflichten tief in die philosophische Anthropologie hineinführt. Unsere Bedenken gegen eine direkte Verknüpfung von Grundrechten und Pflichten könnte leicht als »Anthropologie des verantwortungslosen Individuums« kritisiert werden. Daß ein solcher Vorwurf auf einer Fehlinterpretation unseres Konzeptes beruhen würde, soll jetzt durch die ausdrückliche Einbeziehung des Begriffs Verantwortung in unsere Überlegungen klargestellt werden. Wir müssen uns dabei Begründungsproblemen des Völkerrechts und des Menschenrechtsgedankens zuwenden.

Die Naturrechtsmetaphysik und Kants Metaphysik der Freiheit, die beide den Anfängen des Menschenrechtsgedankens nahe waren, leisteten zweierlei: Sie konnten Völkerrecht und Menschenrechte als ein in der Natur mögliches und also den Naturgesetzen entsprechendes System von Rechten und Pflichten explizieren, und sie konnten aufweisen, daß dieses Gefüge der Vernunft entspringe. Georg Picht hat am Beispiel von Kant die philosophische Begründung des Völkerrechts als eines Systems universaler Normen analysiert und die Gründe dargelegt, warum heutiges, nachmetaphysisches Denken derartige ungeschichtliche Begründungen nicht mehr als zwingend ansehen kann[21]. Picht zeigt nun, daß die innere Möglichkeit einer Völkerrechtsordnung, die in der Natur möglich ist und den anthropologischen Bedingungen genügt, heute nur aus der Erkenntnis der Verantwortlichkeit der Gattung Mensch für ihre Geschichte abgeleitet werden kann. Verantwortung aber kann sich nicht nach ein für allemal feststehenden Normen richten, weil diese nicht zulassen, die Horizonte unseres Lebens in ihrer offenen Weite zu verstehen. Wir stimmen diesem Aufweis, den wir hier nicht detailliert darstellen können, zu und überlegen die Konsequenzen hinsichtlich des Verhältnisses von Menschen- und Grundrechten zu Pflichten.

Rechtspflichten, so haben wir festgestellt, sind dem Menschen auferlegte Handlungen, die sich aus seiner Stellung in der Rechtsgemeinschaft ergeben. Pflichten lassen sich durch Normen bestimmen; sie entfallen, wo es nach diesen Normen keine Zuständigkeit gibt. Wer in fremde Zuständigkeiten eingreift, fällt zumindest lästig. Anders steht es mit der Verantwortlichkeit. Für sie kann es keinen abgegrenzten Bezirk der Zuständigkeit, also auch keinen festen Normenbestand geben. »Denn im Licht von Verantwortung wird immer Möglichkeit wahrgenommen; Möglichkeit aber muß offengehalten werden, damit sie Möglichkeit bleiben kann. Verantwortung ist durch und durch geschichtlich. Es gilt, sie immer neu zu entdecken.«[22]

Diesem Unterschied entsprechend ist auch die Frage nach dem Träger, dem Subjekt von Pflichten beziehungsweise von Verantwortung verschieden zu beantworten. Für Pflichten stellt man sich einen festen Kreis ihrer Träger vor. Ist Verantwortung aber immer erst im Geschehenszusammenhang zu entdecken, so bestimmt sich auch erst aus der entdeckten Verantwortung, wer ihr Subjekt, ihr Träger sein kann, sei es ein einzelner, seien es Institutionen oder auch Initiativgruppen, die sich angesichts einer zufallenden Verantwortung bilden. Picht sagt daher mit Recht: »Nicht das Subjekt setzt sich die Aufgabe, sondern die Aufgabe konstituiert das Subjekt. Damit ist zugleich gesagt, daß jede Aufgabe ihr eigenes Subjekt konstituiert.«[23] Gegenüber der neuzeitlichen Subjektivitätsphilosophie bedeutet diese Sicht eine Wende. Es ist nicht das autonome Subjekt, das aus seinem moralischen Bewußtsein heraus die Aufgaben bestimmt; vielmehr fallen die Aufgaben, die sich im Sinne der Verantwortung ergeben, aus dem Geschehenszusammenhang her den Subjekten zu. Der Träger einer Verantwortung kann nur deshalb für ein bestimmtes Geschehen verantwortlich gemacht werden, weil dieses Geschehnis aus sich selbst heraus auf ihn verweist. Das Subjekt kann also nie isoliert von diesen Verweisungszusammenhängen gedacht werden – eine Einsicht, welche eine individualistische Anthropologie ausschließt.

Angesichts der heutigen Gefahr einer Selbstvernichtung der Menschheit fällt die Aufgabe der Sicherung des Überlebens der Gattung Mensch – nicht zuletzt durch den Aufbau einer globalen Völkerrechtsordnung – demnach keineswegs isolierten Individuen zu, sondern Subjekten, die durch diese Aufgabe konstituiert werden. Sie wird nicht von den Subjekten aus entworfen, sondern diese werden durch die Aufgabe konstituiert. Läuft diese Begründung der Verantwortung aus objektiven Zusammenhängen nicht unserer Intention, Menschenrechte als subjektiv-öffentliche Rechte zu verstehen, stracks zuwider? Kann es, wenn Verantwortung aus einem objektiven Geschehenszusammenhang zufällt, in unserem Fall Verantwortung für subjektiv-öffentliche Rechte in einer Völkerrechtsordnung geben?

Unsere bisherigen Überlegungen zur Verantwortung und zur Funktion der Menschenrechte drängen zu dem Schluß, daß solche Rechte nicht nur denkbar, sondern notwendig sind. Wenn nämlich Verantwortung die für ihre Wahrnehmung nötigen Subjekte erst konstituiert, so muß jede mit ihr zusammenpassende Rechtsordnung darauf bedacht sein, jene Spielräume offenzuhalten, derer es zur Konstitution der Verantwortungssubjekte bedarf. Eben das aber ist eine Funktion der Menschenrechte und der auf sie bezogenen Grundrechte. Wir haben festgestellt, daß sie nicht durchgehend symmetrisch mit Pflichten korrelierbar sind. Jetzt können wir hinzufügen: Wären für alle Bürger die Grundpflichten festgelegt, so entfiele der Spielraum und die Offenheit für zukommende Verantwortung. Die Menschenrechte wirken in der Rechtsordnung als Rückhalt für die Unverfügbarkeit der Person und ihr Recht – wie jetzt zu ergänzen ist – auf Teilhabe an Verantwortung für die Zukunft. In dem von ihnen freigehaltenen Raum kann es zur Konstituierung der Subjekte von zufallender Verantwortung kommen.

Jeder konkreten Rechtsgemeinschaft wird es obliegen, die notwendigen Pflichten ihrer Bürger zu bestimmen, aber – das ist die Konsequenz der Anerkennung von Menschen- und Grundrechten – doch nur so, daß möglichst viel Freiheitsräume offengehalten werden. Die Menschenrechte haben also nicht eine individualistisch-liberalistische Anthropologie zu ihrer notwendigen Voraussetzung. Mit einem ausgreifenden Anspruchsdenken sind sie nicht notwendig verbunden. Auch in ihrer historischen Genese war von Anfang an das naturrechtliche Denken, welches auch für das persönliche Leben Normen aus objektiven Zusammenhängen (»Natur«) geltend machte, ein Gegenhalt zu den individualistisch-liberalistischen Tendenzen[24]. Die tiefere in ihnen liegende Intention konvergiert mit einem Verständnis des Menschen, für welches das Wissen um seine Verantwortung fundamentale Bedeutung hat.

Anhand der sogenannten »institutionellen Grundrechtstheorie« läßt sich besonders deutlich zeigen, daß diese Interpretation realen Anhalt an Tendenzen der Menschenrechtsentwicklung hat. Diese Theorie geht davon aus, daß zum Beispiel im Bonner Grundgesetz – aber auch schon in der Weimarer Reichsverfassung – bestimmte Institutionen grundrechtlich gewährleistet werden, weil sie der Ermöglichung und Verwirklichung von Freiheit und Teilhabe dienen. Diese Institutionen erhalten die grundrechtliche Gewährleistung, weil sie »autonom« mögliche Träger von Verantwortung sein sollen, die der Staat nicht übernehmen kann. Er darf nicht umfassend die Rechte und Pflichten für den Wirkungsbereich solcher Institutionen festlegen wollen, sondern muß ihnen für einen weiten Bereich der Eigenverantwortung Raum lassen. Das gilt zum Beispiel für Ehe und Familie oder für die Kirchenfreiheit und die Wissenschaftsfreiheit, wie wir weiter unten bei der Behandlung dieser »institutionellen Grundrechtstheorie« zeigen werden[25].

8. Juristische Grundmodelle für die Interpretation der Grundrechte

Wir gingen bisher in diesem Kapitel von der historischen Ausbildung und der gegenwärtigen völkerrechtlichen Kodifizierung der Menschenrechte aus. Die Frage nach der innerstaatlichen Geltungsgrundlage der Menschenrechte und nach deren Verständnis im Rahmen des einzelstaatlichen Verfassungsrechts haben wir in den Hintergrund treten lassen und nur zur exemplarischen Verdeutlichung herangezogen. Dazu veranlaßte uns die Beobachtung, daß jedenfalls in der Bundesrepublik bei der Interpretation der Grundrechte, wie sie im ersten Teil des Bonner Grundgesetzes enthalten sind, in aller Regel von ihrem Zusammenhang mit der Menschenrechtstradition abgesehen wird. Es scheint sich, betrachtet man die herrschenden Grundrechtstheorien, bei der historischen Entwicklung und völkerrechtlichen Geltung der Menschenrechte einerseits und der verfassungsrechtlichen Geltung der Grundrechte andererseits um vollkommen verschiedene Problembereiche zu handeln. Dies ist um so erstaunlicher, als das Grundgesetz selbst sich in seinem Artikel 1 auf »unveräußerliche und unverletzliche Menschenrechte« beruft. Ein Nachdenken über den Zusammenhang der Grundrechte mit den Menschenrechten (das zudem durch den Beitritt der Bundesrepublik zu den Menschenrechtskonventionen der UN geboten ist) müßte deshalb – so ist unsere These – auch zur Klärung derjenigen Fragen beitragen können, die innerhalb der Grundrechtsdiskussion in der Bundesrepublik umstritten sind. Wir überprüfen diese These, indem wir knapp die Modelle der juristischen Grundrechtstheorie erörtern, die in der heutigen Debatte nebeneinanderstehen. Im Anschluß an Ernst-Wolfgang Böckenförde unterscheiden wir zwischen fünf Grundmodellen[26].

1. Die *liberale* (bürgerlich-rechtsstaatliche) *Grundrechtstheorie* versteht die Grundrechte im wesentlichen als Freiheits-

rechte. Dabei meint Freiheit einen ausgegrenzten Raum beliebiger Betätigung des einzelnen oder der Gesellschaft, in den staatliche Eingriffe verwehrt sind. Den Ausgangspunkt bildet die Überzeugung, daß die Freiheit des einzelnen unter rechtlichem Gesichtspunkt als prinzipiell unbegrenzt zu gelten hat, während die Befugnis des Staates zu Eingriffen prinzipiell begrenzt ist. Freiheit ist dabei nicht verstanden als Konstitutionsprinzip des politischen Gemeinwesens; sie gilt auch nicht als regulatives Prinzip, an dem alle Rechtsordnung zu messen ist; sie gilt vielmehr als Verteilungsprinzip, das die Kompetenzaufteilung zwischen staatlicher (das heißt politischer) Herrschaft und gesellschaftlicher (das heißt privater) Autonomie regelt[27]. Für die Gestaltung politischer Herrschaft ergeben sich aus diesem Freiheitsverständnis und der ihm zugeordneten Grundrechtstheorie im Prinzip nur negative Kompetenznormen, nicht aber inhaltliche Ziel- und Ordnungskriterien. Die Freiheitsrechte beschreiben einen status negativus des Bürgers, einen Zustand also, in dem er vor staatlichen Eingriffen geschützt ist.

Dem Freiheitsbegriff, der diese Betrachtungsweise bestimmt, entspricht der Begriff der Gleichheit, der in ihr vorausgesetzt ist. Man hat sich für ihn auf Lorenz von Steins »Geschichte der sozialen Bewegung in Frankreich« aus dem Jahre 1850 berufen, in der es heißt: »Jede Idee der Gleichheit hat zwei wesentlich verschiedene Ausgangspunkte. Der erste ist der rein negative. Nach diesem sind alle Menschen rechtlich gleich, und der positive Inhalt der Gleichheit besteht nur darin, daß jedem die rechtliche Fähigkeit gegeben werde, seine Individualität in vollster Freiheit aus eigener Kraft herauszubilden. Die *negative Gleichheit* setzt daher eine Ungleichheit der Individualitäten wenigstens als möglich; sie muß jedenfalls aber anerkennen, daß, wenn diese Ungleichheit aus der freien Entwicklung der Individuen entsteht, sie vollkommen berechtigt ist; das ist, daß jene negative Idee der Gleichheit durchaus nicht mit der wirklichen Ungleichheit im Widerspruch steht, sie nicht bekämpft, sondern im Gegenteil sich unterwirft . . . Es gibt aber auch eine zweite Auffassung der Idee der Gleichheit. Wir nennen sie die positive. Diese *positive Gleichheit* geht von dem Prinzip aus, daß die Individualitäten gleich sind, und daß jede Ungleichheit der Menschen nur von äußeren Umständen, namentlich von Besitz und Erziehung herrührt. Die wirkliche, allerdings nicht zu leugnende Ungleichheit ist daher, statt daß sie wie bei der negativen Gleichheit das Natürliche und Organische ist, hier die reine Unnatur. Die Aufgabe der Menschen ist deshalb die, diese Unnatur zu verbannen. Und da dieselbe wesentlich von Besitz und Erziehung herrührt, so muß jene Gleichheit notwendig zur Aufhebung des Eigentums und zur Vernichtung aller Verschiedenheit in Besitz und Arbeit gelangen.«[28]

An diese Begriffsbestimmung Steins hat man die Bemerkung geknüpft, die deutsche Verfassungsgeschichte habe sich stets zur negativen Gleichheit bekannt und die Idee der positiven Gleichheit, wie sie im Anschluß an Rousseau von Marx und dem Marxismus entwickelt worden sei, verworfen. Für diese Idee und den ihr zugehörigen Gedanken sozialer Grundrechte, der der marxistischen Rechtstheorie entstamme, sei im Rahmen des Grundgesetzes kein Platz[29].

Diese Argumentation führt die Forderung nach positiver Gleichheit dadurch ad absurdum, daß sie ihr unterstellt, sie negiere die »natürlichen« Unterschiede zwischen den Menschen. Durch diese Überzeichnung des Gleichheitsbegriffs wird aber zugleich die Forderung negiert, gesellschaftlich bedingte Ungleichheiten abzubauen, um so möglichst allen Gliedern der Gesellschaft die Verwirklichung von Freiheit zu ermöglichen. An dieser Stelle zeigt sich mit besonderer Klarheit das Grundproblem der liberalen Grundrechtsinterpretation: Sie ist gekennzeichnet durch eine »relative Blindheit gegenüber den sozialen Voraussetzungen der Realisierung grundrechtlicher Freiheit«[30]. Sie fragt nicht nach der Ermöglichung von Freiheit, sondern allein nach dem Schutz bereits vorhandener oder sich in einem autonomen gesellschaftlichen Prozeß bildender Freiheit. Aus dieser offenkundigen Begrenztheit der liberalen Grundrechtstheorie erklärt sich, warum so verstandene Menschenrechte etwa von Vertretern der Dritten Welt als für ihre Situation nicht adäquat und aktuell angesehen werden können; daraus erklärt sich aber auch, warum in der deutschen Diskussion dieser Grundrechtstheorie alternative Konzepte an die Seite gestellt worden sind.

2. Die *institutionelle Grundrechtstheorie* versteht die Grundrechte nicht so sehr als Abwehrrechte zur Sicherung des Individuums vor staatlichen Eingriffen, sondern als Prinzipien einer objektiven Ordnung, durch die bestimmte Lebensbereiche

dem besonderen Schutz der staatlichen Verfassung unterstellt werden. Der Anknüpfungspunkt für diese Theorie ist der Tatbestand, daß die deutsche verfassungsrechtliche Tradition und so auch das Grundgesetz den Grundrechten »institutionelle Garantien« einfügt. So sind im Grundgesetz bestimmte Institutionen – zum Beispiel der Religionsunterricht als ordentliches Lehrfach – oder bestimmte Rechtsinstitute – zum Beispiel Ehe und Familie oder das Eigentum – grundrechtlich gewährleistet. Diese institutionellen Gewährleistungen erscheinen als sachgemäßer Ausdruck grundrechtlicher Verbürgungen; deshalb wird diese Denkfigur auch auf die Auslegung anderer Grundrechte übertragen: Die Religionsfreiheit erscheint dann als institutionelle Garantie der kirchlichen Autonomie, die Wissenschaftsfreiheit als »Grundrecht der deutschen Universität«, die Koalitionsfreiheit als Garantie des gegenwärtigen Tarifvertragssystems[31].

Die Stärke dieses Konzepts besteht in folgendem: Es berücksichtigt den Tatbestand, daß die Freiheit des einzelnen sich in aller Regel nicht in isolierter Autarkie verwirklicht, sondern daß diese Freiheit eine in vielfältigen Formen institutionell vermittelte ist. Deshalb kann die rechtliche Gewährleistung und Gestaltung dieser Institutionen gerade der Ermöglichung und Verwirklichung von Freiheit dienen. Doch auf der anderen Seite besteht die offenkundige Gefahr, daß die institutionelle Freiheit an die Stelle persönlicher Freiheit tritt, daß die institutionelle Absicherung eines jeweiligen Status quo die freien Entfaltungschancen der einzelnen über Gebühr einschränkt; dies ist der »Weg von der Freiheit über die institutionelle Freiheit zum Privileg«[32]. Beispiele hierfür finden sich dort, wo etwa bestimmte Regelungen des Staatskirchenrechts oder des Hochschulrechts unmittelbar aus grundrechtlichen Verbürgungen abgeleitet werden.

3. Die *Werttheorie der Grundrechte* hat besondere Bedeutung in der Rechtsprechung des Bundesverfassungsgerichts gefunden, in der der Rückgriff auf die »Wertordnung des Grundgesetzes« häufig begegnet[33]. Nach ihr sind die Grundrechte Ausdruck von Wertentscheidungen, auf denen das politische Gemeinwesen insgesamt aufbaut; sie gelten als Konstitutionsprinzipien der politischen Verfassung in umfassendem Sinn. Wie die institutionelle Grundrechtstheorie, zielt auch diese Auffassung darauf, die Grundrechte nicht als subjektive

Ansprüche des einzelnen, sondern als Ausdruck einer objektiven Ordnung zu interpretieren. Doch dazu müssen die Lücken, die der Grundrechtsteil der Verfassung zweifellos enthält, im Sinn eines geschlossenen Wertesystems gefüllt werden. Dadurch kann eine Vielfalt zeitgebundener Werturteile in die Interpretation der Grundrechte Eingang finden; das Problem, dem sich jedes Argumentieren mit »Werten« gegenübersieht, begegnet hier in besonderer Schärfe – das Problem nämlich, daß zeitgebundene Wertauffassungen als Ausdruck einer objektiven Ordnung gelten sollen. Die Auslegung der einzelnen Grundrechte im Blick auf den mit ihnen gemeinten Wert kann im übrigen häufig auch zu einer einschränkenden Interpretation führen. So verwehrt etwa Hamel dem Skeptiker und Nihilisten die Berufung auf die Bekenntnisfreiheit, da diese nur »um des Bekennens zu absoluten Mächten willen« bestehe[34]. Zu Recht bemerkt Böckenförde hierzu: »Gewissensfreiheit, in diesem Rahmen garantiert, schützt gerade jenen, der ihres Schutzes nicht bedarf, weil er ohnehin mit den herrschenden Auffassungen konform geht, nicht aber mehr den Außenseiter, den Dissidenten im wörtlichen Sinn, für den sie vorzugsweise relevant wird. Es wird im Ergebnis nicht mehr Freiheit, sondern nur werthafte Freiheit, und diese mit staatlicher Definitionszuständigkeit über die Werthaftigkeit garantiert.«[35] Der Weg führt hier von der Freiheit über eine wertorientierte Freiheit zur Pflicht; dabei aber geht die Tiefendimension der Freiheit allzu leicht verloren[36].

4. Die *funktionale Grundrechtstheorie* interpretiert die Grundrechte nicht im Blick auf den in ihnen liegenden normativen Gehalt, sondern im Blick auf ihre Funktion für die Aufrechterhaltung und Entwicklung einer differenzierten industriell-bürokratischen Sozialordnung[37]. In den Vordergrund rücken bei dieser Betrachtungsweise einerseits die demokratiebezogenen Grundrechte wie Meinungs- und Pressefreiheit oder Versammlungsfreiheit und Vereinigungsfreiheit; sie werden interpretiert als die Ermöglichung einer Kommunikation, die für den demokratischen Prozeß konstitutiv ist. In den Vordergrund rücken andererseits wirtschaftliche Grundrechte wie die Eigentumsgarantie und die Freiheit der Berufswahl, die als konstitutiv für die ökonomische Entwicklung betrachtet werden. Die Grundrechte werden also vorrangig unter dem Gesichtspunkt politischer und ökonomischer Teilhabe interpretiert; das

Gleichheitspostulat wird nur unter dem Gesichtspunkt seiner regulativen Bedeutung für die Legitimation staatlicher Entscheidungen betrachtet; die Freiheit der Person wird funktional gedeutet als die Ermöglichung einer differenzierten »Selbstdarstellung« des einzelnen, die gerade die Wahrnehmung unterschiedlicher gesellschaftlicher Rollen ermöglicht. Bei dieser Betrachtungsweise wird die Differenz zwischen dem Gedanken der Menschenrechte und einem jeweils gegebenen sozialen und politischen System geradezu ausgeschaltet; dies wird auch ausdrücklich durch den Hinweis unterstrichen, die Grundrechte seien etwas völlig anderes als »ewige Menschenrechte«[38]. Es geht nicht um die Begründung von Menschenrechten in der Unverfügbarkeit der menschlichen Person, sondern es geht ausschließlich um die Frage nach der funktionalen Leistungsfähigkeit von kodifizierten Grundrechten – nach deren historischer Entstehung und gegenwärtiger Bedeutung nicht weiter gefragt wird – für die Integration eines gesellschaftlichen Systems und für die Erhaltung des ihm eigenen Differenzierungsgrades. Während die liberale Theorie die Grundrechte aus den Voraussetzungen der bürgerlichen Gesellschaft des 19. Jahrhunderts deutet, interpretiert die funktionale Theorie dieselben Rechte aus den Voraussetzungen der technisierten und bürokratisierten Gesellschaft unserer Zeit. Elemente des Menschenrechtsgedankens, die zu dem jeweils vorausgesetzten Gesellschaftsbild in Spannung stehen, treten in beiden Fällen in den Hintergrund.

5. Die *sozialstaatliche Grundrechtstheorie* hat sich vor allem aus der Kritik an einer vereinseitigten liberalen Theorie entwikkelt. Ihr Ausgangspunkt ist die Beobachtung, daß die liberale Theorie gegenüber der Frage nach den gesellschaftlichen Voraussetzungen individueller Freiheit weithin blind ist. Das Verteilungsprinzip der Freiheit, welches lediglich einen Raum autonomer Lebensgestaltung für den einzelnen ausgrenzt, reicht nicht aus, wenn es darum geht, diese Freiheit als eine reale zu ermöglichen und zu sichern. Deshalb interpretiert sie die Grundrechte von der Sozialstaatsklausel (Art. 20, 28 GG) aus. Danach ergibt sich aus den Grundrechten für den Staat die Pflicht, die sozialen Voraussetzungen für die Wahrnehmung grundrechtlicher Freiheiten zu schaffen; dem entspricht auf der anderen Seite das Recht des einzelnen auf Teilhabe an vom Staat geschaffenen Einrichtungen, die der Verwirklichung grundrechtlicher Freiheiten dienen[39]. Für die praktische Bedeu-

tung einer solchen Grundrechtsauffassung seien einige Beispiele genannt: Die Pressefreiheit begründet die Pflicht des Staates, die wirtschaftlichen Voraussetzungen für eine Vielfalt von Presseunternehmen zu erhalten; die Privatschulfreiheit begründet eine Pflicht des Staates, solche Schulen zu subventionieren; aus dem Recht auf freie Wahl des Berufs und der Ausbildungsstätte ergibt sich die Pflicht des Staates, für eine ausreichende Anzahl von Ausbildungsplätzen Vorsorge zu treffen. Politische Fragen wie die Reform der beruflichen Bildung oder der Numerus clausus an Universitäten treten damit in den Horizont grundrechtlicher Gewährleistungen.

Die Berechtigung, ja Notwendigkeit dieser Auffassung liegt darin, daß die Garantie der Freiheit zu einer leeren Beteuerung wird, wenn man die Frage nach den Voraussetzungen, die solche Freiheit ermöglichen, nicht stellt. Ambivalent bleibt eine sozialstaatliche Interpretation der Grundrechte aber deshalb, weil die Gewährleistung einzelner Grundrechte von den verfügbaren staatlichen Finanzmitteln, von staatlichen Prioritätsentscheidungen und von einer Fülle von Ermessensurteilen abhängig wird. Wenn die Grundrechte den Staat nicht nur zu Unterlassungen, sondern auch zu Leistungen verpflichten, dann kann dies im Einzelfall gerade dazu führen, daß der normative Gehalt einzelner Grundrechte restriktiv interpretiert wird. Die Bindung der Grundrechte an bestimmte soziale Voraussetzungen, die nicht leicht zu gewährleisten sind, kann dann zum Vorwand dafür werden, die Grundrechte einschränkend auszulegen.

Die fünf Grundmodelle der gegenwärtigen Grundrechtsinterpretation, die wir in Übernahme von Böckenfördes Einteilung erörtert haben, treten häufig als alternative Konzeptionen auf; manchmal begegnen sie allerdings auch in kombinierter Form, ohne daß der theoretische Grund für die jeweils gewählte Kombination von Ansätzen ersichtlich wäre. Größere Klarheit könnte sich nach unserer Auffassung dann ergeben, wenn man die Grundrechte des Grundgesetzes im Zusammenhang der allgemeinen Menschenrechtsentwicklung verstünde und sie in bezug auf deren Sachmomente auszulegen versuchte, die wir als die Grundfigur des Menschenrechts bezeichnet haben.

Erinnert man sich an diese Grundfigur, so sieht man schnell: Die konkurrierenden Grundrechtstheorien entstehen daraus, daß jeweils eines der drei Sachmomente – Freiheit,

Gleichheit, Teilhabe – besonders stark betont oder sogar vereinseitigt wird. So ist die liberale Theorie vor allem vom Interesse an individueller Freiheit geleitet; die funktionale Theorie orientiert sich vorrangig am Gesichtspunkt politischer und auch ökonomischer Teilhabe; die sozialstaatliche Theorie betont die Aspekte der Gleichheit und der sozialen Teilhabe. Die institutionelle Theorie und die Werttheorie betrachten die Grundrechte nicht als Beschreibung eines Rechtsstatus, der dem einzelnen als Rechtssubjekt zukommt, sondern als Ausdruck einer objektiven Rechtsordnung, in die der einzelne eingefügt ist. Die letzteren beiden versuchen also, die Spannung zwischen den Menschenrechten und der objektiven Rechtsordnung, die wir an früheren Stellen beschrieben haben, aufzuheben. Die Grundrechte, die nach unseren bisherigen Überlegungen als regulative Prinzipien der Rechtsordnung im ganzen zu betrachten sind, werden dadurch zu Konstitutionsprinzipien dieser Ordnung gesteigert; doch dies ist, wie wir sahen, nur um den Preis einer Einschränkung ihres Gehalts beziehungsweise ihrer Überformung durch zeitgebundene Wertentscheidungen möglich. Deshalb vermag die Werttheorie der Grundrechte nicht zu überzeugen; die institutionelle Theorie aber kann nur als Beschreibung des Tatbestands Geltung beanspruchen, daß viele Freiheitsrechte der institutionellen Ausgestaltung bedürfen, weil die Freiheit des einzelnen in vielfältigen Formen institutionell vermittelt ist.

Sieht man von diesen beiden Theorien ab, so erweisen sich die anderen drei Theorien als vereinseitigende Auslegung jeweils eines Sachmoments der Menschenrechte. Einer solchen Vereinseitigung gegenüber erinnern wir an die *hermeneutische Regel,* nach der es in der Interpretation der Menschenrechte – und auch der Grundrechte – darauf ankommt, die drei Sachmomente Freiheit, Gleichheit und Teilhabe in ihrer wechselseitigen Bedingtheit und Bezogenheit auszulegen. Erst in einer Explikation der Grundrechte des Bonner Grundgesetzes nach dieser Regel würde damit Ernst gemacht, daß diese unter dem Vorzeichen des Bekenntnisses zu »unverletzlichen und unveräußerlichen Menschenrechten« stehen.

IV. Die philosophische Begründung und Kritik der Menschenrechte

Bei unseren Überlegungen zum Rechtscharakter der Menschenrechte mußten wir vielfach über den Bereich juristischen Denkens hinausgreifen. Das ist nicht verwunderlich. Denn bevor die Menschenrechte zu einer Rechtsinstitution wurden, waren sie längst in der europäischen Geistesgeschichte vorbereitet und vorgeformt worden. Ihre Herkunftsgeschichte beginnt in der heidnischen Antike, in der Bibel und der Alten Kirche. Sie soll hier nicht dargestellt werden[1]. Die philosophischen Probleme aber, die mit der Herkunftsgeschichte verbunden sind, haben sich nicht erledigt, sondern bedrängen uns in verwandelter Form auch heute. Das gilt um so mehr, als Menschenrechte nicht zureichend durch eine positiv-rechtliche Stellung im Völkerrecht abgesichert werden können, sondern immer davon abhängig bleiben, daß ein Konsensus der Weltöffentlichkeit, der Staaten, der Gesellschaften und anderer Kräfte zu ihrer Verwirklichung beiträgt.

Nun zeigt sich aber, daß es auch im philosophischen Denken hinsichtlich der Menschenrechte keinen eindeutigen Konsensus gibt. In ihrer zweihundertjährigen Geschichte als Rechtsinstitution waren sie philosophisch nicht weniger umstritten als theologisch-kirchlich[2]. Es gab und gibt genug Stimmen und Richtungen, die in den Menschenrechten die Verkörperung geradezu verderblicher Prinzipien sehen und mit der Kritik an ihnen zugleich die Kritik an der Neuzeit vorbringen. Daher stellen die Menschenrechte sich nicht als evidente, von einem großen Konsensus getragene Errungenschaften dar, sondern als umstrittene, durchaus ambivalente Institutionen. Wir müssen uns also mit der philosophischen Kritik auseinandersetzen und uns fragen, ob es theologische Gründe gibt, die es uns ermöglichen, jene augenfällige Ambivalenz im Phänomen der Menschenrechte zu überwinden.

Bei diesen Überlegungen werden wir die Menschenrechte freilich nicht als abstrakte Gedanken der Philosophie behandeln. Eine solche geistesgeschichtliche Sicht wäre allenfalls gegenüber der Herkunftsgeschichte des Menschenrechtsgedankens möglich, also für die Zeit vor seiner Umsetzung in eine Rechtsinstitution, die im letzten Viertel des 18. Jahrhunderts erfolgte. In der heidnischen und christlichen Antike, in den philosophischen und religiösen Traditionssträngen des Abendlandes nämlich sah man oft den Menschen als Glied eines geistigen und religiösen Kosmos, in welchem Freiheit und Gleichheit, Menschenwürde und Bruderschaft herrschten, ohne daß man daraus direkte Konsequenzen für das Gemeinwesen zog, weder gegenüber der Sklaverei der Antike noch gegenüber der Leibeigenschaft, deren Ausläufer bis weit ins 19. Jahrhundert reichen. Die Zugehörigkeit des Menschen zum Universum – zur metaphysischen civitas deorum ac hominum – schloß also keineswegs die Konsequenz ein, dem Menschen als Glied der civitas terrena entsprechende Rechte zukommen zu lassen. Es war das Charakteristikum der verschiedenen Zwei-Reiche-Lehren, angefangen von Cicero und Augustin bis in die Reformation und die Neuzeit, daß man das eine und das andere sehr wohl unterschied und nicht selten geradezu voneinander trennte. Der Mensch war im mundus intelligibilis frei; damit begnügte man sich entweder gern oder aus der Furcht, durch Übertragung der Freiheit in den Alltag die politisch-soziale Ordnung zu zerstören. Erst in der neuzeitlichen Wendung zur Diesseitigkeit – erst bei einem neuen Verständnis des Zusammenspiels von Transzendentem und Immanentem – konnte es dazu kommen, daß man die geistliche, die ideelle Würde des Menschen in eine Rechtsinstitution innerhalb des Gemeinwesens ummünzte. Auf diese Herkunftsgeschichte der Menschenrechte können wir hier nicht eingehen. Vielmehr müssen wir uns darauf beschränken, die philosophischen Probleme in und seit dieser neuzeitlichen Wende zu diskutieren.

Zunächst wollen wir in diesem Kapitel ein Urteil in dem Streit über die religiöse beziehungsweise profane Herkunft und Eigenart der Menschenrechte und des ihnen innewohnenden Verständnisses des Menschen gewinnen. Sodann sind philosophische Begründungselemente – wie humanistischer Individualismus, Naturrecht, Rationalismus und neuzeitliche Subjektivitäts- und Autonomievorstellungen – zu bedenken. Ein besonderer Abschnitt ist der bürgerlichen Theorie des Besitzindividualismus gewidmet, weil diese für die liberalen Komponenten des Menschenrechtsgedankens große Bedeutung hat. Die marxistische These, daß die Menschenrechte ideologisch an die bürgerliche Epoche gebunden seien, ist das Thema des darauffolgenden Abschnittes. Den Abschluß bilden Erwägungen zur Schwierigkeit, die Menschenrechte als universale Normen philosophisch zu begründen.

1. Der Streit um die philosophische oder religiöse Herkunft des Kernes im Menschenrechtsgedanken

Im Kapitel II haben wir die Schwierigkeiten dargestellt, die im römischen Katholizismus und im deutschen Protestantismus eine positive Aufnahme des Menschenrechtsgedankens bis in die jüngste Zeit behinderten. Man empfand ihn weitgehend als Ausdruck einer modernistischen oder säkularistischen Ideologie, die auf einer optimistischen Anthropologie beruht und mit dem neuzeitlichen Fortschrittsutopismus aufs engste verbunden ist; und man interpretierte ihn vorwiegend als Produkt der Französischen Revolution und ihrer antikirchlichen Tendenzen. Dem stellte der Jurist Georg Jellinek 1895 eine radikal andere Perspektive gegenüber. Er unternahm den historischen Nachweis, daß die neuzeitlichen Menschenrechtserklärungen entscheidend auf die Forderung nach Glaubens- und Gewissensfreiheit zurückgingen, also auf etwas, was die Reformation angebahnt hatte und was die englischen wie amerikanischen Puritaner, Dissenter, Kongregationalisten und andere religiöse Gruppen nachdrücklich verfochten. Genetisch grundlegend seien nicht die französischen Menschenrechtsdeklarationen, sondern die Bills of Rights, die den Verfassungen der amerikanischen Staaten, welche zwischen 1776 und 1789 verkündet wurden, voranstanden. Daß man in Amerika die vielfältigen Formulierungen der Menschen- und Bürgerrechte schließlich in einem Text zusammenfügen und der Verfassung voranstellen konnte, sei also die Frucht des Kampfes um religiöse Unabhängigkeit, insbesondere von staatlichen Institutionen. Rousseau hingegen, von dessen contrat social man herkömmlicherweise meinte, er habe großen Einfluß auf den Menschenrechtsgedanken gehabt, sei der Überzeugung gewesen, daß mit dem Gesellschaftsvertrag »die volle Entäußerung aller Rechte des Individuums an die Gesellschaft« erfolge – ein Gedanke, der mit dem Menschenrechtskonzept unvereinbar sei. Auch habe die Aufklärung in Amerika, im Unterschied zu der in Frankreich, niemals die Verdrängung der positiven Religion, des Christentums, durch ihre eigenen Gedanken erstrebt. »So kam denn der Grundsatz der religiösen Freiheit in größerem oder geringerem Umfange in Amerika zur verfassungsrechtlichen Anerkennung. Aufs tiefste verknüpft mit der großen religiös-politischen Bewegung, aus der die amerikanische Demokratie geboren wurde, entspringt er der Überzeugung, daß es ein Recht gebe, das dem Menschen anerschaffen, nicht dem Bürger verliehen sei, daß die Betätigung des Gewissens, die Äußerung des religiösen Bewußtseins unantastbar dem Staate als Übungen eines höheren Rechtes gegenüberstehen.«[3]

Ernst Troeltsch, einer der großen Systematiker des Kulturprotestantismus und Geschichtsschreiber der Soziallehren der christlichen Kirchen und Gruppen, hat Jellineks Darstellung als eine erleuchtende Entdeckung gepriesen und in seinen Untersuchungen fortgebildet. Die religiöse Freiheit habe die politische »mit hindurchgerissen«. Das sei freilich nicht einfach das Werk des Protestantismus im ganzen, sondern das eines mit dem radikalisierten Calvinismus verschmolzenen Täufertums und Spiritualismus gewesen. Troeltsch lag viel daran, die weitverbreiteten Vorstellungen von einem prinzipiellen Gegensatz zwischen dem Christentum und der modernen Welt richtigzustellen und den Sachanteil des Protestantismus am Werden der Neuzeit differenziert zu untersuchen. Die zur Zeit Cromwells aufgekommene »altliberale Theorie von der Unantastbarkeit des persönlich-inneren Lebens durch den Staat« galt ihm als ein zunächst rein religiöser Gedanke, der dann säkularisiert und von der rationalistischen, skeptischen und utilitaristischen Toleranzidee überwuchert worden sei[4].

Die spätere Forschung hat gezeigt, daß Jellineks direkte Herleitung der Menschenrechte – insbesondere in ihrer Fassung als Rechtsinstitution – aus religiösen Motiven und Wurzeln nicht aufrechtzuerhalten ist. Nicht die Toleranzfrage, sondern die alten englischen Freiheitsrechte standen im Vordergrund der Diskussion in den neuenglischen Kolonien des 18. Jahrhunderts. Auch die grundlegende Bill of Rights von Virginia (1776) zeigt das: Eine Aussage über religiöse Gewissensfreiheit wurde erst nachträglich mit dem Artikel 16 in diese Deklaration eingebracht – übrigens gegen den Widerstand der Anhänger großkirchlicher anglikanischer Tradition. Die vorangehenden 15 Artikel stehen in keinem direkten Zusammenhang mit diesem Religionsartikel. Der fundamentale Artikel 1 spricht eine ganz profane Sprache, wenn er erklärt: »Alle Menschen sind von Natur aus in gleicher Weise frei und unabhängig und besitzen bestimmte angeborene Rechte.« Die hier proklamierten Menschenrechte haben ihre vordringliche Funktion in dem wirtschaftlichen und politischen Emanzipationskampf der amerikanischen Siedlerkolonien gegen die englische Krone, ihre Steuerforderungen und ihren Herrschaftsanspruch; sie stützen sich dabei auf naturrechtliche und vernunftrechtliche Argumente, welche den eigenen Kampf als legitim erscheinen lassen und die alten Freiheitsrechte unter veränderten Bedingungen und in einem neuen Kontinent zur Geltung bringen. Man folgt der neuzeitlichen Auffassung von dem über sich selbst und sein Eigentum ganz uneingeschränkt verfügenden Individuum und will dessen freie Entfaltung nicht durch staatliche Maßnahmen und Gesetze – schon gar nicht aus der Alten Welt – gestört sehen. Aber man legt das nicht als schrankenlosen Egoismus aus; es gelingt, die eigenen Interessen im Rahmen grundsätzlicher Gedanken zu legitimieren.

Diese Gesichtspunkte nötigen zur Einschränkung von Jellineks These, nicht zu ihrer völligen Verwerfung. Denn zweifellos hat der grundsätzliche Durchbruch zur Glaubens- und Gewissensfreiheit in der Reformation und dessen Konkretisierung in den Konfessionskämpfen und Religionskriegen indirekt den Weg zu den neuzeitlichen Menschenrechten frei gemacht. Der Individualismus, das neue Naturrechtsdenken – aus unmittelbarem Rückgriff auf die Antike, insbesondere die Stoa, genährt – und das aus bitteren Erfahrungen gewonnene Toleranzverständnis sind durch den jahrhundertelangen Kampf um die Reformation entbunden worden und haben die Rechtsinstitution der Menschenrechte ermöglicht. Oestreich urteilt: »Der Antrieb, der aus den religiösen Freiheitsbewegungen erfolgte, kann nicht, wie es die nunmehrige Forschung (nämlich im Gegenzuge zu Jellinek) tut, aus der unmittelbaren Menschenrechtsentwicklung eliminiert werden.«[5]

Freilich haben die französischen Menschenrechtserklärungen gegenüber den christlich-religiösen Wurzeln einen viel größeren Abstand als die nordamerikanischen; denn längst war die französische Aufklärung in einen scharfen Gegensatz zum Christentum geraten. In der Präambel der Erklärung von 1789 steht zwar, daß die Nationalversammlung sie »in Gegenwart und unter dem Schutze des höchsten Wesens« abgäbe; aber hier spielt gewiß viel Taktik mit, da man die Stimmen des Klerus benötigte und noch auf die Masse des Volkes, das vorwiegend aus überzeugten Katholiken bestand, Rücksicht zu nehmen hatte. Auch die radikalste französische »Erklärung der Rechte des Menschen und des Bürgers« von 1793 spricht in der Präambel von der »Gegenwart des höchsten Wesens«. Die gleichen Worte, vier Jahre später benutzt, sind bereits dem neuen »Kult des höchsten Wesens« zuzuschreiben, jener Vernunftreligion, mit der Robespierre den Kampf gegen das Christentum auf die Spitze getrieben hat. Dieser Entwicklung ist es anzurechnen, daß man im Zuge der Revolutionskritik abschätzig von einer »Religion der Menschenrechte« geredet hat. Dabei gerieten die realen Interessen und philosophischen Gedanken, die hinter den Menschenrechten als verfassungsgestaltender Rechtsinstitution standen, weitgehend aus dem Blick[6].

Die Verbindung von Menschenrechtserklärung und Kult des höchsten Wesens ist in der Entwicklung der Menschenrechte im ganzen nur eine okkasionelle Zutat. Aber sie hat für anderthalb Jahrhunderte die konservative Kritik und Verdammung der Menschenrechte kräftig bestärkt. Deren erster großer Repräsentant Edmund Burke hat bereits 1790 in seinen »Reflections on the Revolution in France« die Menschenrechte als ein Produkt des Deismus dargestellt und so in einen scharfen Gegensatz zur christlichen Religion gerückt. Burke selbst war der Überzeugung, daß die alleinige Grundlage des Staates und aller menschlichen Verbindung die christliche Religion sei. Wenn er das Christentum in dieser soziopolitischen Funktion verfocht, so mußte ihm allerdings jede Tendenz zum säkularen toleranten Staat – wie sie auch in den Menschenrechten zum Ausdruck kam – unvermeidlich als Angriff gegen die christliche Religion erscheinen. Obendrein witterte er hier ein optimistisches Menschenbild, das ihm der christlichen Predigt von der Sünde und Erlösungsbedürftigkeit des Menschen strikt zu widerstreiten schien.

Burkes Schrift, von Friedrich Gentz 1793/94 übersetzt, hatte auf die Dauer auch in Deutschland tiefe Wirkung. Die enthusiastische Zustimmung vieler großer Geister zu den Menschenrechten der Französischen Revolution – Fichte formulierte sie allen voran – schlug in radikale Kritik um. Dem anthropologischen Optimismus, der annahm, man brauche nur die subjektiv-abstrakten Menschenrechtsideen von Freiheit und Gleichheit in die Realität zu übersetzen, um die wahrhaft humane Gesellschaft zu erreichen, hielten der späte Fichte und der Hegel der Rechtsphilosophie nun den Staat als die entscheidende, objektive, von der christlichen Religion legitimierte Ordnungsgröße entgegen. Im Staat erkannte Hegel die höchste konkrete Ungleichheit der Individuen in der Wirklichkeit, zugleich aber eine durch die tiefere Vernünftigkeit der Gesetze des Rechtsstaates begründete größere Freiheit – ein Urteil, welches das deutsche Rechts- und Staatsdenken bis 1945 sehr zuungunsten der Menschenrechte beeinflußt hat[7].

Vergleicht man dieses Denken mit der Menschenrechtstradition, so verteilen sich anthropologischer Optimismus und Pessimismus durchaus auf beide Seiten, freilich spiegelbildlich verschieden. Die Geschichte hat nur allzu deutlich gezeigt, daß diejenigen, die in der Autorität des Staates die fundamentale Garantie der Freiheit und der Menschenwürde sahen, übermäßig optimistisch urteilten. Sie beachteten nicht die jahrhundertelangen Erfahrungen derer, die von den Trägern der Staatsgewalt unterdrückt wurden; diese hatten Grund genug, die Kontrolle der Macht des Staates für nötig zu halten, also über die Praxis der öffentlichen Gewalt pessimistisch zu urteilen. In der französischen Kultur war es vor allem Montesquieu, der mit seiner Theorie der Gewaltenteilung eine Antwort auf diese Unterdrückungserfahrungen in das Menschenrechtsdenken eingebracht hat. Er sah in großer Klarheit, daß die Verpflichtung des Bürgers gegenüber dem Staat nicht unbegrenzt sein darf: »Alle besonderen Pflichten stehen zurück, wenn man sie nicht ohne Erfüllung der Pflichten, die man als Mensch hat, erfüllen kann. Darf man an das Wohl des Vaterlandes denken, wenn es um das Wohl der Menschheit geht? Nein! Die Pflicht, die man als Bürger erfüllt, ist Verbrechen, läßt sie uns die Pflicht vergessen, die man als Mensch hat.«[8]

Die im konservativen Denken verbreitete optimistische Einschätzung der Rolle des Staates und der Macht schließt sich vielfach an antike Staatsmetaphysik und an einen biblischen Traditionsstrang an, für den Römer 13,1–7 repräsentativ ist. Hier wird die staatliche Gewalt als von Gott zugunsten der Menschen eingesetzte und damit prinzipiell legitimierte Institution bezeichnet. Indessen ist dies nur die eine Seite biblischer Aussagen; auf der anderen Seite stehen zum Beispiel die Herrschaftskritik der Propheten, Jesu Worte über die faktische Gewaltherrschaft der Mächtigen (Markus 10,42–45) und über Gottes Urteil gegen sie (Lukas 1,51f.) sowie die Schilderung der dämonisch pervertierten Reiche in Apokalypse 13. An dieser anderen Seite orientiert sich auch das Menschenrechtsdenken in der realistischen Einsicht, daß es nötig ist, Staatsmacht und

Herrschaftswillkür durch rechtlich gesicherte Kontrolle zugunsten der Bürger zu bändigen. Konservatives Denken vertritt also einen anthropologischen Optimismus in bezug auf die objektiven Ordnungen bei gleichzeitiger skeptischer Einschätzung dessen, was die Individuen ins Leben des Gemeinwesens einbringen. Der anthropologische Optimismus im Menschenrechtsdenken schätzt die Fähigkeit des einzelnen zu Freiheit, Gleichheit und Teilhabe hoch ein bei gleichzeitiger skeptischer Beurteilung der Kräfte und Mächte, die in den Herrschaftspositionen des Staates und der Gesellschaft etabliert sind. Vom christlichen Sündenverständnis her ist nicht einzusehen, daß der eine Optimismus weniger als der andere die Einsicht in die tiefen Verkehrungen menschlicher Existenz verdränge.

Vor allem die Gleichheitsforderungen haben den Menschenrechten das Verdikt eingetragen, sie seien durch eine optimistische Anthropologie pervertiert. Wiederum ist es die französische Tradition, in der das Gleichheitsproblem durch das Umschlagen der Revolution in den Terror eine besondere Schärfe gewonnen hat. Die Egalité konnte in der Tat einen höchst repressiven Charakter annehmen, wenn man die Ideen Rousseaus vertrat. Denn ihnen zufolge verzichtet durch den Gesellschaftsvertrag ein jeder auf alle seine Rechte zugunsten der Gemeinschaft; seine bürgerliche Freiheit besteht dann nur im Mitbestimmen des Gemeinwesens, nicht aber in einer personalen Freiheitssphäre, die er gegenüber staatlicher Macht beanspruchen könnte. Doch Rousseau mit seinem Gleichheitspathos hat die französische Menschenrechtsentwicklung nicht allein und nicht vorwiegend bestimmt. Neben Montesquieu und Voltaire haben zum Beispiel noch die Physiokraten unter Aufnahme naturrechtlicher Gedanken mit ihrem Reformprogramm die Zurückdrängung staatlicher Reglementierung zugunsten der freien wirtschaftlichen Betätigung des Menschen erreichen wollen. In ihren Kreisen begegnete um 1770 zum ersten Mal der Begriff der *droits fondamentaux,* der Grundrechte. Den lois fondamentales – unabänderlichen Gesetzen der Natur – ordneten die Physiokraten propriété, liberté und sureté als Rechte des Individuums ebenso wie die naturgesetzlichen Prinzipien der Wirtschaft zu.

Hier wird sichtbar, wie stark der Begriff der »von Natur« gegebenen Rechte auch mit naturwissenschaftlichem Denken zusammenstimmte. Descartes, Hobbes und andere Repräsentanten der großen Bewegung, die sich später mit der newtonschen Naturwissenschaft verband, waren bestrebt, aufgrund der neuen Erkenntnis von den mechanischen Gesetzen der Natur auch das »natürliche« Wesen des Menschen nach dem Modell der Uhr oder der Maschine zu rekonstruieren. Daraus folgerte man als nächsten Schritt, nach Maßgabe des so rekonstruierten Menschen könne dann in Anwendung der gleichen Naturgesetze auch die Gesellschaft durch den Menschen konstruiert werden. Die »politische Arithmetik« war gewiß, die alles bestimmende Mechanik der gesetzlichen Abläufe im sozialen Leben der Menschen entdeckt zu haben.

Die Rede von einer »Natur des Menschen«, aus der Freiheit hervorgehe und rechtlich beansprucht werden könne, widersprach im Grunde dem mechanistischen Naturverständnis. Denn dem letzteren zufolge war der Mensch als bloß naturhafter Teil der Natur in deren Mechanik eingebunden, also determiniert. Wenn man für ihn »angeborene« Freiheits- und Gleichheitsrechte beanspruchte und in der politisch-sozialen Wirklichkeit diese durch Rechtsregelungen absicherte, dann schuf man also dem Menschen freien Raum entgegen der herrschenden deterministischen Naturauffassung[9].

In dem Streit um die These Jellineks von der Herkunft der Menschenrechte aus der Glaubens- und Gewissensfreiheit kommen wir zu folgendem Ergebnis: Gewiß ist das Hervortreten der Menschenrechte ohne den Hintergrund der vorangehenden religiösen Freiheitsbewegung kaum denkbar. Aber die vielfältigen Zusammenhänge zwischen derartigen christlichen Ideen und den Menschenrechtserklärungen sind – historisch gesehen – nicht dominant, sondern rezessiv, meist nicht direkt, sondern mehrfach vermittelt. Man gewinnt ein einseitiges Bild, wenn man nur geistesgeschichtliche – religiöse wie philosophische – Zusammenhänge konstatiert und nicht auch die Theorien und Bewegungen im politischen Machtfeld in den Blick nimmt. Sie erst ermöglichten es, die Menschenrechte konkret als verfassungsrelevante Rechtsinstitution zu fassen. Die religiösen Einflüsse wirken vielfach nicht als solche auf die Menschenrechtserklärungen ein, sondern häufiger auf dem Wege über die Konzepte des Naturrechts, des Gesellschaftsvertrags, der Einschätzung des Individuums im Verhältnis zur Gesellschaft und dergleichen. Darum müssen wir diesen Zusammenhängen jetzt unsere Aufmerksamkeit zuwenden.

2. Individualismus, Naturrecht, neuzeitliche Subjektivität und Rationalismus als philosophische Wurzeln des Menschenrechtsgedankens

Schon im Mittelalter kannte die politische Welt Europas Freiheitsrechte. Sie zu achten, galt als Grundlage gerechter Herrschaft, über die sich scholastische und reformatorische Lehren mit Entschiedenheit äußerten. Das Ringen um Bindung und Beschränkung der Herrschaft führte zu den jura et libertates, einer der politischen Wurzeln der späteren Menschenrechte. Aber es waren vor allem Standesrechte, also Freiheiten und Garantien, die den jeweiligen Nutznießern infolge ihres politisch-sozialen Status zukamen. Erst die Vertragstheorien des 16. und 17. Jahrhunderts machten den Weg dazu frei, daß die Rechte prinzipiell jedem einzelnen zukommen sollten. Das setzte die Entdeckung des Menschen als einzelnen voraus. Sie erfolgte auf mehreren Wegen, zum Beispiel im Humanismus der Renaissance und auch in der Reformation, sofern sie keine institutionelle Vermittlung mehr zwischen Gott, seinem geoffenbarten Wort und dem Glaubenden zulassen wollte, und dann bei den Spiritualisten, die mit antiinstitutioneller Radikalität einzig auf das innere Licht schauten. Diesem humanistischen und religiösen Individualismus trat ein anderer zur Seite, nämlich der bürgerliche Besitzindividualismus, der zugleich für die Modernisierung des Geld- und Kreditwesens und das Aufkommen der kapitalistischen Wirtschaftsform von größter Bedeutung war. Von den Reformatoren bekämpft, war dieser bürgerliche Besitzindividualismus doch auf verborgene Weise mit dem religiösen Individualismus verbunden.

In der Perspektive des humanistischen Individualismus führen die Gemeinschaften kein Eigenleben, sondern sind prinzipiell auf die Regungen der einzelnen und die Beziehungen zwischen ihnen zurückzuführen. Sie haben daher auch kein eigenes Recht, sondern ein abgeleitetes. Was sich an Vorrechten und Unterscheidungen in den Ständen, den Zünften und Gilden und anderen Formationen des Gemeinwesens gebildet hat, muß sich vor dem Individuum, der höchsten Daseinsform, nunmehr rechtfertigen. Thomas Paine, ein nordamerikanischer Vorkämpfer der Menschenrechte, verwies seine Zeitgenossen über die trennenden Standesunterschiede hinweg auf den Ursprung des Menschen, wie er aus der Hand des Schöpfers hervorging:

»Was war er damals? Mensch! Mensch war sein hoher und einziger Titel, und ein höherer kann ihm nicht verliehen werden.« Der humanistische Individualismus isolierte den einzelnen nicht. Die Individualität, die jeder als höchste Lebensform für sich in Anspruch nahm, konnte er auch am andern respektieren und bewundern, sich von ihr bereichern lassen. Jeder sollte in seiner Individualität als Person gelten, und das hieß als vernünftiges Wesen, das sich selbst durch Vernunft zu bestimmen imstande ist und sich so in Harmonie mit allen vernünftigen Wesen hält. Es war gewiß nicht zuletzt die von Wilhelm Dilthey beschriebene Stoa-Rezeption des 16. bis 18. Jahrhunderts, die es möglich machte, die Menschen in ihrer Individualität einander harmonisch zuzuordnen. Secundum naturam vivere! Die Natur, der gemäß der einzelne leben sollte, war ebensosehr die Natur des Menschen wie die Natur im ganzen. »Beide gehorchen dem selben Nomos, der für die Vernunft des Menschen in dem Vermögen besteht, in sich selbst ihre Einheit mit dem göttlichen Logos zu begreifen.«[10]

Georg Picht hat darauf hingewiesen, daß trotz der Stoa-Rezeption in der Neuzeit die menschliche Vernunft kaum noch als unmittelbare Manifestation jener Vernunft verstanden wird, welche die gesamte Natur regiert, daß also die menschliche Vernunft nicht mehr als mit dem Grundgesetz des Kosmos identisch gilt. Daraus ergeben sich schwerwiegende Folgen. Die Vernunft und das von ihr begründete Recht kann nicht mehr beanspruchen, universal zu sein, also im ganzen Kosmos, bei Mensch und Natur zu gelten. Vielmehr tritt der Mensch mit seiner »subjektiven« Vernunft und zum Beispiel mit den Menschenrechten als subjektiven Rechten der Natur mit ihren »objektiven« Gesetzen gegenüber. Den nun scharf empfundenen Konflikt mit der Natur versucht er zu lösen, indem er mit seiner Vernunft der Natur ihre Gesetze vorschreibt, indem er sich zum Herren der Natur macht, sie sich unterwirft und sie ausbeutet. Diese neuzeitliche Subjektivität steht ganz im Gegensatz zu jenem secundum naturam vivere, wonach die Übereinstimmung mit der Natur als die vernünftige Form des Lebens galt. Die gesetzgebende Vernunft gerät fortan in den Verdacht, bloß subjektiv zu sein, also willkürlich zu verfahren; sie kann dann nicht mehr die absolute und verläßliche, sondern höchstens noch die relative Wahrheit in Form partikularer Richtigkeiten repräsentieren. Daher sucht der neuzeitliche Rationalismus nach einer neuen

Metaphysik der Vernunft und der Freiheit. Er sucht nach dem absoluten Grund, von dem her Wahrheit und Recht wieder ihren für alle vernünftigen Subjekte zwingenden Charakter gewinnen. Solche Versuche stützen sich, wie zum Beispiel bei Descartes, zunächst philosophisch auf den ontologischen Gottesbeweis und theologisch auf die biblische Tradition von der Gottesebenbildlichkeit des Menschen, welche freilich als von der Sünde versehrt gilt. In Deutschland gelangten diese Versuche mit dem Idealismus am Ende des 18. und am Anfang des 19. Jahrhunderts zu ihrer höchsten Stufe und zugleich in die Krise, deren Ergebnis fortan von vielen als »Ende der Metaphysik«, das heißt als irreversibler Verlust eines absoluten Wahrheits- und Rechtsfundaments interpretiert wird. Beruhen Menschenrechte aber nicht mehr auf Wahrheit, so werden sie zu subjektiven Ansprüchen der Menschen, sei es, daß diese in Übereinkunft miteinander ihre Welt diesen Ansprüchen gemäß konstituieren, sei es, daß sie keine Übereinkunft erreichen und jeder die Rechte des anderen nur als verschleierte Form subjektiver Interessen auslegt. Dann aber ist das Vernunftrecht nicht mehr die Basis des Zusammenlebens, und dem Individualismus liegt nicht mehr die vernünftige Person, sondern der von Interessen getriebene Einzelmensch zugrunde, der unvermeidlich im Konflikt steht mit den vielen anderen, die ihre subjektiven Interessen verfolgen. Das Recht wird jetzt funktional; es verwirklicht nicht mehr Gerechtigkeit, sondern wird dazu benützt, die Konflikte einigermaßen zu regeln.

Mit dem humanistischen Idealismus und metaphysischen Rationalismus gerät ein weiterer Pfeiler des Menschenrechtsdenkens ins Wanken: das Naturrecht. Im Abendland hat es sich aufs engste mit dem christlichen Schöpfungsglauben verbunden und über ein Jahrtausend hinweg die politische Ethik und die Soziallehren der christlichen Kirchen bestimmt. Bei manchen Vätern des Menschenrechtsgedankens kehrte das Naturrecht zu seiner vorchristlichen Basis, der stoischen Philosophie, zurück. Aber dieser Rückgriff auf das secundum naturam vivere konnte sich schwerlich durchsetzen gegen den neuzeitlichen Versuch, mit der physikalischen Mechanik die Gesetze der Natur zu enträtseln. Das Erkennen der ewigen kosmischen Gesetze geschah jetzt nicht mehr nur in der Absicht, die Weisheit des Schöpfers zu bewundern, sondern mit dem Willen, diese Gesetze in eigenen Weltentwürfen anzuwenden und mittels der konstruierten

Gesellschaft, mittels des Staates als Kunstprodukt das günstigste Verhältnis des Menschen zur Natur zu erzielen. Die frühen Liberalen konnten die Parole ausgeben, daß im freien Spiel der egoistischen Interessenverfolgung durch jeden einzelnen sich, wie von einer »unsichtbaren Hand« geleitet, der größtmögliche Nutzen für alle einstelle und so auch die optimale Ausnutzung der Natur erreicht werde.

Die Menschenrechtserklärungen beziehen sich auf Naturrecht, Vernunftrecht, Humanismus und Individualismus, aber diese sind selbst im letzten Drittel des 18. Jahrhunderts nicht unumstritten, sondern von tiefen Geltungskrisen bedroht. Sie ergreifen gegenüber dieser Krise geradezu eine bekenntnishafte Position: »Die Menschen werden frei und gleich an Rechten geboren und bleiben es.« – »Der Endzweck aller politischen Vereinigung ist die Erhaltung der natürlichen und unabdingbaren Menschenrechte.«[11] Der Vernunftbeweis für Freiheit und Gleichheit wird nicht geführt. Wie sollte er auch gelingen? Denn die Vernunft war nicht mehr die ruhig betrachtende Vernunft der Antike, sondern zutiefst durchdrungen vom neuzeitlichen Willen, die Gesellschaft als Lebenswelt der Menschen selbst zu gestalten und den Individuen Platz in ihr zu schaffen. Sie war also durch und durch revolutionär, nicht bereit, sich auf Kompromisse mit all den überkommenen Privilegien und Freiheiten der feudalen Welt einzulassen. Diese Vernunft wollte also geschichtsmächtig schöpferisch sein, ganz analog der Vernunft des Gottes, der prophetischer Verkündigung zufolge umwälzend in die Geschichte der Völker eingreift. Allerdings sollten später dieselben Prinzipien, die revolutionär gegenüber der feudalen Gesellschaft des Ancien Régime wirkten, der Stabilisierung der neuen, bürgerlichen Welt dienen.

3. Der Einfluß der politischen Theorie des Besitzindividualismus

Das alte christianisierte Naturrecht – in seinen Hauptinhalten gleicherweise von den Theologen des Mittelalters wie der Reformation vertreten – betrachtete jede menschliche Tätigkeit, auch die Arbeit und das Geschäftemachen, als Teil eines ganzheitlichen Lebens, das den christlichen Normen unterworfen ist. Als Normenquelle für das Geschäftsleben, für Preisgestaltung, Kredit und Geldverleih, zog zum Beispiel Luther mit großer Entschiedenheit Gebote der Bergpredigt und den Imperativ der Nächstenliebe heran[12]. Es war selbstverständlich, daß auch die wirtschaftlichen Probleme in die Sphäre der Religion gehörten. Der Wucher, der seit dem spätmittelalterlichen Aufkommen einer neuen Geldwirtschaft das Hauptproblem für die Kirchen im ökonomischen Felde war, wurde ungezählter theologischer »Sermone« gewürdigt. Das Ausleihen von Geld für einen festen Zinssatz galt als zutiefst unchristlich, weil es auf die Verpflichtung gegenüber dem Nächsten, auf das gegenseitige personale Treue- und Dienstverhältnis keine Rücksicht nahm, sondern ein allein auf dem Geldwert basierendes, begrenztes Leistungsverhältnis zwischen Geldgeber und Geldnehmer konstituierte. In der feudalen Welt umfassender personaler Lebensverhältnisse hatte dies keinen Platz. Aber eben dieses neue Kontraktdenken, das immer nur begrenzte Leistungsverhältnisse vertraglich herstellte und die Person im übrigen heraushielt, wurde das Grundmuster der zwischenmenschlichen Beziehungen in der aufkommenden bürgerlichen Welt. Diese Verträge entsprachen den Mechanismen, mit deren Hilfe sich die neue kapitalistische Geldwirtschaft organisierte. Man erkannte, daß der große Fernhandel und die neuen Industrien nicht finanziert werden konnten, wenn man nicht Handels- und Produktionssysteme aufbaute, die durch exakt funktionierende Mechanismen geregelt waren. Wer aber den Regeln dieser Systeme entsprechend handelte, der geriet unvermeidlich mit den Maximen ganzheitlicher christlicher Lebensführung in Konflikt. Hier entstand ein Gegensatz zwischen christlicher Ethik und bürgerlichen Verhaltensprinzipien, den zu überwinden man sich jahrhundertelang gemüht hat. Die Moral des Dienstes am Mitmenschen, die Moral der Nächstenliebe ließ sich mit der funktionalen Sachlogik eines nur auf den eigenen Gewinn bedachten Wirtschaftens schwer vereinbaren.

Die Menschenrechte wurden formuliert, als das neue Vertragsdenken sich durchgesetzt hatte und es erlaubte, begrenzte Leistungs- und Verpflichtungsverhältnisse zwischen Individuum und Staat sowie zwischen Mensch und Mensch zu konzipieren und einen Kernbereich der Person als frei von diesen Vertragsverhältnissen zu behaupten. Die Ausbildung dieser Denkstruktur, die im Bereich der Ökonomie erfolgte, müssen wir uns verdeutlichen, ehe wir ihre funktionale Bedeutung im Menschenrechtsgedanken analysieren.

Die entschiedenste Theorie, welche der neuen Lage Ausdruck gab, entwickelte sich im England des 17. Jahrhunderts. Macpherson hat sie in seinem Buch »Die politische Theorie des Besitzindividualismus« zusammenhängend dargestellt. Er bezieht besonders die Schriften von Thomas Hobbes, die Theorien der englischen Leveller und die Auffassungen von James Harrington und John Locke in seine Untersuchungen ein, wobei die Werke des letzteren den größten Einfluß auf die Entstehung des Menschenrechtsgedankens gehabt haben. In der liberalen demokratischen Theorie und der kapitalistischen Wirtschaftsauffassung der westlichen Welt sind auch heute noch die Grundzüge der Theorie des Besitzindividualismus enthalten.

Die grundlegende Prämisse dieser Theorie ist, daß der Mensch nicht mehr primär als Glied des Gemeinwesens und der Natur zu betrachten sei, daß also seine Rechte und Pflichten nicht mehr aus diesen umfassenden Zusammenhängen abgeleitet werden könnten, sondern im Individuum als der Grundeinheit der sozialen Welt beschlossen lägen. Vorausgesetzt wird: Was einen Menschen zum Menschen macht, ist seine Freiheit, verstanden als Unabhängigkeit vom Willen anderer. Als freies Individuum ist der Mensch primär Eigentümer seiner Person und seiner Fähigkeiten; für sie schuldet er der Gesellschaft nichts. Das Freisein bewährt sich auch darin, daß der einzelne keine Beziehungen zu anderen haben muß, es sei denn, diese liegen in seinem Interesse und er geht sie willentlich ein. Der Mensch hat die Freiheit, seine Arbeitskraft und deren Produkte zu veräußern, nie aber die Gesamtheit des Eigentums an seiner Person – wie es in der Leibeigenschaft und anderen feudalen Abhängigkeiten, die den ganzen Menschen beanspruchen, üblich war. Die menschliche Gesellschaft besteht grundlegend in einer Reihe von Marktbeziehungen, die sich durch jene Akte der Veräußerung von Eigentum ergeben. Die politische Gesellschaft ist eine menschliche Erfindung zum Schutze des Eigentums des Individuums an seiner Person und seinen Gütern. Sie beruht auf Verträgen und dient der Aufrechterhaltung geordneter Tauschbeziehungen zwischen den Individuen als Eigentümern ihrer selbst und ihrer Güter. Für Thomas Hobbes, den konsequentesten Theoretiker, war das Modell des sich selbst bewegenden, begierigen, nach Besitz strebenden Individuums und das dementsprechende Modell der Gesellschaft als geregelter Machtverhältnisse – wie es die Marktbeziehungen zwischen diesen Individuen sind – die zureichende Grundlage für die Ableitung der politischen Pflichten. Auf die überkommenen Begriffe von Gerechtigkeit, Naturrecht oder göttlichem Willen konnte er leicht verzichten. Das mechanistisch-materialistische Modell des Menschen und das Marktmodell der Gesellschaft genügten ihm, wobei er freilich noch der Autorität eines sich selbst verewigenden absoluten Souveräns als höchster Macht- und Schiedsinstanz bedurfte. John Locke hingegen weigerte sich, alle gesellschaftlichen Beziehungen auf Marktbeziehungen zu reduzieren, und verband die Theorie des Besitzindividualismus erneut mit traditionellem Naturrecht, eine Verbindung, die bei der Entstehung der ersten Menschenrechtsdeklarationen wichtig werden sollte[13].

Macphersons These ist, daß die Theorie des Besitzindividualismus das, was auf dem Markt geschieht, als Grundbeschaffenheit des Menschen und der Gesellschaft interpretiert. Alle menschlichen Rechte und Pflichten werden so konzipiert, daß sie das Marktgeschehen auf die bestmögliche Weise aufrechterhalten. Mit diesem Organisationsprinzip bekämpft und verdrängt man die feudalen Strukturen der bisherigen Gesellschaften. Der Markt gilt als eine Institution, in welcher egoistische Individuen auf der Basis garantierter mechanischer Regeln sich tauschend und konkurrierend im Verfolg allein des eigenen Vorteils assoziieren. Es gibt nur ein gemeinsames Interesse: daß dieser Markt mit seinen Mechanismen und Chancen aufrechterhalten wird; im übrigen ist jeder im Kampf um seinen Vorteil der Rivale des anderen. Der Markt garantiert einem jeden Freiheit, nämlich Selbstbestimmung allein nach den eigenen Interessen, und Gleichheit, nämlich Teilnahme am Markt ohne jegliche Privilegien. Diese Freiheit und diese Gleichheit werden erreicht, indem man von allem absieht, was der Marktteilnehmer sonst als Person darstellt. Auf dem Markt zählt nur seine Ware, und sie nur hinsichtlich ihres Tauschwertes. Die Reduktion der Person auf Warenbesitz und die Reduktion der Güter auf Marktwaren, die nur ihrem Tausch- und nicht ihrem Gebrauchswert nach gewertet werden, sind der radikalste Gleichmacher, dem kein Ansehen der Person oder des sozialen Status standhalten kann.

Ist der Markt als das grundlegende Organisationsprinzip der Gesellschaft gesichert, so kann er neben sich durchaus die private Sphäre der Person und der anderen zwischenmenschlichen Beziehungen in Familie, Freundschaft, Nachbarschaft, privater Gesellung und dergleichen dulden. In dieser Sphäre können dann auch die alten moralischen und religiösen Normen beibehalten werden, wenn man sie nur nicht störend in das Marktgeschehen einmischt.

Was der Besitzindividualismus und seine Orientierung am Marktgeschehen von den Menschen verlangen, ist etwas Neuartiges. Man mutet jedem zu, fortan zu differenzieren zwischen sich selbst als Person und den persondistanzierten Leistungsverhältnissen, in die er sich durch Kontrakte hineinbegibt, sei es, daß er Ware, sei es, daß er seine Arbeitskraft aufgrund eines Lohnvertrages veräußert. Man erwartet von jedem, sich selbst nicht mehr in ganzheitlichen Lebensbezügen – etwa in einem feudalen, die ganze Person umfassenden und beiderseits verpflichtenden Lehensverhältnis – zu sehen, sondern jeweils bestimmte Leistungen auszugrenzen und mittels ihrer in ein Verhältnis zu anderen zu treten. Und das mußte dem Marktmechanismus zufolge das fremde, von Rivalität geprägte Verhältnis der Konkurrenz sein. Darum haftet einer Gesellschaft, in der die Prinzipien der Organisation vom Markt her das Gesamtleben weitgehend durchdringen konnten, eine empfindliche emotionale Kühle an, ein Vakuum hinsichtlich mitmenschlicher Empfindungen. Jeder ist für den anderen primär ein am eigenen Vorteil ausgerichteter Rivale. Das zwingt einen jeden zu außerordentlicher Leistungsdisziplin und die große Mehrheit zu Konsumdisziplin[14].

Es ist nicht schwer, im menschenrechtlichen Denken gewisse Strukturen und Elemente aus der Theorie des besitzbürgerlichen Individualismus wiederzuerkennen. Einer der entschiedensten Gegner von Jellineks Ableitung der Menschenrechte aus dem »Urrecht« der Glaubens- und Gewissensfreiheit, Richard Schmidt, hat behauptet, daß die menschenrechtliche Auffassung der Persönlichkeit sich staatsrechtlich zuerst in der materiellen, nicht in der ideellen Sphäre des Menschen durchgesetzt habe. Leben, Bewegungsfreiheit, Privateigentum seien als älteste Freiheiten ins Bewußtsein getreten[15]. Die Bedeutung, die dem Eigentum in den frühesten Menschenrechtserklärungen zukommt, läßt sich für diese Interpretation anführen. Vor allem aber kann man bereits in der Theorie des bürgerlichen Besitzindividualismus jene Struktur erkennen, die für die Menschenrechte grundlegend ist: daß nicht der ganze

Mensch sich in seine vertraglichen Bedingungen hineinbegibt, sondern daß ein »freies Individuum« sich bewußt unterscheidet von begrenzten Leistungen, die es vertraglich gegenüber dem Marktpartner, aber auch gegenüber Staat und Gesellschaft zusagt, Leistungen, die ihm äußerlich bleiben. Niemand hat daher einen Anspruch auf den Kern der Person. Er ist kein veräußerliches Eigentum.

Die Freiheit – als Unabhängigkeit von fremdem Willen – und die formale Gleichheit für alle Menschen sind die Verheißung des bürgerlichen Besitzindividualismus. Daraus ergibt sich mit Notwendigkeit das allgemeine Wahlrecht. Aber bereits bei den Levellers stößt man 1647 hier auf die fortan übliche Einschränkung. Zwei Kategorien der Bevölkerung sollen das Wahlrecht nicht erhalten: die Bediensteten oder Lohnarbeiter und die Almosenempfänger oder Bettler; sie nämlich sind nicht von eigenem, sondern von fremdem Willen abhängig[16]. (Daß dabei auch die Frauen ausgeschlossen sind, ist selbstverständlich und wird kaum in der Forschung des 20. Jahrhunderts als Problem registriert.) Damit aber ist die Universalität von Freiheit, Gleichheit und Teilhabe aufgehoben und auf den dritten Stand eingeschränkt. Die Lohnarbeiterschaft, das Proletariat gehört vorerst nicht zur bürgerlichen Gesellschaft. Größere Freiheit und Gleichheit gab es in ihr, sofern die Schranken der ererbten und zugesicherten Privilegien der feudalen Gesellschaft eingerissen wurden. Der Theorie nach konnte jeder sozial aufsteigen, dem es seine Tüchtigkeit erlaubte. Neu war auch, daß man dem Staat den Nimbus seiner Macht und einer eigenständigen Staatsraison nehmen wollte und ihn als Inbegriff flankierender Maßnahmen zur Aufrechterhaltung und zum Schutz der marktorganisierten Gesellschaft verstand, rein in dienender Funktion. Die Menschenrechte sollten später formulieren, was den Organen dieses Staates im Verhältnis zu den Individuen erlaubt sein konnte.

Für den Besitzindividualismus ergab sich eine zu respektierende Privatsphäre des Individuums, ein »marktfreier« und »staatsfreier« Raum, nämlich einer, der von den Marktgesetzen und Staatsgesetzen unabhängig sein sollte. In diese Privatsphäre gehörten die Familien- und Freundschaftsbeziehungen, die Religion, die Kunst und derlei mehr. Waren die Normen des Lebens in dieser Privatsphäre der Theorie nach frei, so galt für sie eine Schranke: Sie durften keinesfalls Geltung im marktbestimmten und im politisch bestimmten Raum beanspruchen. Geschäftsangelegenheiten waren durch den Geschäftsmann nach seinen Maximen zu erledigen, Staatsangelegenheiten durch den Staatsmann nach den seinigen. Damit war die seit der Antike geltende christliche und naturrechtliche Tradition, derzufolge das Sittliche den Vorrang vor dem Wirtschaftlichen habe, beiseite geschoben. Die Wirtschaft und das Politische differenzierten sich aus dem allgemeinen Lebenszusammenhang heraus als eigengesetzlicher Bereich, widerständig gegen humanistische oder christlich-moralische Kriterien. Kein Geringerer als der Ökonom Keynes stellte noch in unserem Jahrhundert fest: »Der moderne Kapitalismus ist völlig irreligiös, ohne inneren Zusammenhang, ohne viel Gemeingeist, oft, wenn auch nicht immer, ein bloßer Haufe von Besitzern und Klägern (possessors and pursuers).«[17]

Der Besitzindividualismus wollte für die wirtschaftlichen und politischen Beziehungen gern auf Gemeingeist und religiöse Normen verzichten, da er glaubte, die Gesetze zu kennen, nach denen zum größtmöglichen Vorteil aller die Wirtschaft und die Gesellschaft sich entwickeln. Er konnte darauf verzichten, weil er Glück, Lebensgenuß, Religion und Spontaneität der Privatsphäre anvertraute und sie gegen Staat und Gesellschaft absicherte. Die Legitimation der Gesamtordnung beruhte geradezu darauf, daß die disziplinierte Unterordnung aller unter die harten Gesetze des Marktes eine nie dagewesene Steigerung der Produktion und damit der Güter zur Befriedigung der Lebensbedürfnisse erreichte und daß eben auf dieser materiellen Basis die Privatsphäre als ein Freiraum organisiert werden konnte.

Karl Marx und Friedrich Engels haben im »Manifest der kommunistischen Partei« von 1848 der bürgerlichen Gesellschaft nicht bloß die Ausstoßung der Lohnabhängigen vorgeworfen, sondern auch die völlige Unterwanderung der Privatsphäre, zum Beispiel der Familie, durch die Maximen der Produktion und des Marktes. »Der Bourgeois sieht in seiner Frau ein bloßes Produktionsinstrument.« Die bürgerliche Theorie des Besitzindividualismus behauptet, wie wir gesehen haben, etwas ganz anderes, nämlich dieses, daß die Leistungsdisziplin, von den strengen Gesetzen des Marktes erzwungen, die Bedingung der Möglichkeit einer Konstituierung und Sicherung der privaten Sphäre und so des eigentlichen Lebens und Glücks sei. Werden auf dem Markt die Beziehungen zwischen den Menschen konsequent auf den Tauschwert der von ihnen eingebrachten Waren reduziert, muß ein jeder sich hier seiner Individualität und Originalität entäußern, so ermöglicht das, dieser Theorie zufolge, eine um so größere Bereicherung des Lebens im privaten Bereich. Denn durch die Produktions- und Marktdisziplin wird die materielle Basis so erweitert, daß die persönliche Sphäre von jedem äußeren, willkürlichen Eingriff freigehalten und vor ihm geschützt werden kann. In ihr kommen bisher ungeahnte Möglichkeiten des »Genusses der eigenen Person«, der Spontaneität und Individualität zur Entfaltung. Daß sie durch Konsumabhängigkeit und gesellschaftliche Entwicklungen unterwandert werden könnte, kommt dem Bürgertum des 18. und 19. Jahrhunderts noch nicht in den Sinn.

In Deutschland entwickelt sich als besondere Variante ein blühendes Bildungsbürgertum, das sich gegenüber dem Besitzbürgertum geradezu als Verkörperung der großen Möglichkeiten der privaten Freiheitssphäre versteht. Um der innerlichen, der kulturellen, der individuellen Freiheit willen ist es bereit, politische Einflußlosigkeit und passives Verwaltetwerden durch einen autoritativen Staat hinzunehmen. Der junge Thomas Mann hat noch am Ende des Ersten Weltkriegs diese Haltung gepriesen und die in ihr wirksame Theorie meisterhaft beschrieben. Wie viele andere führte er diese Tradition spezifisch deutscher Freiheit auf die Reformation zurück. »Luther vollendete die Freiheit und Selbstherrlichkeit des deutschen Menschen, indem er sie verinnerlichte und sie so der Sphäre politischen Zankes entrückte. Der Protestantismus hat der Politik den geistigen Stachel genommen, er machte sie zu einer Angelegenheit der Praxis«[18] – das heißt der Fachleute. Der »harte Bürger«, der besitzbürgerliche Bourgeois, ermöglichte die Existenz des »geistigen Bürgers« und war dadurch gerechtfertigt.

Die Grundstruktur der zu den Fundamenten der modernen Welt gehörenden Theorie des Besitzindividualismus kehrt deutlich in den Menschenrechtskonzepten wieder. Dieser neue Individualismus konkurriert scharf mit dem humanistischen, der seine humanen Kriterien für die Gesamtheit des Lebens gelten sieht und deren Beschränkung bloß auf die private Sphäre ebenso als Zwang empfindet, genau wie sich auch im christlichen Glauben manches gegen die Privatisierung wehrt. Aber in welche Richtung zielen die Menschenrechte? Sind sie die feierliche Ergänzung des bürgerlichen Besitzindividualismus, ein ideologischer Überbau zu ihm, der seine Härten und Defizite verschleiert? Sind sie, unbeschadet der aufgewiesenen strukturellen Konvergenzen, ein notwendiges Gegengewicht gegen Einseitigkeiten des Besitzindividualismus und weisen sachlich über ihn hinaus? Gibt es im Menschenrechtskonzept etwas, was über die Schranken der bürgerlichen Welt hinausführt?

4. Die Frage der Geltung der Menschenrechte über die bürgerliche Epoche hinaus

Betrachtet man die Menschenrechte auf dem Hintergrund der in ihnen wirksamen anthropologischen, naturrechtlichen, politischen, sozialen und wirtschaftlichen Theorien, so ergibt sich ein vieldeutiges und unsicheres Bild. Welche der von uns dargestellten Herkunftselemente sind im Menschenrechtskonzept wirklich dominant geworden? Läßt sich das überhaupt historisch entscheiden? Bleiben die Menschenrechte bloß mit dem Sieg der bürgerlichen Welt über die Mächte des Ancien Régime, mit der Entfaltung des Besitzindividualismus, Kapitalismus, Liberalismus, der Demokratie, des Konstitutionalismus und der Rechtsstaatlichkeit unlösbar verbunden, oder greifen sie weiter?

Karl Marx und Friedrich Engels verwiesen die Menschenrechte resolut in die Schranken der bürgerlichen Welt. Es handele sich um das »Menschenrecht des Privateigentums«, des egoistischen, von jedem anderen und vom Gemeinwesen zutiefst getrennten Menschen. Der rechtlichen und staatsbürgerlichen Gleichheit des Menschen als Citoyen liege die faktische – nämlich ökonomische und soziale – Ungleichheit als Bourgeois zugrunde. Die bürgerliche Forderung nach rechtlicher Gleichheit drücke daher nur das eigene Klasseninteresse aus[19].

Diese Argumentation konnte nicht die prinzipielle Menschenrechtsforderung nach Freiheit und Gleichheit treffen, sondern nur ihre bürgerliche Verwirklichung. So erklärte Engels: »Die Proletarier nehmen die Bourgeoisie beim Wort: die Gleichheit soll nicht bloß scheinbar, nicht bloß auf dem Gebiet des Staats, sie soll auch wirklich, auch auf dem gesellschaftlichen, ökonomischen Gebiet durchgeführt werden.«[20] Es lag auf der Linie des marxistischen Humanismus, die wirkliche Einlösung der bürgerlichen Menschenrechtsverheißungen in Aussicht zu stellen. Das bedeutet aber, die Menschenrechtsbewegung nicht abzubrechen, sondern sie zum recht verstandenen Ziel zu führen. In der klassenlosen Gesellschaft, wie Marx sie sich vorstellte, sollte der einzelne ja nicht im Kollektiv verschwinden, sondern in freier Assoziation mit den anderen zur individuellen Ausbildung seiner Bedürfnisse und Fähigkeiten kommen.

Aus der Doppelgesichtigkeit der marxistischen Tradition ergibt sich auch die ambivalente Haltung der heutigen sozialistischen Staaten zu den Menschenrechten. Einerseits werden diese wegen ihrer Herkunft aus dem einst revolutionären Bürgertum relativiert oder persifliert, andererseits haben sie Eingang in die Verfassungen gefunden. Die gesellschaftliche und politische Realisierung der Menschenrechte und also ihre wirkliche »Aufhebung« hat freilich nicht stattgefunden. Daher rührt die hochgradige Empfindlichkeit der bürokratisch-sozialistischen Länder gegenüber allen Versuchen, die sozialistischen Gesellschaftszustände am Kriterium der Menschenrechte zu messen. Daher stammen auch die vielen Bemühungen um Entschärfung von Menschenrechtsforderungen durch die Behauptung, die individuellen Interessen seien identisch mit denen der sozialistischen Gesellschaft, alle anderen Urteile ergäben sich nur aus der Perspektive »feindlicher Klassen«. Aber eine solche ideologische Abwehrhaltung bestätigt nur, daß die Menschenrechtskriterien im marxistischen Humanismus eine Verankerung haben, von der man sich nicht lösen kann. Die Geschichte der Menschenrechte endet also nicht an den Grenzen der bürgerlichen Welt.

Die unverminderte Bedeutung der Menschenrechte in den westlich-demokratischen Gesellschaften bedarf keines Nachweises. Hier liegt das schwierigste und aktuellste Problem in ihrer Erweiterung: Welche Geltung kommt den Menschenrechten im wirtschaftlichen, sozialen und kulturellen Bereich zu, und was spricht für oder wider eine Gleichstellung von Rechten in diesen Bereichen mit den klassischen Menschenrechten? Dieses Problem schneiden die völkerrechtlich gültigen Menschenrechtskonventionen unmißverständlich an. Sie können nicht nur die klassischen westlichen Menschenrechtskonzepte fortführen, sondern müssen diese auch den Lebensbedingungen der Dritten Welt anpassen und auf die Zusammenhänge und Gegensätze im internationalen System ausrichten. Erstaunlich ist, daß dies zu gelingen scheint, daß also die Menschenrechte unbeschadet ihrer Entstehungsgeschichte in bürgerlich-kapitalistischen Kontexten in den Ländern der Dritten Welt wie auch denen des sozialistischen Staatenblocks zunehmende Bedeutung gewinnen. Das nötigt uns, in dieser neuen Perspektive die Frage zu diskutieren, ob Menschenrechte universale Normen sein oder werden können.

Zuvor fassen wir unser Urteil darüber zusammen, was das Nebeneinanderherlaufen verschiedener, oft disparater Herkunfts- und Begründungselemente im Menschenrechtsgedanken bedeutet. Als an ihm beteiligt sahen wir unter anderem Denkstrukturen aus den religiösen Freiheitsbewegungen und dem Toleranzdenken, aus der neuzeitlichen Stoa-Rezeption, dem christlichen und philosophischen Naturrechtsdenken und dem Vernunftsrechtsdenken, aus dem neuzeitlichen Entwurf der Subjektivität, dem humanistischen Individualismus und dem bürgerlichen Besitzindividualismus. Bei keinem dieser Elemente kamen wir zu dem Ergebnis, daß aus ihm allein die Menschenrechte als Rechtsinstitution zureichend abgeleitet werden können, keines kann für sich genommen als dominant gelten. Die Gewichtung der einzelnen Elemente ist, wie auch die vielfältige Literatur zum Thema zeigt, äußerst schwierig. Eine sozialgeschichtliche Betrachtung wird den Einfluß des Besitzindividualismus, verbunden mit einigen juristischen Denkmustern, favorisieren, eine ideengeschichtliche möglicherweise das Vernunft- und Naturrechtsdenken, eine kirchengeschichtliche die Bedeutung der Forderung nach Religionsfreiheit und der Lehre von der Gottesebenbildlichkeit des Menschen[21].

Angesichts dieser unentschiedenen Forschungslage ist es nicht zu verwegen, die folgende Vermutung auszusprechen: Die Grundfigur des Menschenrechts, der Kristallisationskern der Rechtsinstitution »Menschenrechte«, kam erst dadurch zustande, daß in verschiedenen Traditionen ausgebildete, einander ähnliche und miteinander vereinbare Grundmuster während des 18. Jahrhunderts zusammenschossen und eine Kernstruktur bildeten, die der Qualität nach etwas anderes und mehr war als die beteiligten einzelnen Elemente. Das verlieh der Grundfigur des Menschenrechts eine relative Eigenständigkeit gegenüber jedem einzelnen Herkunftselement. Aufgrund dieser Selbständigkeit konnte sie auch weiter in Geltung bleiben, wenn die eine oder die andere bei der Hervorbringung im 18. Jahrhundert beteiligte Tradition abstarb und wenn den Trägern des Menschenrechtsgedankens Teile der Grundfigur des Menschenrechts unbewußt blieben, also gleichsam nur hinter ihrem Rükken fortwirkten. Zugleich aber stand die Grundfigur neuen Begründungstheorien offen und provozierte sie, ohne daß diese neuen Begründungen das alte Grundmuster auflösen mußten.

Auf Vorgänge, die dem eben beschriebenen analog sind, stieß man zum Beispiel bei der Erforschung der Säkularisierung: Grundmuster des Denkens und Verhaltens, die vom christlichen Glauben geprägt worden sind, bestehen und wirken auch dann noch als Strukturgebilde weiter, wenn ihre Träger längst das Bewußtsein einer Verbindung der von ihnen vertretenen Denk- und Verhaltensmuster mit dem christlichen Glauben verloren haben. Entsprechend bleibt auch die Grundfigur des Menschenrechts in Kraft, selbst wenn ihre einzelnen Herkunfts- und Begründungstraditionen kaum noch Geltung haben. Sie ist darum zum Beispiel auch fähig, abgeschlossene Epochen der bürgerlichen Welt oder möglicherweise diese im ganzen zu überdauern.

5. Menschenrechte als universale Normen? Die philosophische Begründungsproblematik nach dem »Ende der Metaphysik«

Im Unterschied zu den Grundrechten erheben die Menschenrechte den Anspruch auf Universalität. Sie wollen für jeden gelten, fordern die Anerkennung der Würde des Menschen abgesehen von allen hinzukommenden Qualifikationen und Prädikationen auf den bloßen Titel »Mensch« hin. Sie erwarten, daß dieses in der Verfassung des Gemeinwesens verbindlichen rechtlichen Ausdruck findet.

Mit seinem Anspruch auf Universalität begegnet der Menschenrechtsgedanke der großen Krise, die sich aus dem Aufkommen des neuzeitlichen *Pluralismus* entwickelte. War nämlich die Toleranz die Antwort auf die Verheerungen, die die Glaubens- und Konfessionskriege angerichtet hatten, so entzog sie doch ihrerseits den alten Ordnungen den bisher tragenden Konsensus. Man hatte bis dahin geglaubt, ohne die festgefügte Einheit von öffentlichem Glaubensbekenntnis und politischem Gemeinwesen die zwischenmenschliche Ordnung nicht aufrechterhalten zu können. Das neuzeitliche Gemeinwesen aber sollte Katholiken und Protestanten, Deisten und Sektierer, Philosophen und Skeptiker in sich vereinigen können, ohne sie in der Wahrheitsfrage zu einen. Man verzichtete bei ihnen auf den Konsensus hinsichtlich dessen, was die tragenden Fundamente des Lebens und des Staates seien, man verzichtete auf die Legitimation der politisch-gesellschaftlichen Ordnung aus den Glaubensüberzeugungen ihrer Angehörigen – und mußte etwas finden, was dennoch alle verbinden konnte.

Das Naturrecht der frühen Neuzeit, sodann das Vernunftrecht, dem Kant mit seinem Autonomie- und Freiheitsverständnis die tiefste Begründung gab, kann man als Versuch einer Antwort auf die Krise des Pluralismus begreifen. Aber weder Naturrecht noch Vernunftrecht haben im 19. Jahrhundert der Krise der Metaphysik und der Entdeckung der Geschichtlichkeit der Vernunft standhalten können. In ihre Aporien wurde der – anfangs naturrechtlich und vernunftrechtlich begründete – Menschenrechtsgedanke hineingezogen. Aber er hatte in sich eine Evidenz, die über Natur- und Vernunftrecht hinausreichte. Unbeschadet aller Pluralität wechselseitig einander ausschließender religiöser, weltanschaulicher, politischer und gesellschaftlicher Überzeugungen wollte er an etwas festhalten, was bei jedem, der Mensch ist, unbedingten Respekt erfordert – an der Würde des Menschen als Mensch.

Doch welchen Status hat ein solcher Satz? Ist er aus begründeten philosophischen Prämissen zu deduzieren? Das war die Überzeugung der Naturrechtler und der Vernunftrechtler – eine wünschenswerte Überzeugung, die aber durch die philosophische Kritik destruiert wurde. Mußte man also an etwas Unbegründbarem festhalten? Das Bonner Grundgesetz gibt das zu verstehen. »Das deutsche Volk bekennt sich darum (nämlich weil die Würde des Menschen unantastbar ist) zu unverletzlichen und unveräußerlichen Menschenrechten« (Art. 1 Abs. 2). Diese bekenntnishafte, den Selbsteinsatz einschließende Anerkennung einer unbedingten Verbindlichkeit – und nicht eine philosophische Begründung – soll den Satz von der Würde des Menschen und die daraus resultierenden menschen- und grundrechtlichen Regulative tragen. Kann heutiges philosophisches Denken dieses Bekenntnis argumentativ einholen, kann es diese einen »Glauben« voraussetzende Anerkennung »begründen«?

Diese Frage bedarf weiterer Differenzierung. Man kann, wie Georg Picht dargelegt hat, das Problem der Begründung der Menschenrechte gleichsetzen mit dem Problem der Begründung universaler Normen. So ist es im Natur- und Vernunftrechtsdenken von deren metaphysischen Voraussetzungen her geschehen. Indessen ist diese Gleichsetzung problematisch. Sie bindet den Menschenrechtsgedanken an die Zeit seiner Formulierung, an das metaphysische Denken im ausgehenden 18. Jahrhundert, und sie verwendet einen Normbegriff, der auf den Menschenrechtsgedanken unseres Erachtens nicht zutrifft. Wir haben die Menschen- und Grundrechte nicht als konstitutive Prinzipien verstanden, welche die Normen für die ganze Verfassung hergeben würden, sondern als regulative Prinzipien; mit ihnen sollen die Normen der Verfassung als Grundlage der objektiven Rechtsordnung kompatibel gehalten werden. Demnach können wir die Intention von Menschenrechtskatalogen nicht darin sehen, universale Normen als Substanz der Völkerrechtsordnung und der innerstaatlichen Rechtsordnungen zu formulieren; sie wollen vielmehr Kriterien kodifizieren, mit denen jede Verfassung, welche beansprucht, die Würde der Person zu respektieren, vereinbar sein muß. Diese Kriterien beziehen sich alle zurück auf den Kern des Menschenrechtsgedankens, nämlich auf die Anerkennung der Unverfügbarkeit der Person und ihres Rechts zu verantwortlicher Teilhabe. Darin liegt eine Kritik an dem rationalistischen Verständnis der Autonomie der Vernunft, sofern dieses unterstellt, die Vernunft sei befähigt, die Gesamtheit der Lebensbedingungen der Menschen ihrer Gesetzgebung zu unterwerfen, indem sie auf der Grundlage von ihr erkannter absoluter Normen eine Rechtsgemeinschaft konstruiere. Die Bezugnahme auf die Unverfügbarkeit der Person hält gerade offen, was sich die vermeintlich autonome Vernunft verfügbar machen will; sie wendet sich also gegen das undifferenzierte Vertrauen auf die Vernunft, das vielen neuzeitlichen Strömungen eigen war und ist. Der Satz, daß universale Normen anthropologisch nicht möglich seien, trifft also nicht den Kern, den wir als die Grundfigur des Menschenrechts beschrieben haben; er dient aber als Warnung davor, den Menschenrechtsgedanken auf seine vernunftrechtlich-metaphysische Interpretation im ausgehenden 18. Jahrhundert festzulegen. Analoges gilt gegenüber dem naturrechtlichen und physiokratischen Versuch, Menschenrechte aus der Notwendigkeit der Anerkennung von

Naturgesetzen herzuleiten. Wären die Strukturprinzipien des Kosmos eindeutig erkennbar – damals meinte man, sie in mechanistischen Kategorien voll erfassen zu können – und ginge der Mensch restlos im Kosmos auf, so ließen sich daraus freilich universale – im ganzen Universum geltende – Normen ableiten, die auch für jede Rechtsgemeinschaft grundlegend wären. Indessen würde eine solche naturrechtliche Interpretation die Offenheit und Mitverantwortlichkeit des Menschen für eine Zukunft, die naturgesetzlich nicht determiniert ist, verdecken; sie könnte also nicht dem Unverrechenbaren der Person Genüge tun.

Die Einsicht, daß der Menschenrechtsgedanke weder auf seine vernunftrechtlich-metaphysischen noch auf seine naturrechtlich-metaphysischen Herkunftselemente festzulegen ist, betrifft auch die anderen Herkunftselemente, zum Beispiel die Theorie des Besitzindividualismus. Denn diese differenziert zwar zwischen der Person und ihrer unverfügbaren Freiheit, sieht aber die Freiheit des Individuums allein in dem durch andere unbehinderten Verfügen über die eigene Person, ihre Fähigkeiten und ihren Besitz; nach diesem speziellen Freiheitsverständnis, nach den ihm entsprechenden liberalistischen Rechtsnormen will sie die öffentliche Ordnung entworfen wissen. Sie berücksichtigt nicht, daß ein derartiges Verfügen der Person über sich selbst objektive Folgen hat, welche für andere Personen gerade diese Möglichkeit der Selbstverfügung einschränken – Folgen also, welchen man um der Freiheit im Gemeinwesen willen entgegenwirken muß, was auf der Ebene der objektiven Rechtsordnung etwa das Prinzip der Sozialstaatlichkeit leisten soll. Dabei widersteht aber das Festhalten an der Unverfügbarkeit der Person und der ihr entsprechenden Verantwortlichkeit auch dem in sozialistischen Staaten üblichen Versuch, aufgrund der angeblichen Kenntnis der objektiven Gesetze des Geschichtsverlaufs dem einzelnen vom Entwicklungsstand der Klassen und der Gesellschaft her seine Rechte und Pflichten zuzuweisen und für Verantwortlichkeit im vollen Sinne keinen Raum mehr zu lassen.

Unsere These ist keineswegs, daß die eben genannten und andere Richtungen neuzeitlichen Denkens, die bei der Entstehung und der Geschichte der Menschenrechte beteiligt waren, die unantastbare Würde der Person ausgeschlossen haben. Sie war und ist bei ihnen allen vielmehr mit im Spiele, aber oft doch so verdeckt und gefährdet, daß sie nicht als der innerste Bezugspunkt der Menschenrechte in Erscheinung tritt. Das aber schwächt deren Eigenständigkeit; dadurch kann es zur ideologischen Funktionalisierung der Menschenrechte im Interesse von Gruppen und Kollektiven kommen. An deren widerständigem Element aber ist unsere Interpretation besonders interessiert. Mit diesem nicht verrechenbaren Überschuß im Menschenrechtsgedanken kommt etwas zum Zuge, was sich der Denk- und Lebenserfahrung des neuzeitlichen Menschen immer wieder als nötig erwiesen hat: ein Gegengewicht, welches auch den Rechtsstaat davor schützt, rein positivistisch ausgelegt und seiner Anfälligkeit für möglicherweise legale Perversionen – wie der politischen Diktatur oder der uneingeschränkten Herrschaft eines rücksichtslosen Mehrheitswillens – wehrlos ausgeliefert zu sein. Man könnte sagen: Die rechtliche Bezugnahme auf die Würde des Menschen ist der »Gewissensstachel« einer Rechtsordnung.

Es sind philosophische Gründe, die dazu veranlassen, auf eine metaphysische und auf eine philosophisch-systematische Begründung der Menschenrechte zu verzichten. Eine systematische Begründung der Unverfügbarkeit der Person würde sie ja gerade in einem System gedanklich verfügbar machen. Der Verzicht aber schließt nicht aus, denkend dem nachzugehen, was die Unverfügbarkeit der Person und ihr menschen- oder grundrechtlicher Ausdruck in unserer Welt bedeuten, und die Notwendigkeit dieses Konzeptes aufzuweisen. Die gegenwärtige Philosophie scheint mit Problemen beschäftigt, die vielfältig in unsere Überlegungen hineinreichen; indessen scheint sie sehr selten den Problemkreis der Menschenrechte zu thematisieren. Welchen Ort kann und muß dieser im philosophischen Denken haben?

Wir beziehen uns, wenn wir so fragen, auf jene Richtungen der Philosophie, die davon ausgehen, daß mit Hegels Philosophie der absoluten Reflexion die Metaphysik sich vollendet hat und nicht einfach verlängert werden kann. Metaphysik war jene Art des Denkens, die, von den Gründen herkommend, darauf gerichtet war, einen letzten Grund des Seienden herauszustellen; sie setzte aufgrund des metaphysischen Prinzips der Identität Normen von universaler Geltung und glaubte, sie als Garant des Guten und Wahren begründen zu können. Freilich kann nachmetaphysische Philosophie dem Ende der Metaphysik nicht gelassen gegenüberstehen; denn nicht bloß eine geistesgeschichtliche Epoche ist damit zu Ende – vielmehr ist mit ihrem Schwinden auch die Möglichkeit des Konsensus über »Wahr« und »Gut« und also die Möglichkeit von Recht, Ethik und humaner Ordnung zutiefst in Frage gestellt. Recht, Ethik und Gemeinwesen sind aber nicht ein gegebenenfalls auch zu entbehrender Luxus, sondern harte Notwendigkeit, Bedingungen möglichen menschlichen Lebens. Ohne die normative, die rechtliche und moralische Ausrichtung des eigenen Verhaltens, das zu dem Verhalten der anderen in Beziehung gesetzt ist, kann der Mensch nicht existieren. Er bedarf dieses Eingestelltseins auf andere nicht nur in der zwischenmenschlichen Verständigung, der Kommunikation, welche heute in der sprachphilosophischen Ethik in das Zentrum des Interesses gerückt ist. Er braucht es auch, um mit einer Problematik zurechtzukommen, die der Kommunikation voranliegt: mit dem Bösen als innermenschlichem und zwischenmenschlichem Problem. Wir fassen dabei das Böse als anthropologisches Urphänomen, das nicht schlüssig aus anderen Phänomenen abzuleiten ist, als den unerklärten Hang des Menschen zu sinnlosem Egoismus, zu Grausamkeit und Vernichtung, als Phänomen der Pervertierung oder Aufhebung der Lebensordnung, der Rechtsgemeinschaft, der Kommunikation. Dieser Hang entzieht sich letztlich psychologischer Erklärung. Er ist verwurzelt in jenen Tathandlungen des Menschen, die Ausdruck seiner Freiheit sind und nicht zureichend aus seinen Abhängigkeiten abgeleitet werden können. Auch das Böse wurzelt also in dem, was wir die Unverfügbarkeit der Person nennen. In der Bedrängnis durch das Böse muß der Mensch mit sich und den anderen sich zurechtfinden. Recht und Moral sind Orientierungsversuche in den zwischenmenschlichen Beziehungen. Der spätneuzeitliche Mensch kann sich nicht darüber täuschen, daß ihm das Seiende keine geltende Ordnung mehr ist, daß vielmehr er selbst Ordnungen konstituiert und konstituieren muß, auch wenn im Vorblick, beim Entwurf und beim Handeln unbestimmbar bleibt, wie solche Ordnungen in der gegebenen Welt Anhalt haben und in etwas künftig Gegebenem, das sie mit heraufführen, Rückhalt gewinnen werden. Das nötigt zum Denken und Handeln ins noch Ungewisse hinein. Die Unverfügbarkeit der Person, wie sie der Menschenrechtsgedanke ansetzt, stimmt damit zusammen.

Die Einsicht, daß Recht und Moral harte Notwendigkeiten sind, hat sich in der heutigen Generation radikalisiert. Heute weiß man um die Möglichkeit, daß der Mensch seine eigenen Lebensbedingungen zerstört. Dieser Gefahr ist nicht mehr nur im Rahmen der partikularen Nationalstaaten zu begegnen – weder die Folgen nuklearen Waffeneinsatzes noch die der Zerstörung ökologischer Lebensbedingungen machen an den Grenzen halt. Die verantwortliche Gestaltung einer staatlichen Rechtsordnung muß heute zugleich Rücksicht nehmen auf die Verwirklichung einer globalen Völkerrechtsordnung, von deren Existenz mehr und mehr abhängen kann, ob staatliche Ordnung aufrechtzuerhalten ist. Dem entspricht die Abstimmung der Grundrechte auf die Menschenrechte. Aber läßt sich im nachmetaphysischen Philosophieren eine Völkerrechtsordnung mitsamt einem Korpus der Menschenrechte denkend einholen? Gewiß erscheint sie der politischen Erfahrung und dem praktischen Verstand als nötig. Aber ist sie philosophisch zu begründen?

Georg Picht hat es unternommen, »die innere Möglichkeit einer solchen Völkerrechtsordnung aus der Erkenntnis der Verantwortlichkeit der Gattung Mensch für ihre eigene Geschichte« abzuleiten[22]. Er bestreitet, daß sich Verantwortung heute in Gestalt von (universalen) Normen artikulieren könne, schon gar nicht so, wie man ursprünglich Menschenrechte als zu allen Zeiten gültige, also absolute Normen konzipiert habe. Der Mensch muß sich vielmehr in der Form des transzendentalen Entwurfes seinen Verantwortungsbereich, die zukünftige Universalgeschichte, erschließen. Sie wird ermöglicht durch das transzendentale Schema der kritischen Utopie. »Es ist evident, daß alle Freiheit unterdrückt werden müßte, wenn die gesamte Menschheit gezwungen werden sollte, sich einem einzigen Entwurf zu fügen und eine einzige Utopie, die dann nicht mehr kritisch sein könnte, anzuerkennen.« Das wäre die Weltdiktatur, welche mit der Freiheit zugleich die Möglichkeit von Verantwortung und Vernunft – und das bedeutet: die Möglichkeit künftiger Geschichte – unterdrücken würde. »Wenn der Begriff der ›Norm‹ ein feststehendes, allgemeines, für jeden Menschen verbindliches Prinzip bezeichnet, so widerspricht er der anthropologisch fundierten Struktur, die wir Verantwortung nennen.« Denn im Licht von Verantwortung wird eine Möglichkeit wahrgenommen. Möglichkeit aber muß offengehalten werden, damit sie Möglichkeit bleiben kann; Verantwortung ist durch und durch geschichtlich, immer neu zu entdecken. »Die offene Möglichkeit unserer geschichtlichen Zukunft ist das ›bonum‹, das uns im Licht der von uns geschuldeten Verantwortung aufgeht.« Es ist also die Offenheit, gerade nicht das System mitsamt den in ihm begründeten Normen, die zwischen bonum und verum vermitteln muß und kann. Dem müßte auch eine künftige globale (universale) Völkerrechtsordnung genügen. »Offene Möglichkeit läßt sich nur in pluralistischen Strukturen realisieren.« Für Picht wird das oberste Kriterium, die höchste »Norm«, in der Struktur der Verantwortung als solcher sichtbar. Er faßt es in den Satz: »Der Mensch muß als Lebewesen in der Natur die Erhaltung seiner Gattung erstreben; er bleibt aber nur solange Mensch, als es ihm eine offene Frage ist, ob die Erhaltung seiner Gattung gerechtfertigt werden kann.«[23]

Wir ziehen aus diesem Argumentationsgang, dem wir zustimmen, andere Konsequenzen als Georg Picht in seinem Aufsatz »Zum geistesgeschichtlichen Hintergrund der Lehre von den Menschenrechten«[24]. Der Aufsatz kommt zu dem Urteil, die Menschenrechte seien eine an die bestimmte geschichtliche Lage des ausgehenden 18. Jahrhunderts gebundene Ideologie mit ambivalentem deklamatorischem Wert. Sie sei preiszugeben zugunsten einiger materialer Gehalte, die in dieser Ideologie eher pervertiert würden. Picht glaubt vermutlich, diese Gehalte in seinem von der Struktur der Verantwortung bestimmten Entwurf sachgerechter zur Geltung bringen zu können. Das ist allerdings bislang nicht ausgeführt worden. Gestützt auf unsere Interpretation der Menschenrechtsgeschichte und ihres Sachgehaltes meinen wir, der Menschenrechtsgedanke und die Rechtsinstitution der Menschenrechte müsse nicht und dürfe auch nicht zerbrochen werden, weil auf keine Weise zu reproduzieren wäre, was hier in zweihundertjährigem Ringen um weltweiten Konsensus durch Willenseinigung der verschiedensten Partner erreicht worden ist. Aus Philosophie allein wäre dieses Ergebnis nie zu gewinnen.

Daß der Menschenrechtsgedanke heute nicht zerbrochen werden sollte, läßt sich auch mit verschiedenen Gesichtspunkten Pichts deutlich machen. Wir haben eingangs dieses Abschnitts gezeigt, daß die Menschenrechte der Versuch einer Antwort auf den neuzeitlichen Pluralismus und seine Probleme waren, ein Versuch, der anfangs unter anderem mit den unzureichenden Mitteln naturrechtlicher und vernunftrechtlicher Metaphysik durchgeführt wurde[25]. Wenn Picht sagt, nur in pluralistischen Strukturen lasse sich offene Möglichkeit realisieren, so ist diese Möglichkeit mit dem Menschenrechtsgedanken verbunden, ja geradezu in ihm angelegt. Gegenüber dem absolutistischen Geltungsanspruch souveräner Staaten und gegenüber dem sich total setzenden Machtanspruch gesellschaftlicher Positionen hat der Menschenrechtsgedanke Raum für die Unverfügbarkeit der Person ineins mit ihrer verantwortlichen Zuordnung zu Rechtsformen, die ihr strukturell genügen, offengehalten. Er drängt mit den drei Momenten der Freiheit, Gleichheit und Teilhabe auf die rechtlich konkrete Berücksichtigung dieser Offenheit, und in Rechtsstaaten werden in der Tat Menschenrechte als Grundrechte in diesem Sinne positiviert. Als subjektiv-öffentliche Rechte brechen die Menschen- und Grundrechte also jeden Anspruch auf Alleingültigkeit staatlicher oder gesellschaftlicher Normen, sofern diese über den Menschen verfügen wollen. Sie sichern in der Rechtsverfassung von Staat und Gesellschaft dem Unverfügbaren der Person Räume der Offenheit und Mobilität zu. Wenn Picht die Humanität des Menschen nur so lange aufrechterhalten sieht, als es dem Menschen eine offene Frage ist, ob die Erhaltung seiner Gattung zu rechtfertigen sei, und wenn er diesen Gesichtspunkt zum Kriterium einer verantwortbaren und Verantwortung freisetzenden Völkerrechtsordnung macht, vollzieht er etwas, worauf der Menschenrechtsgedanke nicht nur geistig zielt, sondern wofür er auch rechtlich-institutionell zureichende Regelungen hervorrufen will. Eine Völkerrechtsordnung ohne Menschenrechte als subjektiv-öffentliche Rechte würde gerade Pichts philosophischen Kriterien nicht genügen. Picht verstellt sich freilich den Weg zu diesem Verständnis der Menschenrechte, wenn er sie an die Natur- und Vernunftmetaphysik des 18. Jahrhunderts bindet.

Eine Problemlage, wie Georg Picht sie vor Augen hat, ist auch der Ausgangspunkt Karl-Otto Apels in seinem Werk »Transformation der Philosophie«. Apel entwickelt seine Argumente auf einem eingeschränkteren Felde, nämlich dem der wissenschaftstheoretischen Diskussion. Er bringt Gedanken des angelsächsischen Pragmatismus und analytischer Philosophie in die kontinentale philosophische Tradition ein. Seine Überlegungen reichen, soweit wir sehen, nicht direkt in den Problembereich des Völkerrechts, der Menschen- und Grundrechte hinein;

sie beziehen sich vielmehr mit seiner These vom »Apriori der Kommunikationsgemeinschaft« nur auf die Grundlagen der Ethik, sind aber unschwer hinsichtlich der Begründungsproblematik der Menschenrechte weiterzudenken.

Apel sieht – wie etwa auch Picht oder Carl Friedrich von Weizsäcker – infolge der wirtschaftlich-technischen Entwicklung die Menschheit vor eine ethische Problematik gestellt, in der es letztlich um die Frage des Überlebens der menschlichen Gattung geht. Die Sorge für dieses Überleben in die Maximen des Denkens aufzunehmen, bedeutet, eine Ethik weltweiter solidarischer Verantwortung zu entwickeln. Doch dieselbe Wissenschaft, deren Ergebnisse und Folgen hierzu nötigen, bestreitet, daß eine solche Ethik möglich sei; denn der Scientismus in den heutigen Wissenschaften drängt die Ethik in den unwissenschaftlichen Bereich bloß subjektiven Meinens und Wertens ab. Dabei entgeht es der neuzeitlichen Wissenschaft, daß sie selbst auf nicht hintergehbaren Axiomen beruht. Indem sie nämlich um ihres eigenen Funktionierens willen auf intersubjektive Verständigung aus ist, setzt sie voraus, daß eine Kommunikationsgemeinschaft, in der eine solche Verständigung gelingen kann, immer schon vorhanden ist und gewollt wird. Die Kommunikationsgemeinschaft muß grundsätzlich als unbegrenzt, als universal gelten, und sie ist so das ethische Apriori, auf dem die neuzeitliche Wissenschaft unbewußt aufruht, ein Apriori, über das zwischen den pluralistisch nebeneinanderstehenden Philosophien und Moraltraditionen Einverständnis müßte hergestellt werden können. Aus diesem Argumentationsgang ergeben sich zwei grundlegende regulative Prinzipien moralischen Handelns: »Erstens muß es in allem Tun und Lassen darum gehen, das Überleben der menschlichen Gattung als der realen Kommunikationsgemeinschaft sicherzustellen, zweitens darum, in der realen die ideale Kommunikationsgemeinschaft zu verwirklichen. Das erste Ziel ist die notwendige Bedingung des zweiten Ziels; und das zweite Ziel gibt dem ersten seinen Sinn – den Sinn, der mit jedem Argument schon antizipiert ist.«[26]

Apel zufolge sind also Menschen dort, wo sie Wissenschaft treiben, darauf angewiesen und darauf aus, sich mit den anderen zu verständigen. Die Bedingungen der Möglichkeit solcher Verständigung sind universal. Nur wo im wissenschaftlichen Dialog jeder einzelne unter gleichen Bedingungen Zugang hat und gehört wird, nur wo er frei bleibt und durch nichts anderes als durch die Überzeugungskraft anderer Argumente genötigt wird, diese zu akzeptieren, nur wo durch keine wissenschaftsfremden Bedingungen das Recht zur Teilnahme geschmälert wird, folgt man den regulativen Prinzipien, die sich aus dem Begriff der idealen Kommunikationsgemeinschaft ergeben. Zwar liegt die ideale Kommunikationsgemeinschaft als eine universale nie vor, aber man verhält sich im konkreten wissenschaftlichen Dialog – und das heißt in der realen Kommunikationsgemeinschaft – nur sachgemäß, wenn man die ideale als die Möglichkeit der realen voraussetzt.

Gewiß kann man einwenden, daß Apels Argumentation einen umfassenden Verständigungswillen aller an der Wissenschaft Beteiligten voraussetzt und nicht zureichend darauf abhebt, daß die innere Freiheit zur Verständigung durch eine Fülle von Faktoren stets eingeschränkt ist. Das Verstehenkönnen und Sichverständlichmachen wird nicht allein durch technische Unzulänglichkeiten und psychologische Hemmungen beeinträchtigt. Vielmehr haben wir es auch mit dem Phänomen zu tun, daß in der Freiheit selbst die Möglichkeit liegt, die Offenheit für Verständigung zu pervertieren, daß also das Böse radikal ist, in der letzten Wurzel sitzt – und dann herrscht etwas anderes als bloßer Mangel an Verständigung, wie es bei Apel scheinen kann[27]. Dennoch ist das Postulat der Universalität der wissenschaftlichen Kommunikationsgemeinschaft ein notwendiger Gedanke, dem auf der Seite aller an der Kommunikation teilnehmenden Subjekte bestimmte verbindliche regulative Moralprinzipien entsprechen müssen. Hier zeigen sich Strukturen, die dem Verhältnis von universalem Völkerrecht zu subjektiven Menschenrechten analog sind. Apel verweist freilich nicht auf sie. Eine objektive universale Völkerrechtsordnung nämlich wäre, auch wenn sie das rein physische Überleben der Menschheit sicherte, in Gefahr, eine bloße Herrschaftsordnung und keine legitimierte und legitimierbare Rechtsordnung zu sein. Letzteres würde sie erst, wenn in ihr Menschenrechte als subjektiv-öffentliche Rechte zur Geltung kämen, und zwar so, daß sie als regulative Prinzipien wirken. Es kann langfristig niemals nur um das physische Überleben der Menschheit gehen, wie es auch bei einem Dahinvegetieren unter einer Weltdiktatur gewährleistet wäre, sondern es muß um das qualifizierte Überleben »im Recht« gehen, in einem Recht, das nicht ausschließlich Staaten- und Weltstaatsrecht sein darf, sondern mit dem im

Menschenrechtsgedanken sich anbahnenden Humanrecht kompatibel werden soll[28].

Es kann hier nicht weiter untersucht werden, in welchem Umfang und in welchem Sinn die von uns erörterten Argumentationen von Picht einerseits und Apel andererseits zwingend sind. Wir haben sie als Beispiele nachmetaphysischen Philosophierens herangezogen, um den möglichen Ort des Menschenrechtsgedankens in der heutigen Philosophie zu bestimmen. Eine wichtige Funktion des Menschenrechtsgedankens ist, daß diese Rechtsinstitution in den Postulaten einer rechtlich gestalteten Überlebensordnung den Platz freihält, an dem der einzelne – mit dem Recht auf Freiheit, Gleichheit und Teilhabe – eine Mitverantwortung und damit eine Offenheit inmitten aller Zwänge der heutigen Welt wahrnehmen kann. Der Menschenrechtsgedanke verbindet den Gesichtspunkt einer letzten Unverfügbarkeit der Person mit dem ihrer verantwortlichen Einwirkung auf die Rechtsgemeinschaft und gibt beidem einen auf rechtlichem Wege institutionell gestaltbaren Ausdruck. Die Stellung, die sich hier der Mensch in der von ihm stets mitzukonstituierenden Wirklichkeit zuerkennt, ist freilich weder empirisch zu begründen noch bisher positiv-rechtlich in zureichendem Maß ausgestaltet.

Wir kommen in der philosophisch-anthropologischen Begründungsproblematik zu folgendem Ergebnis: In der Offenheit für mögliche Zukunft versteht und entwirft der Mensch – dem Postulat der Völkerrechtsordnung und des ihr zugehörigen Humanrechts folgend – seine Welt als ein Geschehen, das durch ihn selbst ebenso vermittelt werden muß, wie er selbst durch dieses Geschehen vermittelt ist; letzteres aber gilt nicht im Sinne einer totalen Determination, sondern eben im Offensein für Künftiges, das der Unverfügbarkeit der Person entspricht. Diese Unverfügbarkeit ist es, die den Menschen als homo absconditus ausweist. Homo ex homine definiri nequit! Es könnte aber sein, daß die Existenz dieses Menschen sich als eine Antwort entschlüsseln ließe, zu der wir uns die Frage noch nicht hinreichend haben bekannt machen können[29].

V. Menschenrechte und christlicher Glaube

Von den in den letzten Kapiteln vorgetragenen Überlegungen zum Rechtscharakter der Menschenrechte und ihrer philosophisch-ethischen Problematik aus wenden wir uns nun wieder explizit theologischen Erwägungen zu[1]. Dabei knüpfen wir zunächst an einige Ergebnisse des bisherigen Gedankengangs an, die für die weitere Erörterung sowohl unter methodischem als auch unter inhaltlichem Gesichtspunkt von Bedeutung sind.

Es kann nicht die Aufgabe der Theologie sein, die Menschenrechte gewissermaßen im nachhinein für christlich zu erklären oder sie christlich zu legitimieren. Man würde damit weder ihrer geschichtlichen Entwicklung noch ihrer gegenwärtigen Funktion – sowohl im Rahmen des Völkerrechts als auch im Rahmen innerstaatlichen Rechts – gerecht. Die Gestalt einer »Theologie von oben« kann die theologische Erörterung der Menschenrechte nicht annehmen. Diese Rechte sind nicht aus theologischen Obersätzen abzuleiten. Vielmehr besteht die Aufgabe darin, herauszuarbeiten, wie Christen von dem Grund ihres Glaubens her einen gewissen Zugang zu den geschichtlich gewordenen Menschenrechten gewinnen können, wie der christliche Glaube zur Weiterentwicklung ihres Verständnisses beitragen kann und welche Rolle christliche Gruppen und Kirchen im Streit um die Verwirklichung der Menschenrechte zu übernehmen vermögen.

Damit entfallen auch die Probleme, die sich einstellen, wenn man fragt, aus welchem speziellen Lehrstück christlicher Dogmatik die Menschenrechte abgeleitet werden können, ob aus der Schöpfungslehre, der Lehre vom Bunde Gottes mit den Menschen, der Lehre von der Rechtfertigung allein aus Glauben oder zum Beispiel der Eschatologie. Derartige in der Diskussion häufige Ableitungen führen leicht zu irreführenden Alternativen. Alle Lehrstücke sollten Auslegungen von Dimensionen der einen Wahrheit sein, um die es in der Theologie geht, und prinzipiell hat ein jedes von ihnen, mit jedem andern zusammenstimmend, für das Verständnis der Menschenrechte und den Umgang mit ihnen Bedeutung.

Der von uns einzuschlagende Weg unterscheidet sich also gründlich von einem Verfahren theologischer Deduktion und Legitimation. Keinesfalls aber können wir uns mit der Auskunft begnügen, die Menschenrechte seien als Bestandteil eines allgemeinen humanen Ethos in dem Sinne selbstverständlich, daß sie einer theologischen Prüfung und Interpretation gar nicht bedürften. Worin denn das allgemeine humane Ethos bestehe, ist, wie wir gesehen haben, in jeder Epoche immer wieder von neuem umstritten. Dieser Streit geht im Kern darum, was die Menschlichkeit des Menschen eigentlich ausmacht und wie diese Menschlichkeit im Verhältnis zu den Mitmenschen und zu der gemeinsamen Lebenswelt Gestalt gewinnt. Aus einem solchen Streit aber kann christliche Theologie sich nicht heraushalten – auch nicht mit dem Verweis, das zu Erstrebende sei der allgemeinen Rationalität zugänglich und evident. Wenn es um Prinzipien geht, die in einem allgemeinen humanen Ethos gelten sollen, dann muß die Theologie klären, wie diese sich zu der Bestimmung des Menschen verhalten, von der christliche Verkündigung spricht. Können Denkweisen, Verhaltensmuster und Zielvorstellungen, die in einer bestimmten Zeit auf Anerkennung drängen, etwa auch als »Gleichnisse des Reiches Gottes« (wie Karl Barth dies nannte) aufgenommen werden? Wie weit tragen sie, und wie verändern sie sich im Licht der Herrschaft Gottes? Da durchaus auch die Theologie an der Allgemeinheit eines humanen Ethos interessiert ist, wird sie dabei die von ihr vertretenen Kriterien so zur Sprache zu bringen suchen, daß sie in der öffentlichen Kommunikation zwischen Christen und Nichtchristen verhandelt werden können. Die Menschenrechte sind also ein Thema, das in eminentem Sinn zu einer kommunikativen Ethik nötigt. Kommunikativ muß diese Ethik zum einen darin sein, daß sie die Einsichten, die die verschiedenen Wissenschaften zu dem Problembereich beizutragen haben, zueinander ins Verhältnis setzt. Zum anderen muß sie, wenn sie Kommunikation stiften will, auf den Dialog und den möglichen Konsensus zwischen Menschen verschiedenen Glaubens und unterschiedlicher Überzeugung gerichtet sein.

Bereits in früheren Überlegungen zeigte sich uns: Die Menschenrechte enthalten auch und gerade in ihrer rechtsförmigen Gestalt immer ein Element des Überschießenden, des Transzendierenden. Sie beschreiben nicht nur einen anfangsweise gesicherten Rechtsbestand, sondern sind zugleich Ausdruck einer uneingelösten Hoffnung. Gerade diese überschießenden Elemente sind wichtig für das Verständnis des Menschen und einer menschlichen Welt. Es ist also auch die einen jeweils gegebenen Rechtszustand überschreitende Dynamik der Menschenrechte, die zu einer theologischen Reflexion nötigt – einer Reflexion allerdings, die zugleich den Rechtscharakter der Menschenrechte berücksichtigt.

Am Ende des II. Kapitels kamen wir zu dem Schluß, dem Thema der Menschenrechte werde am ehesten eine theologische Reflexion gerecht, die sowohl nach Entsprechungen als auch nach Unterschieden zwischen dem Menschenrechtsgedanken und theologischen Grundaussagen fragt, die also nach dem Modell von Analogie und Differenz vorgeht. Wir folgen diesem Modell in der Weise, daß wir zunächst die Grundfigur des Menschenrechts, die wir im III. Kapitel herausgearbeitet haben, in ihrer Analogie und Differenz zu Grundgehalten des christlichen Glaubens erörtern. Dann kehren wir die Blickrichtung um und interpretieren bestimmte theologische Grunddimensionen – die Verheißung des Reiches Gottes, die Zusage der Rechtfertigung, die Einweisung in die Gottesebenbildlichkeit – in ihrer Bedeutung für den Menschenrechtsgedanken.

1. Analogie und Differenz – ein Grundmodell theologischen Denkens

Mit dem Interpretationsmodell, das zugleich nach Analogie und Differenz fragt, knüpfen wir an eine breite Tradition theologischen Denkens an, in der es darum ging, Phänomene der menschlichen Lebenswelt in ihrem theologischen Sinn zu identifizieren. Wir meinen, daß dies ein Weg ist, auf dem sich auch Erfahrungen, die innerhalb der von uns dargestellten Menschenrechtsentwicklung gemacht wurden, theologisch entschlüsseln lassen. Drei Beispiele mögen das erläutern.

Luther wußte zu rühmen – besonders eindringlich in seiner Auslegung des ersten Gebots –, wie Gott sich in unserem alltäglichen Leben als Schöpfer erweist, indem uns zuteil wird, was wir von uns selbst her nie erlangen könnten. Unter diese uns zufallenden Gaben zählte er auch Vernunft, Verstand und das ins Herz geschriebene Wissen um das, was wir tun sollen. Zugleich betonte Luther, daß eben der Mensch, dem all das zukommt, der in Sünde verstrickte Mensch ist; er vermag das, was ihm gegeben wird, in der Regel nicht als Gabe seines Schöpfers zu erkennen und zu würdigen, sondern versucht, es als seinen eigenen Besitz an sich zu bringen. Er merkt nicht mehr, wie Gott ihm in dem, was das alltägliche Leben ausmacht, begegnet; er hält Gaben wie die der Vernunft oder des Gewissens für immanente Qualitäten menschlichen Daseins. Diese Blindheit für Gottes Präsenz in der Welt wird durch den Glauben beseitigt. Durch ihn erkennt der Mensch, daß alles, was sein Menschsein ausmacht, von Gott kommt. Nun vermag er im Natürlichen das Wirken des Schöpfers zu sehen, nun entschlüsselt sich ihm vieles, was der stolzen oder verzweifelten Vernunft widerspruchsvoll oder inkonsequent erscheint und was er aus anthropozentrischer Perspektive nicht enträtseln kann.

Eine vergleichbare Argumentationsfigur begegnet in der Theologie Rudolf Bultmanns. Er geht von der Überzeugung aus, daß die vorgläubige Existenz immer schon von einem ahnenden Wissen um das Eigentlichwerden der Existenz bewegt ist. Doch erst vom Verstehen des Glaubens aus kann dieses andringende Wissen als das identifiziert werden, was es ist: als die Betroffenheit von Gott. Auch diesem Ansatz zufolge finden sich im »natürlichen« Leben des Menschen Entsprechungen zu derjenigen Wahrheit der Existenz, die im Glauben erschlossen wird. Zugleich zeigt sich vom Glauben aus die Differenz zwischen der Eigentlichkeit der Existenz und jenem vorgläubigen Wissen. Auch ohne Bultmanns existenzphilosophisch orientierte Systematisierung dieser Phänomene zu übernehmen, kann man die Denkstruktur, in der er ihnen nachspürt, mitvollziehen.

Auch Karl Barths theologisches Denken weist eine ähnliche Struktur auf. Er – bekanntermaßen ein entschiedener Feind jeder »natürlichen Theologie«, die den Glauben an Gott aus der Erkenntnis der natürlichen Welt meint entwickeln zu können – hat in den letzten Teilbänden seiner »Kirchlichen Dogmatik« die Lehre von den »Gleichnissen des Himmelreiches« erneuert[2]. Sie besagt, daß immer wieder in der Welt Ereignisse geschehen und Gestaltungen menschlichen Zusammenlebens entworfen werden, welche gleichnishaft vorweg abbilden, was im Reich Gottes zu seiner Erfüllung und seiner Wahrheit kommt – oft genug zur Beschämung der christlichen Gemeinde, die um die Wahrheit weiß und sie doch nicht glaubwürdig und verstehbar bezeugt. Dieser Gleichnischarakter geschichtlicher Ereignisse und Entwürfe ist allerdings nicht von ihnen selbst her offenkundig, sondern er erschließt und entschlüsselt sich erst von der Wahrheit des Reiches Gottes her. In christlicher Verkündigung kommt solche Wahrheit zur Sprache. Etwas als Gleichnis aufzufassen, bedeutet, daß man darin auf Entsprechung und Differenz zugleich achten will. Es erscheint als lohnend und angemessen, diesem Gedankenweg Barths – damit zugleich aber auch der Art des theologischen Denkens von Luther und Bultmann, an die wir erinnert haben – in der theologischen Erörterung der Menschenrechte zu folgen. Wir nehmen also an, daß in den Menschenrechten etwas aufleuchtet, das in Analogie zu dem steht, was der Glaube als die Gabe Gottes für alle Menschen zu entschlüsseln vermag, das aber zugleich die Differenz jeder menschlich-geschichtlichen Gemeinschaft – auch jeder Rechtsgemeinschaft – gegenüber der Teilhabe an der Herrschaft Gottes und dem Sein im Leibe Christi deutlich erkennen läßt.

Für eine derartige theologische Interpretation bleibt die Menschenrechtsidee ein humaner, allgemein zugänglicher Gedanke, den man ohne die Voraussetzung des christlichen Glaubens akzeptieren könnte. Dennoch kann man auf diese Weise, wie wir meinen, den Gehalt und Sinn des Menschenrechtsgedankens theologisch ein Stück weit entschlüsseln und so neu würdigen. Dadurch gewinnt man Kriterien, die zur Urteilsbildung darüber beitragen, welche Tendenzen in der Menschenrechtsentwicklung von Christen gefördert, welche abgewiesen werden sollten. Es wäre viel wert, wenn man in den christlichen Kirchen in dieser Sache zu größerer theologischer Klarheit gelangte.

2. Analogie und Differenz zwischen der Grundfigur des Menschenrechts und Grundinhalten des christlichen Glaubens

Drei unentbehrliche Sachmomente haben wir in der Grundfigur des Menschenrechts erkannt: das Freiheitsrecht, welches der Unverfügbarkeit der Person entspricht; das Gleichheitsrecht, das der Würde der Person korrespondiert; das Teilhaberecht, welches dem Angewiesensein der Menschen aufeinander, ihrer gemeinsamen Betroffenheit von Schicksalen und ihrer gemeinsamen Verantwortlichkeit gerecht zu werden versucht. In den Grundinhalten des christlichen Glaubens finden wir offenkundige Entsprechungen zu diesen Elementen des

Menschenrechtsgedankens. Doch sind sie im christlichen Glauben in spezifischer Weise *radikalisiert.*

1. *Freiheit* wird in den klassischen Ausprägungen der Menschenrechtsidee gedacht als eine dem Menschen angeborene, ihm von seiner Natur her zukommende Qualität. Die Freiheitsrechte werden dem Menschen also nicht durch das Gemeinwesen verliehen und stehen nicht zu dessen Disposition; sie sind jeder Verfügung durch den Staat entzogen. Trotz aller Einsicht in die Manipulierbarkeit des Menschen, trotz des Faktums, daß Freiheitsrechte des Menschen immer wieder verletzt und negiert werden, trotz vieler Erfahrungen, die dagegen sprechen, hält der Menschenrechtsgedanke auch heute an der unverfügbaren Freiheit als einem grundlegenden Kriterium jeder staatlichen Ordnung fest. Wenn man es nicht auf dem Hintergrund eines stoisch-idealistischen Freiheitsverständnisses deutet, welches Freiheit als die Fähigkeit des Menschen zur Selbstverfügung begreift, sondern vom biblischen Freiheitsverständnis her versteht, dann entschlüsselt sich dieses Festhalten an der unverfügbaren Freiheit der Person theologisch. Nach biblischem Zeugnis ist die Unverfügbarkeit menschlicher Freiheit in der Voraussetzungslosigkeit der göttlichen Gnade begründet. Freiheit ist demnach nicht aus sich selbst heraus »freie Freiheit«. Versucht der Mensch, auf dem Wege direkter Selbstverfügung und Selbstverwirklichung zu Freiheit und Heil zu gelangen, dann verstrickt er sich – wie vor allem die Theologie des Paulus immer wieder aufzeigt – in die Knechtschaft des Gesetzes, der Sünde und des Todes. Die in der Gnade Gottes gründende Freiheit hingegen kommt dem Menschen als »befreite Freiheit« zu (Galater 5,1). Sie entreißt den Menschen der Macht der Sünde und nimmt ihn hinein in jenes eschatologische Geschehen, in dem die ganze bedrängte Kreatur von der Herrschaft des Vergänglichen frei werden wird. Selbst das eigene Leiden, das ein Gegensatz zur Selbstverfügungsfreiheit wäre, hindert die zukommende Freiheit nicht; auch im Leiden kann sich eschatologische Befreiung kundtun.

Die theologische »Dialektik« der Freiheit bringt Paulus auf die Formel: »Euch gehört alles . . ., die Welt, Leben und Tod, Gegenwart und Zukunft; – doch ihr gehört Christus und Christus Gott« (1. Korinther 3,21–23). Aus der Zugehörigkeit der Befreiten zu Christus ergibt sich, daß sich das Freiheitsbewußtsein mit der Verantwortung für den anderen vermitteln muß: »Alles ist mir erlaubt – jawohl! Aber nicht alles dient zum Guten« (1. Korinther 6,12). Luther hat diese Dialektik in seinem Sendbrief von der Freiheit eines Christenmenschen in die Doppelthese gefaßt: »Ein Christenmensch ist ein freier Herr über alle Dinge und niemand untertan. Ein Christenmensch ist ein dienstbarer Knecht aller Dinge und jedermann untertan.«[3] Die »befreite Freiheit«, aus der der Christ lebt, ist also gerade Freiheit zur Dienstbarkeit der Liebe. Das Herauslösen aus aller Knechtschaft unter die Mächte der Welt bedeutet Ermächtigung, dem Wohl des anderen zu dienen, Freiheit und Verantwortung ineins. Damit aber sind die Unverfügbarkeit und die Sozialität der Person im Freiheitsbegriff selbst zusammengeschlossen; die Freiheit des Glaubens ist »kommunikative Freiheit« (Michael Theunissen)[4].

Ein erstes theologisches Kriterium für den Umgang mit den Menschenrechten ist demnach, daß jede individualistische Isolierung ihres Freiheitsmoments sich in einen Widerspruch zu dem Verständnis von Freiheit begibt, das für den christlichen Glauben konstitutiv ist. Eine solche individualistische Isolierung kann auch nicht mit dem Hinweis auf die Differenz zwischen der christlichen Freiheit und der politischen Freiheit begründet werden; denn die christliche Freiheit, die Verantwortung für die Freiheit in der Welt bedeutet, schließt auch die Dimension des Politischen ein. In christlicher Perspektive sind die Menschenrechte auch dort, wo sie das Freiheitsmoment im Menschenrechtsgedanken in konkrete Rechte fassen, nicht in einem exklusiven Sinn als die Formulierung eines Rechtsanspruchs, sondern als Ausdruck einer Rechtsgemeinschaft und als Mittel zu deren Verwirklichung zu verstehen.

Auf einen weiteren Zusammenhang zwischen dem christlichen Freiheitsverständnis und den Freiheitsrechten sei noch hingewiesen. Der Freiheitsbotschaft des Evangeliums entspricht, daß sie frei verkündigt wird. Ihr liegt nicht an einer weltlosen innerlichen Freiheit; sie will der Welt zugute kommen. Deshalb eignet der christlichen Verkündigung von ihrem Inhalt her ein Öffentlichkeitscharakter. Um der Öffentlichkeit des Evangeliums willen wurde in der Geschichte des Christentums von Anfang an die Gewährung der zunächst als Kultusfreiheit verstandenen Religionsfreiheit gefordert; schon Tertullian hat diese als ein Natur- beziehungsweise Menschenrecht zur Geltung zu bringen gesucht[5]. Wir verfolgen hier nicht die geschichtliche Entwicklung, sondern konstatieren nur die sachliche Beziehung, in der das Verlangen nach Religionsfreiheit zu dem konstitutiven Öffentlichkeitscharakter der christlichen Freiheitsbotschaft steht.

Allerdings ergeben sich an dieser Stelle beachtenswerte Differenzen zwischen den verschiedenen christlichen Konfessionsfamilien. So bestreitet insbesondere die griechisch-orthodoxe Theologie, daß sich aus dem christlichen Glauben selbst die Forderung nach Religionsfreiheit ergebe. Sie sieht in jedem Versuch, diese Forderung theologisch zu begründen, die Gefahr, daß die Wahrheit des christlichen Glaubens von politisch-gesellschaftlichen Bedingungen abhängig gemacht werde. Demgegenüber behauptet sie, daß die christliche Freiheit sich in der Liturgie – als einem dynamischen, weltverwandelnden Geschehen – selbst realisiert, so daß sie der Gewährleistung bestimmter staatlich-gesellschaftlicher Voraussetzungen nicht bedarf. So schwer dieser Ansatz im Rahmen westeuropäischer Denkgewohnheiten auch zu begreifen sein mag, er bringt ein Kriterium ans Licht, an dem jede Erörterung des Zusammenhangs zwischen christlicher und politischer Freiheit geprüft werden muß: Dieser Zusammenhang darf nicht so gefaßt werden, daß das Vorhandensein politischer Freiheit als *Voraussetzung* für die Wirklichkeit christlicher Freiheit gedacht wird – sie wirkt auch dort, wo in der Weltgestaltung durch Menschen kein Platz für sie vorgesehen ist; aber die Wirklichkeit der christlichen Freiheit drängt ihrerseits kraft ihres Weltbezuges auch auf die Verwirklichung politischer Freiheiten und wirkt dann freilich zusammen mit den vielfältigen humanen Antrieben zur Freiheitsverankerung im Recht.

2. In ähnlicher Weise wie beim Freiheitsmoment zeigen sich Analogie und Differenz auch, wenn wir uns der *Gleichheit,* dem zweiten unentbehrlichen Element in der Grundfigur des Menschenrechts, zuwenden. Die Forderung nach Gleichheit geht ganz offensichtlich über die Erfahrung hinaus. Daß alle Menschen »in gleicher Weise frei« seien, wie die Virginia Bill of Rights von 1776 erklärt, ist in unserer Wirklichkeit gerade nicht erkennbar, sondern muß gegen den Augenschein angenommen werden. Deshalb steckt in dieser Forderung ein kritisches Potential, das an die Fundamente jeder vorhandenen Gesellschaftsordnung rührt, ob sie nun bürgerlich-kapitalistisch oder sozialistisch geprägt ist. Die Forderung nach Gleichheit wirkt

insofern evident, als wegen der Voraussetzungslosigkeit des Titels »Mensch« keine staatliche oder gesellschaftliche Macht das Recht haben soll, Menschen von den für alle vorhandenen Lebenschancen, Entfaltungsmöglichkeiten und Mitwirkungsrechten auszuschließen. Deshalb konkretisiert sich die Gleichheitsforderung vor allem als Verbot von Diskriminierungen gegenüber einzelnen oder Gruppen: Rassismus, mangelnde Gleichberechtigung der Frauen und sozioökonomische Disparität zwischen Nord und Süd sind die Problemkomplexe, in denen in der heutigen internationalen Menschenrechtsdiskussion die Gleichheitsforderung hauptsächlich zur Sprache kommt.

Die Forderung nach Gleichheit scheint zum Verlangen nach Freiheit dann im Widerspruch zu stehen, wenn man diese als möglichst ungehemmte Selbstentfaltung begreift. Doch läßt sich zeigen, daß die Forderung nach Gleichheit nicht zuletzt aus der Frage entstanden ist, wie Freiheit unter den Bedingungen des Zusammenlebens vieler die Freiheit suchender Menschen zu verwirklichen sei. Sie läßt sich nur verwirklichen, wenn alle den anderen das gleiche Recht auf Freiheit zuerkennen, das sie für sich selbst in Anspruch nehmen. Was für die Verfassung von Virginia 1776 in dem Satz »Alle Menschen sind von Natur aus in gleicher Weise frei« festgehalten wurde, hat man in heutigen Menschenrechtsdiskussionen in den Vereinigten Staaten von Amerika in die Formel »the equal right to freedom« gefaßt[6]. Für die Ausbildung und Interpretation des Gleichheitsmoments im Menschenrecht konnte die »Goldene Regel« große Bedeutung gewinnen: »Alles also, von dem ihr wollt, daß es die Leute euch tun, das tut ihr genau so auch ihnen: Das ist es, was das Gesetz und die Propheten sagen« (Matthäus 7,12). Die Goldene Regel setzt voraus, daß jeder ein Wissen darum hat, wessen er seitens der anderen bedarf. Sie fordert, daß jeder einen jeden andern als in gleicher Weise seiner Solidarität bedürftig und würdig anerkennt und behandelt.

In der theologischen Entschlüsselung der Gleichheitsforderung führt die paulinische Aussage in Galater 3,26ff. uns einen Schritt weiter: »Ihr alle seid ja durch den Glauben Söhne Gottes in Christus Jesus! Denn alle, die ihr auf Christus getauft seid, habt Christus (als euer Kleid) angezogen. Da gilt nicht mehr: Jude oder Grieche, nicht mehr: versklavt oder frei, nicht mehr: Mann oder Frau, denn alle seid ihr Einer in Christus Jesus!« Die Gotteskindschaft deckt eine fundamentale Gleichheit auf, der gegenüber alle offenkundigen Ungleichheiten – der Rasse und Religion, des kulturellen und sozialen Status, des Geschlechts – ihre Geltung verlieren. Dies ist nicht eine vom Menschen hergestellte, sondern eine ihm zugesprochene und – in der Taufe – verliehene Gleichheit. Analog hierzu nimmt der Mensch als Mensch auch in der Rechtsgemeinschaft eine Gleichheit in Anspruch, die er nicht hergestellt hat, die durch offenkundige Ungleichheiten immer wieder verdunkelt wird, auf die er sich aber gleichwohl als auf einen unaufgebbaren Titel beruft. Eine Differenz allerdings ist nicht zu übersehen: Gleichheit als Grundmuster der Sozialität kann als kühle Zuordnung von Individuen, die einander bloß auf der Basis von Rechtsansprüchen begegnen, ausgelegt werden. Das Recht muß sie zunächst einmal in dieser minimalen und dennoch stets gefährdeten Form sichern. In der christlichen Gemeinde aber gründet die Gleichheit in der Liebe, in welcher der Mensch seinem Mitmenschen »als sich selbst«, als »Einer in Christus Jesus« begegnet.

Vor allem die reformatorische Theologie hat diese Begründung der Gleichheit aus der Nächstenliebe kräftig entfaltet. Gleichheit erscheint dann nicht als der jeweils gleiche Anspruch des autonomen Menschen, sondern gewinnt ihr Maß durch die Hinwendung zum anderen. Aus dem Gebot der Nächstenliebe folgt die aequalitas, verstanden als die fundamentale Rechtsposition, von der aus der andere mir begegnet (Melanchthon)[7]. Denselben Gedanken formuliert Samuel Pufendorf, wenn er sagt, die Nächstenliebe enthalte in sich die Pflicht zur Gleichheit in dem Sinn, »daß jeder den anderen Menschen achtet und behandelt als einen, der von Natur aus ihm gleich ist, beziehungsweise als einen, der in gleicher Weise Mensch ist«[8]. Daß die Verantwortung für solche Gleichheit mit dem Titel »Mensch« selbst gegeben ist, kommt in dieser Formulierung aus der theologischen Rechtstheorie des 17. Jahrhunderts deutlich zum Ausdruck. Die prinzipielle aequalitas des andern zu beachten, heißt, seine Menschenwürde zu respektieren.

Es ist der Sinn der Gleichheitsforderung, daß zuerst dem anderen eine gleichrangige moralische und rechtliche Position eingeräumt werde. Diese Betrachtung vom Recht des Nächsten her ist gegenüber egozentrischen Gleichheitsansprüchen ein Perspektivenwechsel, aus dem sich theologische Kriterien für den Umgang mit den Menschenrechten ergeben. Sie verdienen auch in den gegenwärtigen Kontroversen um das Menschenrechtsverständnis Beachtung, besonders im Blick auf Themen, die heute im Vordergrund des Interesses stehen. Zwei davon seien paradigmatisch genannt.

Ein bedrängendes Thema der heutigen Menschenrechtsdebatte ist das Problem des Rassismus. Unsere Überlegungen zu dem Moment der Gleichheit haben gezeigt, in welchem fundamentalen Sinn hier die Menschenrechte auf dem Spiel stehen: Das Recht auf Gleichheit entfaltet sich vornehmlich im Verbot jeglicher Diskriminierung. Bei Rassismus handelt es sich in all seinen Spielarten aber um eine Diskriminierung von Menschengruppen, die – mit einer ethnozentrischen Begründung – den Titel »Mensch« im vollen Sinn einer rassischen Gruppe vorbehält und anderen aberkennt. Hier ist das elementare Recht des Menschen, Mensch zu sein, so eklatant verletzt, daß die Solidarität mit den Opfern des Rassismus jedenfalls für christliches Handeln, aber auch für jedes politische Handeln, das sich vor den Menschenrechten will verantworten können, oberstes Kriterium sein muß. Prinzipien der Wirtschaftsordnung (zum Beispiel Unabhängigkeit wirtschaftlicher von politischen Beziehungen, Neutralität des Handels) oder des völkerrechtlichen Verkehrs (zum Beispiel das sogenannte Interventionsverbot) können dann nicht im Sinn einer Einschränkung dieser vordringlichen Pflicht zur Solidarität interpretiert werden. Für eine christliche Betrachtung sollte klar sein, daß das Menschenrecht auf Schutz vor rassischer Diskriminierung den Vorrang vor einem Recht einer anderen Gruppe auf wirtschaftliche Handlungsfreiheit hat. Diese Grundüberlegung ist etwa im Blick auf die Apartheidspolitik in Südafrika innerhalb der Bundesrepublik nur sehr zögernd zur Geltung gekommen.

Ein zweites Thema ist die Forderung nach einer »Neuen Weltwirtschaftsordnung«, die von den Ländern der Dritten Welt heute mit Nachdruck erhoben wird: Kann und soll sie überhaupt innerhalb der Menschenrechtsthematik verhandelt werden? Vor allem von Juristen wird eingewandt, man würde mit ihrer Einbeziehung eine Ausweitung vornehmen, durch welche der Menschenrechtsgedanke mit dem Ziel sozialer Gerechtigkeit verschmolzen werde und alle scharfen rechtlichen Konturen verliere[9]. Unsere Überlegungen im Kapitel III haben gezeigt, daß es in der Tat nicht möglich ist, Menschenrechte als subjektiv-öffentliche Rechte mit Werten und Zielvorstellungen der objektiven Rechtsordnung – und um letzteres handelt es sich bei der Forderung nach sozialer Gerechtigkeit im internationalen System – unmittelbar zu verbinden. Man wird dennoch der Frage nachgehen müssen, inwieweit das im Menschenrechtsgedanken selbst verankerte Gleichheitspostulat Veränderungen der internationalen Wirtschafts- und Handelsbeziehungen indirekt fordert. Gewiß kann nicht ein bestimmtes System der internationalen Wirtschaftsordnung insgesamt aus den Menschenrechten abgeleitet werden; aber Kriterien, die sich aus den Menschenrechten ergeben, sollten im weiteren Völkerrecht und so auch bei der Aus- beziehungsweise Umgestaltung internationaler Wirtschaftsbeziehungen Beachtung finden. Dies entspricht unserer Beobachtung, daß die Menschenrechte als regulative Prinzipien auch der internationalen Ordnung zur Geltung gebracht werden müssen; und es unterstreicht den gleitenden Übergang zwischen Menschenrechten und völkerrechtlichen Aufgaben, auf den wir im gleichen Zusammenhang aufmerksam gemacht haben[10]. Der Befürchtung, hierdurch verliere der Menschenrechtsgedanke alle rechtlichen Konturen, kann man folgende These entgegenstellen: Erst dann gewinnt die Menschenrechtsidee einen vollen rechtsförmigen Charakter, wenn die rechtliche Ausgestaltung des innergesellschaftlichen wie des internationalen Zusammenlebens eine Vereinbarkeit mit den menschenrechtlichen Grundstandards erreicht hat. Die Gleichheitsforderung kann dann freilich nicht ausschließlich ein Abwehrrecht des einzelnen gegenüber dem Staat sein, sondern muß zugleich als ein regulatives Prinzip sozialer Ordnung begriffen werden. Das ist die Konsequenz aus der Erkenntnis, daß Menschenrechte nicht nur Schutznormen, sondern zugleich Kriterien sind, vor denen sich politisches Handeln legitimieren soll und an denen die rechtliche Regelung gesellschaftlicher Lebensbereiche zu messen ist.

3. Auch zum Recht der *Teilhabe,* der Partizipation an den öffentlichen Angelegenheiten etwa, kommt man nicht aufgrund empirischer Beobachtungen. Denn faktisch werden, auch in demokratischen Staaten, immer einzelne Menschen oder Gruppen, manchmal sogar die Frauen in ihrer Gesamtheit, in ihren Mitwirkungsbefugnissen eingeschränkt oder vom öffentlichen Leben ausgeschlossen. Sehr »vernünftige« Gründe werden für solche Einschränkungen geltend gemacht. Das Recht auf Teilhabe ist also nicht in der Weise evident, daß man es in konkreten politischen Entscheidungsvorgängen ganz selbstverständlich

wahren würde. Trotzdem meldet sich unbestechlich ein Widerspruch, wenn behauptet wird, irgendein Grund könne legitimieren, einen Menschen als nicht zugehörig zu dem Gemeinwesen, in dem er lebt, zu behandeln, ihn von der gemeinsamen Lebenswelt prinzipiell auszuschließen. Ist jeder solche Ausschluß als illegitim erkannt, dann folgt als Anforderung an die Verfassung eines Gemeinwesens, die Entscheidungsfindungsprozesse so zu ordnen, daß diejenigen, die von diesen Entscheidungen betroffen werden, beteiligt sind – und dies um so mehr, je tiefer und je längerfristig sich diese Entscheidungen auf das Gemeinwesen und seine Glieder auswirken.

Dieses Grundmoment des Menschenrechts hat ein Vorbild in der Art christlichen Zusammenlebens, die Paulus mit der Formel von der Kirche als dem »Leib Christi« charakterisiert. In diesem »Leib« sind alle Christen durch die Taufe gleich, jeder mit besonderen Gaben, jeder auch mit der Verantwortung für das Leben der Brüder und des ganzen Sozialkörpers (man vergleiche vor allem 1. Korinther 12,4ff.). In ihm herrscht eine gegenseitige Zuordnung nach dem Gesetz der Liebe, das die Zumutung in sich enthält, auch auf die Wahrnehmung einer Freiheit zu verzichten, wenn sie die anderen verletzt und die Gemeinde nicht aufbaut. Mangelnde Teilhabe ist eine große Not, die den Glauben und das Leben des einzelnen in aller Regel verkümmern läßt und Störungen sowie Ausfallerscheinungen im Zusammenleben der Gemeinde hervorruft[11]. Teilhabe in der Gemeinde hat zuallererst den Charakter gemeinsamen Aufbauens in einem Geist. Aus diesem Grundgedanken hat sich der Begriff des »Priestertums aller Gläubigen« entwikkelt, mit dem vor allem die Reformation – im Anschluß an biblische Stellen wie zum Beispiel 1. Petrus 2,5.9 und gegen die Lehre vom hierarchischen Kirchenregiment und vom sakralen Priesteramt – die gemeinsame Verantwortung aller Christen für das Leben der Gemeinde nachdrücklich betonte. Beispielhaft sei Luthers Erläuterung dieser Forderung in der Schrift an den christlichen Adel aus dem Jahr 1520 zitiert:

»Denn was aus der Taufe gekrochen ist, das mag sich rühmen, daß es schon zum Priester, Bischof und Papst geweiht sei, obwohl nicht einem jeglichen ziemt, solch Amt zu üben. Denn weil wir gleich alle Priester sind, muß sich niemand selbst hervortun und sich unterwinden, ohn unser Bewilligen und Erwählen das zu tun, des wir alle gleiche Gewalt haben; denn was allgemein ist, kann niemand ohne der Gemeinde Willen und Befehl an sich nehmen. Und wo es geschähe, daß jemand erwählet zu solchem Amt und durch seinen Mißbrauch würde abgesetzt, so wäre er gleich wie vorher. Drum sollte ein Priesterstand nichts anderes sein in der Christenheit denn als ein Amtmann: dieweil er im Amt ist, geht er vor; wo er abgesetzt ist, ist er ein Bauer oder Bürger wie die anderen.«[12]

Nach dieser Auffassung geht alle Kirchengewalt von der Gemeinschaft aller getauften Christen aus; die Sonderstellung der Pfarrer ist nichts anderes als ein besonderes, begrenztes, von der Wahl und Zustimmung der Gemeinde abhängiges Amt. Ein Gegensatz von Priestern und Laien hat hier keinen Ort. Dies ist verpflichtendes Erbe, das Herzstück des evangelischen Verständnisses von Ordnung und Gestalt der Gemeinde. Weder durch spätere resignative Äußerungen Luthers selbst noch durch den Tatbestand, daß dieses Verständnis in der Geschichte des Protestantismus weithin den Charakter einer unabgegoltenen Verheißung behielt, kann diese Grundeinsicht aufgehoben werden. Denn es bleibt festzuhalten: Trotz der häufig gegenläufigen Erscheinungsform der Kirche hat die christliche Tradition eine Tendenz zu bruderschaftlich-genossenschaftlichen Formen des Zusammenlebens; in ihnen gerade soll der umfassende Anspruch der Herrschaft Christi zum Zuge kommen, der sich kritisch gegen jeden Anspruch auf unbeschränkte und unabänderliche Herrschaft von Menschen über Menschen wendet. Man hofft, auf diese Weise das Gemeinwesen an Jesu Wort vom Dienen ausrichten zu können: »Ihr wißt: Die als Herrscher der Völker gelten, schalten und walten über sie, und ihre Großen nutzen ihre Macht gegen sie aus. Bei euch aber ist es nicht so! Sondern: Wer unter euch groß sein will, muß euer Diener, und wer unter euch der erste sein will, muß aller Knecht sein. Denn der Menschensohn ist nicht gekommen, sich dienen zu lassen, sondern zu dienen und sein Leben hinzugeben als Lösegeld für viele« (Markus 10,42ff.). Diese radikale Herrschaftskritik ist immer wieder gegen die faktische Entwicklung der organisierten Kirchen zur Geltung gebracht worden. In der Überzeugung, daß Grundbestimmungen der christlichen Existenz weder auf den individuellen noch auf den innerkirchlichen Bereich beschränkt werden können, wurde sie zugleich auch immer wieder gegen die Verfestigung gesellschaftlicher und staatlicher Herrschaft ins Feld geführt.

Die Teilhabe im Leibe Christi – das, was die christliche Gemeinde als ihre Lebenswirklichkeit glaubt – hindert daran, Teilhabe so zu verstehen, als könne sie auf partikulare Weltbereiche begrenzt werden. Die oben zum Freiheitsmoment zitierte Paulusstelle »Ihr gehört Christus und Christus Gott« zeugt davon, daß die Zusammenhänge, in die Christus hineinstellt, nicht weniger als universal sind. Es gibt eine Gruppe neutestamentlicher Aussagen, in der diese wahrhafte Universalität – nicht nur Globalität – besonders hervorgehoben wird; der Prolog zum Johannesevangelium, der Kolosser- und Epheserbrief gehören dazu. Diese Denkweise ist zum Beispiel indischen christlichen Theologen wesentlich vertrauter als Angehörigen der neuzeitlich-westlichen Welt. Was solches »spekulative« Denken für das Moment der Teilhabe bedeuten kann, möchten wir nur ganz kurz andeuten. Wer sich in diese universalen Zusammenhänge hineinverwiesen weiß, kann durch den christlichen Glauben keine Partikularität begründet sehen, geschweige denn durch irgendeinen anderen Grund. Einen Zaun zu ziehen, der dazugehörige Menschen von nichtdazugehörigen Menschen absondert, ist niemand berechtigt (Epheser 2,14 im Kontext von 2,11–22). Nicht einmal das Böse liefert einen zureichenden Grund zu Scheidungen. Auch wenn ein Mensch sich anderen gegenüber feindselig verhält, so gibt das letzteren kein Recht zu seinem prinzipiellen Ausschluß aus ihrer Gemeinschaft (Matthäus 5,43–48). Von dieser Einsicht des Evangeliums her gewinnt die Ahnung, die im profanen Denken die vielen »vernünftigen« Gründe gegen die Verwirklichung der »mündigen« Teilhabe von Menschen an den Entscheidungen in ihrer politisch-gesellschaftlichen Lebenswirklichkeit zurückweist, einen tiefen Sinn und entschlüsselt sich in ihrer Bedeutung.

4. Eine letzte Überlegung soll dem Verhältnis gewidmet sein, in dem die drei Momente der Grundfigur des Menschenrechts zueinander stehen. Diese Überlegung soll sich erneut an Luthers rechtstheologischen Ansätzen orientieren. In zuspitzender Interpretation hat Johannes Heckel[13] die These entwickelt, daß Luther drei geistliche Grundrechte des Christen kennt: die christliche Bruderliebe, die Gleichheit und die Freiheit. Heckel will diese Trias natürlich nicht im Sinn individueller Rechtsansprüche verstanden wissen, sondern im Sinn geistlicher Grundnormen, die für die Ordnung des christlichen Zusammenlebens

in der Gemeinde maßgebend sind. Es handelt sich also um Grundrechte, welche Rechte im engeren Verständnis und Pflichten zugleich aus sich entlassen. Entscheidend ist für Heckel ferner die Rangfolge dieser Grundrechte: Die christliche Bruderliebe ist das erste und im Rang wichtigste unter ihnen, aus dem sich zugleich ergibt, in welchem Sinn von den anderen Grundrechten Gebrauch gemacht werden kann. Das zweite Grundrecht ist die Gleichheit, die im Priestertum aller Gläubigen zum Ausdruck kommt: Aus der »communio fidei« folgt die »communio iuris«. Das dritte Grundrecht schließlich ist die christliche Freiheit: Aus der Freiheit vom Gesetz der Sünde ergibt sich auch die Freiheit von der Herrschaft irdischen Rechtszwangs – eine Freiheit, die an der christlichen Bruderliebe als dem grundlegenden Recht ihre Grenze hat.

Luther ging davon aus, daß diese Grundrechte auch für die Gestaltung der »äußeren Christenheit«, also der sichtbaren Kirche, bestimmend sein sollten. Doch in welchem Verhältnis steht das politische Gemeinwesen zu ihnen? Auch für den »status politicus« konstatiert Luther das Vorhandensein elementarer Rechte; darin zeige sich, daß die weltliche Herrschaft »ein bilde, schatten und figur der herrschaft Christi« sei[14]. Sie ist allerdings *nur* ein Bild der Herrschaft Christi; denn eine fundamentale Differenz zur christlichen Gemeinde besteht darin, daß die Rechte im Fall ihrer Verletzung mit Zwang zur Geltung gebracht werden. Der Christ führt allerdings auch in seinem Handeln in der Welt die Intention der geistlichen Grundrechte weiter; dies zeigt sich nach Luther darin, daß er sein Handeln am Recht des anderen orientiert und um dieses Rechtes willen auch zum Verzicht auf Rechte, die ihm selber zustehen, bereit ist. Das Verhältnis zwischen geistlichen und politischen Grundrechten wird also hier als – schattenhaft bleibende – Entsprechung und Differenz gesehen. Die Differenz zeigt sich, vergleicht man Luthers Verständnis der geistlichen Grundrechte mit der späteren Entwicklung des Menschenrechtsgedankens, mit Deutlichkeit auch in der Reihenfolge der Elemente. Johannes Heckel hat diese Differenz so formuliert: Im Vergleich mit den geistlichen Grundrechten »sind die Grundrechte in weltlichen Herrschaften bloß verzerrte Schattenbilder. Schon die Umkehr der Reihenfolge ›Bruderliebe, Gleichheit, Freiheit‹ in ›Freiheit, Gleichheit, Brüderlichkeit‹ zeigt den Gegensatz zwischen der geistlichen und der weltlichen Auffassung über den

Sinn des Gemeinschaftslebens an.«[15] Allerdings wird man, Heckel korrigierend, hinzufügen müssen, daß es sich nicht um einen beziehungslosen, sondern um einen kritischen – und darin auch produktiven – Gegensatz handelt, daß Differenz und Analogie sich im Verhältnis von geistlichen und weltlichen Grundrechten miteinander verschränken. Die Auswirkung dieser Differenz und dieser Analogie auf das Verhältnis zwischen innerkirchlichem und staatlichem Recht werden wir im VI. Kapitel weiter erörtern.

5. Wir brechen hiermit die Überlegungen ab, welche von der Grundfigur des Menschenrechts und der Menschenrechtsentwicklung insgesamt ausgehend danach fragen, ob ihr Sinn durch Bezugnahme auf Erkenntnisse des christlichen Glaubens in besonderer Weise zugänglich wird, sich also theologisch entschlüsseln läßt. Dabei haben wir versucht, Analogien wie Differenzen zu beachten, um gleichgültiges Nebeneinanderstellen ebenso wie gewaltsame Identifikationen zu vermeiden.

Welche Bedeutung können die aufgewiesenen Analogien haben, wenn sie nicht dem Nachweis dienen, daß historische Zusammenhänge zwischen christlichem Glauben und dem Menschenrechtsgedanken bestehen? Auf jeden Fall machen sie deutlich, daß Christen, wenn sie um die Verwirklichung von Menschenrechten kämpfen, sich nicht auf ein ihnen völlig fremdes Gebiet begeben, sondern auf eines, für welches der Glaube eigene Orientierungskriterien mitbringt. Sie werden zum Beispiel die in den Menschenrechten vorausgesetzte Unverfügbarkeit der Person auch deshalb verstehen und zur Geltung bringen, weil die im Glauben verwirklichte Gottesbeziehung ihre Einsicht in diese Unverfügbarkeit vertieft. Oder sie werden die Gleichheit zwischen Menschen nicht nur als die kühl-formale Gleichheit zwischen im übrigen beziehungslosen Individuen auslegen, sondern ein Menschenrechtsverständnis fördern, das auch beteiligtere, »brüderliche« Gleichheitsbeziehungen zuläßt und sichert.

Die Beachtung der Differenz aber wird, um beim letzten Beispiel zu bleiben, sich darin auswirken, daß man weltliches Recht nicht aus innergemeindlichen Kommunikationsstrukturen deduziert und es nicht durch scheinbar christliche oder humane Maximalansprüche überfordert. Wer auf die Differenz achtet, wird also zugeben, daß weltliches Recht zunächst einmal die minimalen Regeln und Bedingungen menschlichen Zusammenlebens zu sichern hat, dabei freilich offenbleiben soll für zwischenmenschliche Beziehungen von höherer Qualität. Die »Legalität« des Rechts wird also als notwendig erkannt werden müssen, nicht aber gegen die »Moralität« gewendet werden dürfen; denn alles Recht hat prä- und metajuristische Komponenten, bei deren Absterben es seine Geltung verlieren würde.

3. Die Verheißung der Herrschaft Gottes und die Menschenrechte

Im vorigen Abschnitt haben wir versucht, die einzelnen Sachmomente in der Grundfigur des Menschenrechts theologisch zu entschlüsseln. Wir konnten freilich nur paradigmatisch vorgehen. Solches Auswählenmüssen birgt die Gefahr, daß Zufall und Beliebigkeit eine zu große Rolle spielen. Um ihr entgegenzuwirken, kehren wir in den nächsten drei Abschnitten die Perspektive um: Wir wollen drei theologische Grunddimensionen in ihrer Bedeutung für den Menschenrechtsgedanken auslegen. Dabei stehen dann nicht dessen einzelne Elemente im Zentrum des Interesses, sondern die Funktion, die ihm insgesamt zugewachsen ist und zugedacht wird.

Auch hier können wir nicht umhin, eine Auswahl zu treffen. Wir lassen uns dabei von der Überlegung leiten, daß drei Dimensionen repräsentiert sein sollten, die sich in jedem theologischen Nachdenken miteinander verschränken: die eschatologische, die christologische und die schöpfungstheologische Dimension. Dem versuchen wir Genüge zu tun durch die Erörterung dreier Themen: Verheißung der Herrschaft Gottes, Zusage der Rechtfertigung des Menschen allein durch den Glauben, Einweisung in die Gottesebenbildlichkeit. Eine volle dogmatische Entfaltung dieser Dimensionen und ihrer Zusammenhänge miteinander ist hier nicht das Ziel. Worum es geht, ist, Beziehungen zum Menschenrechtsgedanken aufzuspüren.

Wir setzen eine ungewohnte Perspektive an den Anfang, indem wir von der Verheißung der Herrschaft Gottes ausgehen und versuchen, die Menschenrechte in ihrem Licht zu sehen. Hier steht die Zukunft von Welt und Mensch im Blick: die Erwartung des eschatologischen Gerichts Gottes, die Hoffnung auf ein Bestehenkönnen in diesem Gericht und die Hoffnung des Menschen für die Welt, für einen neuen Himmel und eine neue Erde (Offenbarung 21,1). Die eschatologische Perspektive enthält also schon in sich selbst eine Mehrzahl von Dimensionen, von denen wir hier nur einigen nachgehen können. Insbesondere entfalten wir nicht, was es für die Menschenrechte bedeuten könnte, wenn die Befreiung zur Kindschaft Gottes auch als Verheißung für die nichtmenschliche Kreatur gesehen wird (Römer 8,19–25), und was die Zukunftsschau des fried- und heilvollen Zusammenlebens in der gesamten Schöpfung für die Gerechtigkeit in einer umfassenden menschlichen Rechtsordnung besagen würde (Jesaja 11,1–10). Den Menschen der Neuzeit ist dieser Denkhorizont fremd geworden. Daß es nötig sein wird, sich wieder in ihn einzuüben, ruft die ökologische Krise jetzt ins Bewußtsein.

Die Verkündigung der kommenden Herrschaft Gottes beginnt in den Evangelien mit der Ansage des nahenden Gerichts durch Johannes den Täufer: »Es ist schon die Axt den Bäumen an die Wurzel gelegt« (Matthäus 3,10). Die Gerichtspredigt bleibt auch in Jesu Verkündigung ein konstitutives Element. Sie ruft jedermann zur Umkehr und rückt so alles menschliche Verhalten in die Perspektive einer letzten Verantwortung vor Gott. Georg Picht hat gezeigt, daß der Begriff der Verantwortung, wiewohl er heute als ein philosophischer, kraft der Vernunft zu begründender Begriff gilt, in der Eschatologie wurzelt[16]. Er setzt ursprünglich die Erwartung des Endgerichts, in dem ein jeder Rechenschaft abzulegen hat, voraus und stellt das ganze menschliche Leben darauf ab. In dieser eschatologischen Perspektive rückt die Menschheit zu einer *universalen Verantwortungsgemeinschaft* zusammen. Zwar hat die neuzeitlich-individualistische Auslegung der Reich-Gottes-Verkündigung Jesu fast nur auf die Verantwortung der je einzelnen Person für ihre Stellung vor Gott abgehoben und den Gesichtspunkt gemeinsamer Verantwortung vernachlässigt. Aber dazu gibt Jesu Predigt keinen Anlaß. Eher ist sie auf dem Hintergrund der alttestamentlich-prophetischen Verkündigung zu verstehen. So eröffnet zum Beispiel der Prophet Amos seine Gerichtspredigt mit der Ankündigung, daß Gott Jahwe nicht nur Israel, sondern auch die Völker unwiderruflich zur Rechenschaft ziehen wird, und das nicht etwa, weil die Völker ihn nicht verehren, sondern weil sie aneinander unverzeihliche Vergehen und Greueltaten verübt haben.

Die »Völkersprüche« des Amos sind das Kopfstück seiner

Gesamtverkündigung. In ihnen werden die verfeindeten Völker, ganz wider ihren Willen, angesichts des kommenden Gerichts in eine Verantwortungsgemeinschaft zusammengezwungen. Sie haben sich in ihrem »profanen« Unrechttun vor dem Rechtswillen Gottes für die Völkerwelt zu verantworten. Bei Amos tritt eine Struktur zutage, die im Glauben Israels seit alters vorhanden war und die, durch die Geschichte weiterwirkend, auch ungezählten Generationen von Christen die Einsicht nahegelegt hat, daß – als Konsequenz aus dem universalen Rechtswillen Gottes – das jus gentium et jus inter gentes verbindlich sein müsse. So taucht dann immer wieder die Idee einer Rechtsgemeinschaft aller Menschen und Völker in der Christentumsgeschichte auf[17].

Werden alle Menschen, alle Völker in ihrer Verantwortung vor Gott gesehen, müssen sie alle darin, daß sie dem Gericht Gottes entgegengehen, solidarisch zusammenrücken, so wird auch die tiefe Spannung deutlich, die zwischen »dieser Welt« und dem Reich Gottes besteht. Gericht Gottes bedeutet, daß der Mensch und alles in der Menschenwelt nicht einfach so bleiben kann, wie es ist. Alles steht unter dem eschatologischen Vorbehalt, noch nicht verwirklichtes Reich Gottes zu sein, noch Elemente zu enthalten, die sich gegen den Eingang in die Gottesherrschaft sperren. Stimmen die Christen im Wissen um die universale Verantwortungsgemeinschaft dem Postulat einer Rechtsgemeinschaft aller Menschen und Völker zu, so bleibt doch der eschatologische Vorbehalt in Kraft: Es führt kein Weg des Fortschritts von ihr unmittelbar hinüber in die Herrschaft Gottes. Auch in dieser erhofften Rechtsgemeinschaft handelt es sich noch um weltliches, begrenztes, dem Mißbrauch offenstehendes und ausgeliefertes Recht. Menschenrechte oder Völkerrecht mit dem Recht Gottes gleichzusetzen, würde eine jener »unverschämten Identifikationen« sein, gegen die Karl Barth energisch protestiert hat. Das Reich Gottes ist die »Macht und Sphäre göttlichen Wirkens, die Aufrichtung einer neuen Welt, eines neuen Lebens und Zusammenlebens«[18]. Es zu verwirklichen, steht nicht in der Macht menschlichen Geschichtshandelns. Daher hat christliche Eschatologie zuallererst eine kritische Funktion gegenüber allen Geschichtsentwürfen, welche die von Menschen herbeigeführte vollkommene Verwirklichung des Reichs der Freiheit verheißen. Das gilt in gleicher Weise gegenüber Konzepten, die im Namen der Menschenrechte die

Grenzen des den Menschen möglichen rechtlichen Zusammenlebens und Handelns überschreiten.

Im Lichte dieses eschatologischen Vorbehalts sind auch die schmerzlichen Differenzen zu sehen, die zwischen dem normativen Sollgehalt der Menschenrechte und ihrer Verwirklichung bestehen. Die nüchterne Sprache der Juristen bezeichnet sie mit dem Wort »Vollzugsdefizit«. Theologische Interpretation wird auf der unbeschönigten Wahrnehmung dieses Vollzugsdefizits bestehen müssen; denn für sie ist dieses Defizit nicht bloß etwas Historisch-Zufälliges, sondern Ausdruck der Vorläufigkeit und der Transformationsbedürftigkeit allen menschlichen Lebens und Handelns.

Damit gerät eine theologische Interpretation notwendigerweise in Konflikt mit anderen Auslegungen der Menschenrechte. Viele von ihnen sind nämlich darum bemüht, die menschenrechtlichen Vollzugsdefizite in der eigenen Rechtsordnung möglichst klein erscheinen zu lassen. Es ist nicht einmal abwegig, manche Menschenrechtsauslegungen auch aus der Bemühung um das Zurückdrängen des Defizits der eigenen Gesellschaft zu erklären. Zum Beispiel legt man die Menschenrechte unter westlich-kapitalistischem Blickwinkel einseitig von den individuellen Schutz- und Freiheitsrechten und der Möglichkeit ihrer rechtsstaatlichen Sicherung her aus; die östlich-staatssozialistische Auslegung hingegen orientiert sich einseitig an den wirtschaftlich-sozial-kulturellen Rechten, die man hier angesichts der Egalisierung eines großen Teils der Bevölkerung für gut verwirklicht hält. Wo eine funktionalistische Deutung der – dann ausschließlich als »Grundrechte« verstandenen – Menschenrechte empfohlen wird, erhält die Aufhebung der Spannung zwischen Systemanspruch und Menschenrechten den Rang eines leitenden Prinzips. Hier fragt man nur noch, welche Funktion die Grundrechte für die Integration – und nicht etwa auch für die Transformation – eines gegebenen Sozialsystems ausfüllen können. Veranlaßt die Perspektive auf die kommende Herrschaft Gottes dazu, für die noch uneingelöste Menschlichkeit des Menschen einzutreten, dann werden Christen immer wieder auf die Differenz zwischen Systemanspruch und Menschenrechten aufmerksam machen müssen. Einer bloß funktionalistischen Interpretation der Menschen- beziehungsweise Grundrechte, wie Niklas Luhmann sie exemplarisch vorgeführt hat, ist deshalb mit theologischen Gründen zu widersprechen[19].

Die von Jesus ausgehende Reich-Gottes-Verkündigung wäre unzureichend interpretiert, würden wir lediglich die Differenz zwischen der verheißenen Herrschaft Gottes und dem geschichtlichen Handeln des Menschen hervorheben. Jesu Anspruch war, daß mit seiner Person und seinem Wirken die Herrschaft Gottes in die Welt einbreche. Um dieser in ihm verborgenen und offenbarten Gegenwart des Reiches Gottes willen kann es keinen Dualismus geben, der die kommende Gotteswelt von der gegenwärtigen Menschenwelt abgetrennt erscheinen ließe. Vielmehr wirkt – unbeschadet der Differenz, an die der eschatologische Vorbehalt mahnt – das schon sich nahende Gottesreich mit inspirierender Kraft und weckt Hoffnung. In dieser Perspektive ist zu verstehen, daß der Menschenrechtsgedanke erfüllt ist von unabgegoltener Vorausschau, von noch nicht erfüllten Erwartungen. Wir können uns daher nicht mit jenen Auslegungen begnügen, nach welchen die Menschenrechte nur abwehrende Schutzrechte, nur negative Kompetenznormen gegen das Eingreifen des Staates in die Freiheitssphäre des einzelnen sind. Als Teilhaberechte enthalten sie immer auch Ansatzpunkte für ein künftiges Gestalten von Staat und Gesellschaft. Darin zeigt sich ihr postulatorischer, in die Zukunft weisender Charakter, ihre »epigrammatische Theatralik«, wie Max Weber dies nannte[20]. Sie sind Suchkriterien einer erhofften besseren Gerechtigkeit in einem umgewandelten Gemeinwesen. Diese Zukunftsbezogenheit scheint sich auf den ersten Blick mit ihrer naturrechtlichen Begründung zu stoßen. Aber auch das Naturrecht war nicht einfach am Vorgegebenen orientiert. Es konnte durchaus eine antizipatorische Funktion haben. So formuliert Ernst Bloch: »Das Naturrecht konstruierte Verhältnisse, in denen die Erniedrigten und Beleidigten aufhören.«[21] Aus dieser Funktion naturrechtlicher Argumentation erklärt sich auch, warum gerade revolutionär geschaffene Ordnungen sich so häufig naturrechtlicher Legitimationen bedienen[22]. Daß anhand der Menschenrechte im Kontrast zu einer die Menschenwürde verletzenden Gegenwart eine humane Zukunft eingeklagt werden kann, gibt ihnen ihre Überzeugungskraft. Für Christen ist sie um so eindringlicher, als Jesus gerade den Armen, den Hungernden, den nach Gerechtigkeit Dürstenden die Teilhabe an der kommenden Herrschaft Gottes zugesagt hat.

Die Liebe, die Jesus verkündigt und gelebt hat, ist die Vorwegnahme eines Grundzuges, der das Reich Gottes charakterisiert, nämlich der brüderlichen Verbundenheit aller Menschen. Der befreite Mensch, der an der Herrschaft Gottes teilhat, lebt nicht in egozentrischer, sondern in kommunikativer Freiheit. In Parallele zu unserem vorhin formulierten Begriff der universalen Verantwortungsgemeinschaft deuten wir jetzt den Begriff einer *universalen Kommunikationsgemeinschaft* so, daß die Menschen zu ihr in eschatologischer Perspektive sich vereinen. Nach christlichem Verständnis schließt die Erfahrung von Gottes erbarmender Liebe aus, daß die Hoffnung auf die umfassende Liebesgemeinschaft aller »Kinder Gottes« preisgegeben wird, auch wenn noch so viel in der Welt ihr widersteht und widerstreitet. Von hierher finden Christen auch Zugang zu der viel formaleren Begriffsbestimmung einer universalen Kommunikationsgemeinschaft, die wir im IV. Kapitel herangezogen haben[23]. Es scheint sinnvoll, Menschenrechte von der Hoffnung her zu interpretieren, Menschenrechtsverwirklichungen möchten Schritte in die Richtung einer universalen Kommunikationsgemeinschaft sein, in der jeder das volle Recht auf Selbstsein und prinzipiell uneingeschränkte Teilhabe bekommen soll.

In theologischer Perspektive erscheint der Gedanke der universalen Kommunikationsgemeinschaft – insbesondere wenn er philosophisch als ethisches Postulat und so als Voraussetzung aller neuzeitlichen Wissenschaft gefaßt ist[24] – als ein Säkularisat des Aspektes der Reich-Gottes-Vorstellung, der die Gemeinschaft unter Menschen betrifft. Man sollte dieses Urteil nicht von vornherein als eine Abwertung betrachten. Säkularisationsvorgänge sind nicht zureichend begriffen, wenn man sie als bloße Vorgänge der Entfremdung von einem religiösen Ursprung auffaßt. Vielmehr enthalten sie immer auch ein Moment der Bewahrheitung der in ihnen weiterwirkenden theologischen Erkenntnis, nämlich einer Bewahrheitung angesichts gewandelter Welterfahrung. So bewahrt auch die Idee der universalen Kommunikationsgemeinschaft etwas auf von den Grundbestimmungen des verheißenen Reiches Gottes, der ihm eigenen Freiheit, Gleichheit und Teilhabe aller im Geist (Römer 14,17). Wo sie anfangsweise gelingt, darf sie durchaus als eines jener Gleichnisse des Reiches Gottes gelten, die in der profanen Welt aufleuchten und die christliche Gemeinde beschämen können. Zur Beschämung der Christen geschähe das schon deshalb, weil Kirche dazu bestimmt ist, Kommunikationsgemeinschaft im exemplarischen Sinne zu sein[25]. Sie gründet ja auf der durch Jesus eröffneten kommunikativen Freiheit, die dort möglich wird, wo Menschen von ihrer Gebundenheit an das persönliche und überpersönliche Böse freikommen.

Die Bestimmungen der universalen Verantwortungsgemeinschaft und der universalen Kommunikationsgemeinschaft sind Grundlagen des Zielbegriffs der *universalen Rechtsgemeinschaft,* der sich notwendigerweise einstellt, wenn man sein Denken an einer wachsenden Geltung der Menschenrechte, des Völkerrechts und völkerrechtsadäquater innerstaatlicher Rechtssysteme vorwegnehmend orientiert. Die Vorausschau ist nicht schon die Verwirklichung – der in der Tat ungeheure Hemmungen entgegenstehen –, aber dennoch unentbehrliche Ausrichtung auf ein Ziel. Wo man dieses Ziel nicht im Auge hat, droht das immer weitere Auseinanderklaffen der Rechtssysteme in einer Welt, die durch die rapide Verdichtung der Interdependenzen zur Kommunikation gedrängt wird – und dann würde das Recht nicht dem Miteinander dienen können, sondern die Unterschiede verfestigen oder gar zur Gegnerschaft verpflichten[26]. Es kann als indirekter Ausdruck des Wartens auf die kommende Herrschaft Gottes gelten, wenn Christen sich der Aufgabe einer Gewinnung der universalen Rechtsgemeinschaft nicht mutlos und kleingläubig entziehen.

4. Die Rechtfertigung des Menschen und die Menschenrechte

Max Weber hat Jellineks These, daß die Menschenrechte auf die Forderung nach Glaubens- und Gewissensfreiheit zurückgehen[27], ins Grundsätzliche gewendet: Die Gewissensfreiheit sei, wenn auch nicht historisch, so doch prinzipiell das erste Menschenrecht. Sie reiche am weitesten, umfasse die Gesamtheit des ethischen Handelns und verbürge so eine radikale Freiheit von staatlicher, gesellschaftlicher und kirchlicher Gewalt[28]. Da aber die radikale Fassung der Glaubens- und Gewissensfreiheit in ihrem reformatorischen Ursprung auf der These von der Rechtfertigung des Menschen allein durch den Glauben beruht, ergibt sich, wenn Weber recht hat, ein enger Zusammenhang zwischen der Rechtfertigungslehre und dem Menschenrechtsgedanken.

Der Augenschein allerdings spricht zunächst gegen diese These; denn die Grundaussage der klassischen Menschenrechtserklärungen lautet, alle Menschen seien »von Natur aus« gleichermaßen frei und unabhängig und besäßen »angeborene« Rechte, deren sie niemand berauben könne. Die Wurzel dieser Grundaussage ist nicht der Glaube an die Rechtfertigung des Menschen vor und durch Gott, sondern der Glaube an die Autonomie des nur durch die »Natur des Menschen« und folglich durch sich selbst konstituierten Subjekts. Begründet wird dieser Glaube mit dem Verweis auf das neuzeitliche, subjektivierte Naturrecht. Diese Begründung wird uns durchsichtiger, wenn wir auf ihre *Funktion* achten. Die Behauptung eines Naturzustandes, auf den der Abschluß des »Gesellschaftsvertrags« erst folge, soll die Unverfügbarkeit der menschlichen Person für den Prozeß der Vergesellschaftung unterstreichen. Gesellschaftliche Regelungen – an ihrer Spitze: der Staat – können der Entfaltung und dem Schutz der Menschlichkeit dienen; sie können diese jedoch nicht konstituieren. Jede Definition des Menschen von der politischen Gemeinschaft her, jede Verfügung über das Wesen des Menschen ist damit abgewehrt. Seine Schärfe gewinnt das Autonomiepostulat im Widerspruch gegen jede Fremdbestimmung über das, was den Menschen zum Menschen macht. Seine offensichtliche Inkonsistenz liegt darin, daß eine unendliche, nämlich unantastbare Würde des Menschen durch den endlichen Menschen selbst soll konstituiert werden können.

Diese Inkonsistenz entschlüsselt sich aber von der Rechtfertigungslehre her. Dies heißt nicht, daß wir aus einer Analyse des Autonomiepostulats die Notwendigkeit der Rechtfertigungslehre deduzieren könnten. Sondern es bedeutet: Die Inkonsistenz des Autonomiepostulats verweist auf diejenige Grunderfahrung des Menschen, die im Rechtfertigungsglauben ans Licht gehoben wird – die Erfahrung des Scheiterns, die der Mensch bei dem Versuch seiner Selbstverwirklichung macht. Die Rechtfertigungslehre trifft sich also mit dem Autonomiepostulat in der Feststellung, daß das Wesen des Menschen jeder Fremdbestimmung entzogen sein soll. Sie trennt sich vom Autonomiepostulat jedoch in der Beurteilung der Tatsache, daß die Selbstkonstitution des Menschen im Prozeß seines Handelns scheitert. Der Versuch des Menschen, die Bedingungen seiner Endlichkeit von sich aus zu überwinden, kann nicht gelingen. Dieser zum Scheitern verdammte Versuch heißt Sünde. Ihm gegenüber gilt, daß weder die Instanz noch der Autor der Rechtfertigung des Menschen der Mensch selbst ist. Daß der Mensch Mensch sei, dies ist in dem Sinn voraussetzungslos, daß der Mensch sein Menschsein nicht selbst konstituieren kann. Vielmehr empfängt er es kraft der Treue des Schöpfers zu seinem Geschöpf, kraft jener Herrlichkeit Gottes, die in ihrem präzisen Gegensatz, nämlich in der Ohnmacht Jesu am Kreuz, offenbar geworden ist.

Angesichts der Endlichkeit wird das Menschsein des Menschen dadurch konstituiert, daß Gott sich dieser Endlichkeit annimmt. Er nimmt sich ihrer in der Weise an, daß er selbst in Jesus Christus der Mensch für andere wird und darin die Bestimmung des Menschen offenbar macht. Bestimmung des Menschen also heißt: Einweisung in das Für-andere-Dasein, in die Sozialität, und erst in dieser Entäußerung auch Einweisung in das Bei-sich-selbst-Sein (Lukas 9,24f.; 1. Johannes 4,12f.). Das aber meint nun gerade nicht, daß das Menschsein des Menschen von seiner Sozialität her so definiert wäre, daß eine Fremdbestimmung über sein Menschsein nun doch wieder möglich würde. Vielmehr erschließt sich das Menschsein des Menschen von seiner Gottesbeziehung her, von der Beziehung zu dem, der die Endlichkeit als Mensch auf sich genommen hat und erträgt. Von hier aus wird die Frage nach der Freiheit und Identität der Person in ihr Recht eingesetzt – und zwar so, daß personhafte Identität und zwischenmenschliche Sozialität zusammengedacht werden können. Dann jedoch kann die Identität des Menschen, ihrem Grunde gemäß, sich nicht in der Form des Anspruchs auf Autonomie ausdrücken. Sie spricht sich vielmehr in der Form der dankbaren Frage aus – »Was ist der Mensch, daß du seiner gedenkst?« (Psalm 8,5) – und in der Form des dankenden Bekenntnisses: »Ich danke dir, daß ich so herrlich geschaffen bin« (Psalm 139,14).

Betrachtet man die Menschenrechte im Horizont der Rechtfertigungslehre, dann betreffen sie nicht die Folgen erworbener Freiheit, sondern die Folgen geschenkter und verheißener Freiheit. Der theologische Grund für die Forderung nach »Rechten des Menschen« liegt darin, daß das Menschsein des Menschen letztlich nur in der Weise verdankter Identität – und dies heißt: in der Beziehung des Menschen zu Gott – zur Sprache gebracht werden kann. Die Menschenrechtskataloge bewahren ein Wissen um diesen Zusammenhang auf, indem sie der Glaubens- und Gewissensfreiheit einen zentralen Platz einräumen. Denn sie ist in der Tat, wie Max Weber formulierte, in einem sehr prinzipiellen Sinn das erste Menschenrecht. In ihr kommt in der größten Klarheit jene Unverfügbarkeit der menschlichen Person zum Ausdruck, die sich im Bekenntnis zu dem »Menschensohn« ausspricht (Lukas 12,8f.).

In dem Grundsatz der Unverfügbarkeit der menschlichen Person trifft sich also die Menschenrechtsidee mit dem Gedanken der Rechtfertigung. Diesen Grundsatz gilt es durchzuhalten gegen die Tendenz gerade moderner politischer Systeme, »den Menschen zu proklamieren, der ihnen entspricht«[29]. Die Spannung zwischen dieser Tendenz und der Unverfügbarkeit des Titels »Mensch« nötigt zur Formulierung von Menschenrechten und zu dem andauernden Bemühen, sie durchzusetzen. Aus dieser Spannung aber ergibt sich zugleich die Notwendigkeit, einen Konsensus über den Grundgehalt der Menschenrechte im vorstaatlichen Raum auszubilden; denn nur dann können sie als Rechte zur Geltung gebracht werden, die das Selbstdurchsetzungsinteresse politischer Systeme begrenzen und deren Versuchen, den Menschen gemäß ihrem Systemanspruch zu definieren, entgegenwirken. Die Glaubens- und Gewissensfreiheit und die Unverfügbarkeit der Person, deren Konkretisierung in subjektiv-öffentlichen Rechten den Verfügungswillen politischer Systeme begrenzt, bilden also wichtige Kriterien für den christlichen Umgang mit Menschenrechten. Es sind das Kriterien, die vollauf dem säkularen Denken zugänglich sind, die aber dennoch für den Christen Konsequenzen aus der Rechtfertigungslehre darstellen. Es lohnt sich, auf eine Reihe weiterer Kriterien dieser Art hinzuweisen.

Zunächst: Wenn die Menschlichkeit des Menschen nicht durch den Menschen selbst hervorgebracht wird, dann kann auch die Anerkennung seiner Menschlichkeit nicht an seine gesellschaftlichen Leistungen, an den von ihm produzierten Lebensstandard oder an seinen Beitrag zur Qualität des Lebens geknüpft werden. Leistung ist zwar eine der Person zugehörige Betätigungsweise; aber sie darf nicht zum Kriterium für die Definition der Person gemacht werden. Als »human« kann mithin nur eine Gesellschaft angesehen werden, in der der Leistungsunfähige ebenso als Mensch anerkannt wird wie derjenige, der zu Leistungen in der Lage ist[30]. Gerade die industrielle

»Leistungsgesellschaft« – und zwar in ihrer kapitalistischen wie in ihrer staatssozialistischen Gestalt – steht in der dauernden Gefahr, sich zu diesem elementaren Kriterium einer humanen Gesellschaft in Widerspruch zu setzen. Aus dieser Überlegung ergibt sich für eine theologische Betrachtung, daß zwischen Rechten und Pflichten im Rahmen der Menschenrechte notwendigerweise eine Asymmetrie besteht: Die Gewährleistung von Rechten kann nicht in einem exklusiven Sinn an die Erfüllung von Pflichten gebunden werden, soll nicht die Tiefendimension der Freiheit verlorengehen[31].

Sodann: Wo die Freiheit einzelner wahrgenommen wird ohne Rücksicht darauf, daß andere an dieser Freiheit nicht teilhaben können, wo deshalb die Freiheit der einen auf Kosten der Freiheit anderer verwirklicht wird, dort steht die Freiheit selbst auf dem Spiel. Diese Gefährdung der Freiheit zeigt sich nicht nur in innergesellschaftlichen Verhältnissen, sondern auch in internationalen Beziehungen. In der Diskussion um die »Neue Weltwirtschaftsordnung« geht es eben darum, ob die »Freiheit« der Marktwirtschaft im Weltmaßstab nicht in eine massive Gefährdung der Freiheit umschlägt. Die Marktwirtschaft kann sich also nicht allein durch ihr unbestrittenes Verdienst legitimieren, daß sie die denkbar erfolgreichste Steigerung der Produktion herbeigeführt und dadurch den Lebensunterhalt riesiger Bevölkerungsmassen bereitgestellt hat; denn ihre Nutznießer sind heute in hohem Maße die Wohlstandsinseln, und sie unterliegt dem Verdacht, daß sie sich nicht durchweg auch zugunsten der Mehrheit der Weltbevölkerung auswirkt. Ihre Legitimität wäre erst dann erwiesen, wenn sie wirklich allen Menschen nützen würde.

Weiter: Im Glauben ist der Mensch vom Zwang zur Selbstverwirklichung befreit. Die Bereitschaft, um der Freiheit der anderen willen auf die Wahrnehmung eines eigenen Freiheitsanspruchs zu verzichten, ist selbst ein Ausdruck von Freiheit. Deshalb ist die Möglichkeit des Rechtsverzichts ein grundlegender Aspekt eines jeden christlichen Rechtsverständnisses.

Schließlich: Aus der Befreiung von der Fesselung an sich selbst ergibt sich die Bereitschaft, sich durch Kommunikation mit anderen Menschen, auch über die Grenzen ethnischer und nationaler, sozialer und kultureller Bindungen hinweg, in Frage stellen und bereichern zu lassen. Für die, die dazu bereit sind, kann die Gewährleistung freier Kommunikationsmöglichkeiten ein Beurteilungskriterium für jede Menschenrechtsverwirklichung sein[32]. Da die Möglichkeit zur Kommunikation und Information heute insbesondere auch – etwa im Verhältnis zwischen Ost und West – durch den Gegensatz der ideologischen, gesellschaftlichen und politischen Systeme beschränkt wird, unterstreicht dieses Kriterium die Notwendigkeit, das internationale Menschenrechtsbewußtsein und den internationalen Menschenrechtsschutz auszubauen. Die Ratifikation der beiden UN-Menschenrechtskonventionen und die Unterzeichnung der KSZE-Schlußakte – obwohl diese Dokumente nur eine beschränkte oder überhaupt keine unmittelbare Rechtswirksamkeit haben – sollten als Schritte auf diesem notwendigen Weg nicht unterschätzt werden.

5. Die Einweisung des Menschen in die Gottesebenbildlichkeit und die Menschenrechte

Fragt man geistesgeschichtlich nach Einflüssen der christlichen Überlieferungsgeschichte auf die Menschenrechtsentwicklung, so muß man wohl vor allem anderen die biblische Lehre von der Gottesebenbildlichkeit des Menschen berücksichtigen. An einer Reihe von Belegen läßt sich zeigen, daß in der Zeit der Entstehung der neuzeitlichen Menschenrechte die These, dem Menschen seien Vernunft und Freiheit von Natur aus eigen, ausdrücklich auch aus der Gottesebenbildlichkeit des Menschen begründet wird. Eine bemerkenswerte Rolle spielt dieser Topos ebenfalls dort, wo im Deutschland des 19. Jahrhunderts eine Rezeption des Menschenrechtsgedankens stattfindet[33]. Und noch in der Interpretation der Grundrechte des Bonner Grundgesetzes wird auf diesen Zusammenhang explizit hingewiesen; so erläutert eine Entscheidung des Bundesverfassungsgerichts aus den Anfangsjahren der Bundesrepublik die Würde des Menschen, von der Artikel 1 des Grundgesetzes spricht, von der Schöpfungsordnung her[34].

Die weitreichende Bedeutung der Lehre von der Gottesebenbildlichkeit läßt sich aus dem alttestamentlichen Befund – nämlich aus der Bezeichnung des Menschen als Ebenbild Gottes in der priesterschriftlichen Urgeschichte (1. Mose 1,27) – allein nicht erklären. Verständlich wird sie eher aus dem Umstand, daß die paulinische und deuteropaulinische Theologie von Christus sagt, er sei das Bild Gottes, dem wir gleichgestaltet werden sollen. Sie verweist von hier aus implizit auf den alttestamentlichen Schöpfungsbericht zurück: Der neue Mensch ist erneuert nach dem Bilde dessen, der ihn erschaffen hat. Im Sinn des Neuen Testaments erschließt sich die Gottesebenbildlichkeit des Menschen von Christus her, der selbst das Bild Gottes ist und die Menschen seine Brüder sein läßt. So werden sie dem Ebenbild Gottes gleich[35].

Doch was ist mit der Gottesebenbildlichkeit des Menschen, von der die biblische Urgeschichte spricht, gemeint? In der weitverzweigten Auslegungsgeschichte – die wir hier nicht im einzelnen nachzuzeichnen brauchen – sind zwei Ebenen voneinander abzuheben, auf deren einer die Gleichheit aller Menschen, auf deren anderer die inhaltliche Bestimmung der Gottesebenbildlichkeit verhandelt wird. Aus der Gottesebenbildlichkeit des Menschen ergibt sich zunächst der – unter neutestamentlicher Perspektive noch verschärfte – Gedanke der Gleichheit aller Menschen vor Gott; aus ihm wird abgeleitet, daß allen Menschen die gleiche Würde zukomme. Würde, dignitas, bezeichnet im römischen Sprachgebrauch einen auf Tugend oder amtlicher Stellung beruhenden Vorrang; in christlichem Gebrauch benennt das Wort das Wesen jeder menschlichen Person[36]. Zu vollem Ausgleich gelangte dieses zwiefache Verständnis von Würde allerdings nicht. Noch der heutige deutsche Sprachgebrauch läßt dies erkennen; denn auch in ihm ist die Rede von »Amt und Würden« mindestens so verbreitet wie die Rede von der »Menschenwürde«.

Schon auf dieser Ebene nahm die christliche Auslegungsgeschichte der Gottesebenbildlichkeit antikes, vor allem stoisches Denken in sich auf. Dieser Einfluß kam noch stärker zur Geltung, wo es um die Frage der inhaltlichen Bestimmung der jedem Menschen eignenden Würde ging. Diese Frage wurde oft beantwortet mit dem Verweis auf die dem Menschen kraft seiner Erschaffung durch Gott eignende Vernunft, aus der sich seine Freiheit ergebe. Die Gottesebenbildlichkeit wurde damit interpretiert als eine dem Menschen innewohnende Qualität. Gebrochen war diese Auslegung nur insofern, als sich aus der Lehre von der Erbsünde eine Einschränkung der Gottesebenbildlichkeit ergab. Um dies berücksichtigen zu können, machte man sich die Doppelung der Begriffe im biblischen Schöpfungsbericht zunutze: »Lasset uns Menschen machen nach unserem

Bild, uns ähnlich.« Die Begriffe »Bild« und »Ähnlichkeit« (imago und similitudo) verteilten sich nach einem Strang der Auslegungstradition auf den unverlierbaren und den zerstörten Teil der Gottesebenbildlichkeit. Die Reformation hat diese Auslegung radikalisiert; aber auch sie hat an der Voraussetzung festgehalten, daß es sich bei der Gottesebenbildlichkeit um eine dem Menschen innewohnende beziehungsweise von ihm durch den Sündenfall verlorene Qualität handle[37].

Die scholastische Theologie leitete aus ihrer Lehre von der Gottesebenbildlichkeit ein relatives Naturrecht ab. Dem ewigen Gesetz Gottes entspricht danach das natürliche Gesetz, das aber wegen der Sünde des Menschen nur in der Gestalt eines relativen Naturrechts verwirklicht werden kann. Seine Forderungen gehen vielfache Kompromisse mit den Schwächen des Menschen und den Gegebenheiten der Welt ein. Das relative Naturrecht wurde von der rationalistischen Naturrechtslehre, auf welche die Menschenrechtstradition sich in rechtsphilosophischer Hinsicht teilweise stützt, oft in ein absolutes Naturrecht umgedeutet. Seine Forderungen passen sich den sozialen und natürlichen Gegebenheiten nicht an, sondern wollen sie im Sinne der eigenen Normen revolutionieren. Das setzt ein großes Vertrauen auf die Gewißheit der eigenen Vernunfterkenntnis voraus. Zugrunde liegt diesem Denken die veränderte Naturauffassung der neuzeitlichen Naturwissenschaft: die Natur sei auf dem Weg experimenteller Beobachtung als solche objektiv erkennbar und werde durch diese Erkenntnis dem Menschen verfügbar. Der sich so ergebende Naturbegriff führte gerade hinsichtlich des Menschen zu einem höchst übersteigerten Bewußtsein von Machtvollkommenheit. Nun konnte man meinen, die dem Menschen von Natur gegebene Freiheit stünde ungebrochen in seiner Verfügungsgewalt – Natur als »natura immaculata«[38]. Dem wurde entgegengehalten, die rationalistische Naturrechtslehre und die ihr folgende Menschenrechtstradition überspringe den Tatbestand, daß der Mensch und dementsprechend auch seine Vernunft geschichtlicher Natur sind. Als geschichtliches Wesen aber sei der Mensch immer auch der sich seiner Bestimmung zum Ebenbild Gottes entziehende, der sich damit selbst verbergende Mensch: homo absconditus[39].

Die Gottesebenbildlichkeit zeigt sich also am Menschen nicht in der Weise, daß eine naturwissenschaftlich-objektive

Beobachtung sie erkennen müßte. Dies macht die biblische Tradition unmißverständlich klar.

Verschiedene Anstöße in der neueren theologischen Entwicklung veranlaßten zu einer Überprüfung der überlieferten Interpretation der Gottesebenbildlichkeit des Menschen. Im Anschluß an noch unveröffentlichte Arbeiten von Gerhard Liedke fassen wir die für uns wichtigsten Ergebnisse zusammen. Sowohl in systematisch-theologischen wie in exegetischen Beiträgen wird inzwischen hervorgehoben, daß die Gottesebenbildlichkeit nicht als eine dem Menschen innewohnende Qualität zu verstehen sei. »Lasset uns Menschen machen nach unserem Bild, uns ähnlich«: Dies ist eine Aussage zunächst nicht über eine Qualität des Menschen, sondern über die Schöpfungsintention des Schöpfers. Gott will ein ihm entsprechendes Geschöpf, Gott will den ihm entsprechenden Menschen[40]. Als Grundbestimmung des Menschen bedeutet die Gottesebenbildlichkeit die Relation des Menschen zu Gott. »Gottesebenbildlichkeit« ist ein Verhältnisbegriff. Aus der in ihm ausgesagten Beziehung des Menschen zu Gott ergibt sich als Folge die Einweisung des Menschen in diejenigen Relationen, in denen sich sein Leben vollzieht. In der biblischen Urgeschichte wird dieser Gedanke aus 1. Mose 1,27ff. noch verschiedentlich aufgenommen – so 1. Mose 5,1 und 9,6 –, um zu verdeutlichen, daß die Gottesebenbildlichkeit für bestimmte Grundrelationen menschlichen Lebens maßgeblich sein soll. Der alttestamentlichen Vorstellung entspricht es nicht, die Gottesebenbildlichkeit als eine durch die menschliche Sünde verlorene Qualität des Menschen zu betrachten. Denn daß der Mensch seine Bestimmung verkehrt, dies hebt ihr zufolge nicht auf, daß er dazu erschaffen ist, Gott zu entsprechen. Die Sünde ist nicht die Aufhebung der Gottesebenbildlichkeit; sondern sie macht sich kenntlich darin, daß der Mensch Grundrelationen seines Lebens pervertiert. Vom alttestamentlichen Befund her kann die Gottesebenbildlichkeit auch nicht als eine konsekutive Bestimmung betrachtet werden, die etwa erst aus dem Glauben des Menschen folgen würde. Sie geht vielmehr allem menschlichen Handeln, auch seinem Glauben voraus; nur die Möglichkeit, sie zu erkennen, tritt im Glauben hinzu. Die Gottesebenbildlichkeit ist eine universale Bestimmung über das Leben des Menschen.

Der zum Ebenbild Gottes geschaffene Mensch ist der Gott entsprechende Mensch. So ist er eingewiesen in die Grundrelationen seines Lebens. Dafür, daß der Mensch diese Grundrelationen als der Gott entsprechende Mensch wahrnehmen solle, gibt es keine treffendere Bezeichnung als das Wort »Verantwortung«. Einweisung in die Grundrelationen des Lebens ist Einweisung in die Verantwortung für das Geflecht der Lebensbezüge. Daß die Grundbestimmung des Menschen als Leben in Relationen zu begreifen sei, läuft mit unserer Feststellung parallel, daß die Sachmomente des Menschenrechtsgedankens – Freiheit, Gleichheit und Teilhabe – als Relationsbegriffe interpretiert werden müssen. In dieser Perspektive entschlüsselt sich das, was wir in der Grundfigur des Menschenrechts zusammengefaßt haben, als Versuch verantwortlicher Fassung der menschlichen Lebensbezüge in der Gestalt von Recht.

Gemäß der biblischen Urgeschichte bezieht sich die Verantwortung des Menschen vor allem auf vier Bereiche: 1. Der Mensch ist für seinen Mitmenschen verantwortlich; exemplarisch vollzieht sich diese Verantwortung im Miteinander von Mann und Frau. 2. Der Mensch ist, wie die anderen Lebewesen, mit Nachkommenschaft gesegnet und trägt für sie Verantwortung. 3. Der Mensch ist in den Lebensraum der Erde eingewiesen und mit dessen Verwaltung beauftragt; ihm ist das sogenannte »dominium terrae« anvertraut. 4. Der Mensch teilt diesen Lebensraum mit den Tieren; die Konkurrenz, die sich daraus ergibt, wird im Sinn der Ermöglichung von Leben geordnet.

Berücksichtigt man diese biblische Einweisung des Menschen in seine Verantwortung hinsichtlich der Grundrelationen menschlichen Lebens, so wird sofort deutlich, daß der Mensch hier nie als isoliertes Individuum oder als autonomes Subjekt gesehen wird. Das hat man allerdings häufig angenommen, wenn man die Gottesebenbildlichkeit zur Begründung des neuzeitlichen Menschenrechtsgedankens heranzog. Die gegenwärtige ökumenische Konsensusbildung zum Verständnis der Menschenrechte aber bewegt sich wieder mehr in der Nähe jener biblisch-theologischen Erwägungen[41]. Aus der Einweisung des Menschen in die Grundrelationen des Lebens, wie sie neuerer Exegese zufolge die biblische Urgeschichte vornimmt, direkt eine Begründung samt Einteilung der Menschenrechte herzuleiten, wäre allerdings eine Deduktion, welche dem Menschenrechtsproblem nicht gerecht würde. Menschen- und Grundrechte haben ihre eigene Ursprungsgeschichte und ihren eigenen Werdegang; sie haben sich im Laufe von zweihundert Jahren in vorwiegend profanen Zusammenhängen zu einer Rechtsinstitution im Völkerrecht und im innerstaatlichen Recht entwickelt. Wir meinen jedoch, daß man mit dem exegetischen Rückgriff auf die biblische Urgeschichte – wie auf andere Teile der biblischen Botschaft – jenen Grund herausarbeiten kann, von dem her es Christen gemeinsam als wichtig erscheint, die neuzeitlichen profanen Menschenrechte zu interpretieren und sich für ihre Verwirklichung zu engagieren.

Es mag befremden, sich so auf die nahezu dreitausend Jahre alte biblische Urgeschichte zu beziehen, da doch alle ihre Aussagen völlig andere als die heutigen politischen, sozialen und ökologischen Bedingungen voraussetzen. Indessen bedeutet eine solche zeitliche Distanz nicht nur Verlust, sondern auch Gewinn. Sie ermöglicht es uns, das in die neuzeitliche Vorstellungswelt eingefügte Menschenrechtsverständnis ein wenig »von außen« zu sehen und gegebenenfalls auf Einseitigkeiten, Täuschungen und Illusionen aufmerksam zu werden. Überdies läßt sich theologische Interpretation von der Überzeugung leiten, daß bei der Auslegung der biblischen Verkündigung, sosehr diese auf vergangene Lebensbedingungen ausgerichtet ist, eine Wahrheit offenbar werden kann, die so tief in die Grundlagen menschlichen Lebens hinabreicht, daß wir ihr auch für unsere heutige Lebensorientierung trauen dürfen.

Zunächst gibt uns die biblische Urgeschichte Anlaß, über die Einbettung der menschlichen Existenz in den natürlichen Lebensprozeß auf dieser Erde nachzudenken. Diese im alten Naturrecht noch lebendige Fragedimension ist weitgehend verdrängt worden, seit sich der Mensch als »Herr und Besitzer der Natur« (Descartes) – ausgestattet mit absolutem Verfügungsrecht – verstand und oft auch die Menschenrechte exklusiv für sich beanspruchte. Die ökologische Problematik bringt seit einiger Zeit wieder ins öffentliche Bewußtsein, daß dieses Selbstverständnis nicht hinreicht. Die Dimension der außermenschlichen Schöpfung wird im Völkerrecht und bei den Menschenrechten eine zunehmende Bedeutung gewinnen. Allerdings begibt man sich auf einen Abweg, wenn man neben die subjektiv-öffentlichen Menschenrechte die nur metaphorisch zu verstehenden »Rechte der Erde« stellt. Dann werden zwei einander inadäquate Größen mit Hilfe einer Äquivokation unklar zusammengemischt. Ein sachgemäßerer Ausgangspunkt ist die Verantwortung des Menschen für den Lebensraum, an dem er teilhat, und für die Lebewesen, mit denen er diesen Raum teilt. Diese Verantwortung begrenzt auch die Menschenrechte, besonders dann, wenn aus ihrer Wahrnehmung schließlich Folgen hervorgehen, die zur Ausbeutung der Natur und so zur Zerstörung der Lebensbedingungen für Mensch und Tier führen, sei es für die schon lebenden, sei es für künftige Generationen. Das Recht der freien Entfaltung der Persönlichkeit – und im wirtschaftlichen Handeln auch das Recht zur Teilhabe an den Gütern der Erde – darf nicht in deren willkürliche Ausbeutung umschlagen.

Sodann veranlaßt die Auslegung der biblischen Urgeschichte zu der Überlegung, daß Menschenrechte als subjektiv-öffentliche Rechte nur im Zusammenspiel mit den anderen Rechten der Rechtsgemeinschaft ausgelegt werden dürfen. Auch diese Einsicht weist auf die oben angesprochene Idee einer universalen Rechtsgemeinschaft hin[42]. Ist nämlich die Gottesebenbildlichkeit eine universale Bestimmung des Menschen, so verbietet es sich, einzig auf die eigene partikulare Rechtsgemeinschaft Rücksicht zu nehmen und in kollektivem Egoismus die faktische Ungleichberechtigung anderer Teile der Weltbevölkerung als selbstverständlich anzusehen. Menschenrechte werden also »auch dann verletzt, wenn die Lebensbedingungen und der Wohlstand von Menschen innerhalb eines Landes auf Kosten von Menschen in anderen Ländern gefördert werden. Die Verwirklichung der Menschenrechte im eigenen Land schließt daher die Verpflichtung zur Durchsetzung und Verwirklichung der Menschenrechte in anderen Regionen ein.«[43] Entsprechendes gilt auch für den Gattungsegoismus im Gegenüber zur außermenschlichen Schöpfung.

Schließlich verweist die biblische Urgeschichte darauf, daß Menschen um ihrer Verflochtenheit in Sünde willen nicht nur des Schutzes vor anderen, sondern des Schutzes vor sich selbst bedürfen. Es scheint freilich nicht so, als ob Menschenrechte die letztere Art von Schutz gewähren könnten. Jedoch können sie dem aus sich selbst und in sich selbst bedrohten Menschen eine Hilfe sein; denn das Bewußtsein, »im Recht zu leben«, vermag oft der egozentrischen Vereinzelung, welche eine Folge der Sünde ist, entgegenzuwirken. Als vordringlich erscheint gerade für eine theologische Betrachtung diejenige Funktion der Menschenrechte, in welcher sie auf die Eingrenzung und Kontrolle der dem Menschen überantworteten Macht gerichtet sind. Um der Unverletzlichkeit der Person und um der Kommunikation zwischen Menschen willen werden die Menschenrechte als Schutz- und als Teilhaberechte ausgestaltet.

So wichtig es ist, beim Bedenken der Gottesebenbildlichkeit darauf zu achten, wie sie den Menschen in die Verantwortung für den Lebensraum von Mitmenschen und künftigen Generationen sowie von aller Mitkreatur auf Erden einweist – grundlegender noch ist auch hier, daß dem Gott entsprechenden Menschen eben durch seine Gottesbeziehung eine Identität zukommt, die aller menschlichen Verfügung entzogen sein soll. Kraß anstößiger Ausdruck dieser Erkenntnis ist die Erzählung von dem Gotteszeichen, das das Leben des Brudermörders Kain schützt (1. Mose 4,15). In dieser entscheidenden Hinsicht konvergieren die Konsequenzen, die in schöpfungstheologischer, in christologischer und in eschatologischer Perspektive für die Rechtsstellung des Menschen sichtbar werden. Die verschiedenen Dimensionen theologischer Erkenntnis weisen hin auf die ihnen gemeinsame Wahrheit vom Menschen, die sich ahnungs- und ansatzweise in den Menschenrechten Geltung verschafft hat: daß dem Menschen eine unantastbare Würde, eine unverfügbare Personalität zukommt, für die es in den Zusammenhängen dieser Welt keinen objektiv demonstrierbaren Grund gibt.

In unseren Überlegungen stießen wir in verschiedener Weise auf die Grenzen der Leistungsfähigkeit der Menschenrechte. Sie haben zwar als rechtliche Regelungen auch schon in unserer gegenwärtigen Welt eine vielfältige konkrete Bedeutung. Aber viel mehr noch bezeugen sie eine uneingelöste Hoffnung auf ein Leben in einer menschenwürdigen Welt. Die ungeheure Spannung zwischen ihrer einstweilen viel zu begrenzten Kraft und jener grenzenlosen Hoffnung kann die theologische Interpretation nicht aufheben wollen. Diese Spannung tiefer zu verstehen, sollte jedoch ihr Beitrag sein. Eine solche Spannung auszuhalten, bedeutet zu leiden. Ihr auszuweichen, entspricht der menschlichen Schwäche, zerstört aber auch die Hoffnung. Indem das Evangelium uns mit dem Kreuzestod und der Auferweckung Jesu konfrontiert, ermutigt es, uns dem Leiden an der gegenwärtigen Welt und uns selbst auszusetzen, um an der Verheißung der Zukunft Gottes teilzuhaben.

VI. Verantwortung für das Recht des Menschen

Analogie und Differenz – unter diesen Leitbegriffen haben wir uns die Nähe und den Abstand zwischen Grundinhalten des christlichen Glaubens und dem Menschenrechtsgedanken klarzumachen versucht. Die Menschenrechtsidee beharrt auf der Voraussetzungslosigkeit des Titels »Mensch« und will die Grundelemente von Freiheit, Gleichheit und Teilhabe in den rechtlichen Beziehungen, die Menschen miteinander eingehen, zur Geltung bringen. Darin liegt eine deutliche Korrespondenz zum Glauben an die durch Gott geschenkte und deshalb innerweltlich voraussetzungslose Identität des Menschen, an die inspirierende Kraft der Herrschaft Gottes als des Reiches der Freiheit, an die Gleichheit aller Menschen vor Gott, an die Liebe Gottes, die brüderliche Liebe unter den Menschen stiftet und immer wieder ermöglicht. Der theologische Grund für ein christliches Verständnis der Menschenrechte, den wir im vorigen Kapitel entfalteten, ist zugleich auch der Grund dafür, daß Christen, christliche Gruppen und Kirchen erkennen können, inwiefern es bei der Verwirklichung der Menschenrechte auch um ihre eigene Sache geht. Die Frage, in welchen Bezugsfeldern diese Mitverantwortung wahrzunehmen ist, soll uns in diesem abschließenden Kapitel beschäftigen.

1. Resignation und Verheißung

Nichts wäre verkehrter, als die Geschichte und die Zukunft der Menschenrechte in optimistischen Tönen zu schildern. Die neuzeitliche Entwicklung ist zwar durch eine Zunahme des Freiheitsbewußtseins und der Sensibilität für Freiheitsverletzungen gekennzeichnet; doch sie läßt sich nicht in dem Sinn als eine »Freiheitsgeschichte« bezeichnen, daß Schritt für Schritt immer mehr Freiheit für immer mehr Menschen verwirklicht worden wäre. Die Freiheit der einen wurde vielmehr oft durch die Unfreiheit der anderen erkauft. Sie läßt sich auch nicht als eine sich progressiv vollendende »Gleichheitsgeschichte« darstellen; schon die wachsende ökonomische Diskrepanz zwischen den Bevölkerungen in Industrieländern und in Ländern der Dritten Welt würde eine solche Betrachtung Lügen strafen. Schließlich läßt sie sich auch nicht als eine Geschichte wachsender Teilhabechancen, als eine Geschichte zunehmender Demokratisierung betrachten; dagegen spricht allein schon die Beobachtung, daß die Zahl der – offenen oder verdeckten – Militärdiktaturen in der Welt in den letzten Jahren ständig gestiegen ist. In keiner Geschichtsepoche, so scheint es, wurden die Freiheitsrechte einzelner – ihr Recht auf Menschenwürde, auf Unverletzlichkeit der Person, auf Gewissens- und Meinungsfreiheit, auf gerichtlichen Rechtsschutz – in größerer Zahl verletzt als in unserem Jahrhundert; nie zuvor wurde die Beeinträchtigung und Verletzung von Gleichheitsrechten schneidender empfunden; zu keinem Zeitpunkt waren die sozioökonomischen Gegensätze im Weltmaßstab massiver, und niemals bisher standen vergleichbare Machtmittel für den Aufbau diktatorischer Herrschaftssysteme zur Verfügung.

Angesichts der Schwierigkeiten und Rückschläge bei den Versuchen, die Menschenrechte zu verwirklichen, breiten sich bei vielen Resignation und Hoffnungslosigkeit aus. Christen können in dieser Lage jedoch einander daran erinnern, daß sie aus einer Hoffnung leben, die die Möglichkeiten geschichtlicher Verwirklichung übersteigt und deshalb zum Einsatz für den Mitmenschen trotz aller Rückschläge ermutigt. Nicht eine stolze Erfolgsbilanz, sondern die in Jesus begründete Verheißung eines Reichs der Gerechtigkeit, des Friedens und der Freude (Römer 14,17) ist der Grund für Christen, zuversichtlich im Kampf um die Menschenrechte mitzuwirken. Dazu, daß sie im Bereich ihrer jeweiligen Verantwortung für die Rechte der anderen Menschen eintreten und nicht mutlos den Ungerechtigkeiten ihren Lauf lassen, sollten sie als Glieder der Kirche gegenseitige Bestärkung erfahren. Verkündigung, Unterricht und Seelsorge in der Kirche haben hier eine noch nicht zureichend wahrgenommene Aufgabe.

Das öffentliche Wort der Kirche gerade in dieser Sache erscheint allerdings vielen Menschen unglaubwürdig. Zu lange hat die Distanz der Kirchen zu den Menschenrechten angedauert; zu sehr waren sie mit denen verbunden, welche den Menschenrechtsgedanken ablehnten; zu sehr paßten sie sich solchen Schichten an, die eigene Privilegien bewahren wollten, indem sie gesellschaftliche Ungleichheiten konservierten; zu selten nur haben sie sich zum Anwalt persönlicher Freiheitsrechte und Mitwirkungsmöglichkeiten im Gemeinwesen gemacht; zu häufig auch waren Kirchen auf ihr eigenes Recht stärker bedacht, als daß sie es zugunsten entrechteter Gruppen aufs Spiel gesetzt hätten. Deshalb werden Kirchen sich zum Thema der Menschenrechte heute nur dann glaubwürdig äußern können, wenn sie zur Selbstkritik bereit und fähig sind. In der Nachkriegsgeschichte der Evangelischen Kirche in Deutschland bildete ein solches Wort der Selbstkritik – das Stuttgarter Schuldbekenntnis von 1945[1] – einen wichtigen Markstein. Es ließ erkennen, wie notwendig das Eingeständnis eigenen Versagens für jeden glaubwürdigen Neubeginn ist; der Streit, der alsbald um dieses Bekenntnis entbrannte, zeigte aber zugleich, wie schwer es auch innerhalb der Kirche ist, sich gegenüber der eigenen Tradition und den eigenen geschichtlichen Bindungen neu zu orientieren.

2. Menschenrechte in der Kirche

Zu den Gruppen, die über religiöse, nationale und ideologische Grenzen hinweg zur Ausbildung eines vorjuristischen Konsensus über menschenrechtliche Elementarstandards beitragen können, gehören auch die Kirchen. Doch dies setzt voraus, daß über die Frage Klarheit hergestellt wird, ob und in welchem Umfang auch innerhalb der Kirche selbst Menschenrechte Gültigkeit beanspruchen. Denn die Kirchen können nicht für die Durchsetzung ethischer und rechtlicher Prinzipien eintreten, über deren Anwendbarkeit auf den innerkirchlichen Bereich sie sich keine ausreichende Rechenschaft abgelegt haben. Fragt man nach der Geltung von Menschenrechten oder Grundrechten in der Kirche, so muß man allerdings deutlicher, als dies häufig geschieht, zwei Fragehinsichten unterscheiden.

Zunächst ist zu fragen, inwieweit Grundrechte, die Bestandteil der staatlichen Verfassung oder zwischenstaatlicher Vereinbarungen sind, auf die Kirche Anwendung finden können. Hier ist zu antworten, daß die Kirche insoweit an die Grundrechte gebunden ist, als sie am allgemeinen Rechtsverkehr teilnimmt und als in diesem selbst – in der Regel vermittelt durch besondere staatliche Gesetze – Grundrechtsbestimmungen Anwendung finden. Die Kirche als Arbeitgeber, als Eigentümer von Grund und Boden, als Auftraggeber und Handelspartner ist kraft staatlichen Rechts an diejenigen Grundrechte gebunden, die inhaltlich in den betreffenden Rechtsbereichen gelten. Sie ist an die staatlichen Grundrechte ferner dort gebunden, wo sie von besonderen rechtlichen Gestaltungsmöglichkeiten Gebrauch macht, die ihr der Staat eigens zuerkannt hat beziehungsweise über deren innerkirchliche Anwendung zwischen Kirche und Staat ein Einverständnis hergestellt wurde. Das sind in der Bundesrepublik Deutschland die rechtlichen Möglichkeiten, die sich mit der Stellung der Kirchen als »Körperschaften des öffentlichen Rechts« verbinden: das Kirchensteuerrecht, der Beamtenstatus der Pfarrer, die Regelung kirchlicher Dienstverhältnisse in Analogie zum staatlichen Dienstrecht. In einer gewissen Entsprechung zu der besonderen Grundrechtsbindung staatlicher Hoheitsakte ist auch die Kirche in diesen Bereichen zu grundrechtsgemäßem Handeln verpflichtet[2].

Von dieser Problemstellung deutlich zu unterscheiden ist die andere Frage, ob die Kirche für ihre innere Ordnung, die sich aus ihrem Verkündigungsauftrag ergibt und an ihm ihr Maß hat, Forderungen berücksichtigen muß, die dem Menschenrechtsgedanken entstammen. Hier kann es nicht darum gehen, daß Grundrechte kraft staatlichen Rechts für die Kirche in Geltung gesetzt werden. Jedenfalls in den Ländern, in denen die Rechtsstellung der Kirche auf der Grundlage der Religionsfreiheit geordnet ist, sind dem Staat Eingriffe in die innere Ordnung der Kirche untersagt. Deshalb ergeben sich auch aus der staatlichen Geltung der Menschenrechte keine unmittelbaren Folgen für das innerkirchliche Recht. Dies schließt allerdings nicht aus, daß die Kirche schon deshalb vom Menschenrechtsgedanken mitbestimmt ist, weil sie sich der allgemeinen Rechtskultur, die im Menschenrechtsgedanken einen besonders charakteristischen Ausdruck gefunden hat, nicht entziehen kann. Doch wichtiger als dieser Gesichtspunkt ist folgende Frage: Müssen in der innerkirchlichen Rechtsordnung Grundelemente des Menschenrechtsgedankens deshalb in Geltung gesetzt werden, weil sie eine sachgemäße Gestaltungsform anbieten, die dem Auftrag der Kirche und der ihr anvertrauten Verheißung angemessen ist? Wenn man das erwägt, dann wird man Menschenrechte, die für das Zusammenleben im staatlichen und gesellschaftlichen Bereich formuliert sind, nicht schematisch auf die Kirche übertragen wollen, sondern damit rechnen, daß sie einer Transformation bedürfen, durch die sie erst der kirchlichen Gemeinschaft angemessen werden. Karl Barth hat davon gesprochen, daß der »Christengemeinde« für die »Bürgergemeinde«, der kirchlichen Ordnung für die Rechtsordnung des Staates Vorbildhaftigkeit aufgetragen sei. Auch in der Weise, wie Kirchen Menschenrechte rezipieren, muß sich zeigen, ob die Gestaltung des Zusammenlebens in der Kirche so aufgefaßt werden kann, wie Barth es tut[3].

Die Notwendigkeit einer Transformation der Menschenrechte für den innerkirchlichen Bereich wird bereits erkennbar, wenn wir fragen, aus welchem Grund deren tragende Elemente – Freiheit, Gleichheit und Teilhabe – in der Ordnung der Kirche verwirklicht werden sollen. Nicht die These von der Autonomie der Person kann dann als Grund gelten. Für den christlichen Glauben liegt er vielmehr darin, daß die Freiheit des Menschen geschenkte und verheißene Freiheit ist, daß die Unverfügbarkeit der Person gegenüber allen weltlichen Gewalten dem Menschen aus seiner Bezogenheit auf Gott zukommt, daß die Gleichheit der Menschen sich in ihrer Radikalität erst von der alle Unterschiede zwischen Menschen übersteigenden Gleichheit vor Gott her erschließt. Der Grund für die Rechtsstellung von Menschen in der Kirche und gegenüber der Kirche liegt in der Gottesrelation des Menschen; aus ihr leitet sich diejenige Würde der Person her, die auch kirchliche Ordnung zu respektieren hat. Diese Gottesrelation ist ermöglicht durch die liebende Zuwendung Gottes zum Menschen; aus ihr aber ergibt sich zugleich, daß die Beziehungen zwischen Menschen in der Kirche wie über die Grenzen der Kirche hinaus vom Geist brüderlicher Liebe bestimmt sein sollen. Anders gewendet kann man sagen: Die Einweisung des Menschen in die Beziehung zu Gott und zum Mitmenschen, die im Doppelgebot der Liebe zur Sprache kommt, bestimmt die Art, in der von Menschenrechten in der Kirche die Rede sein kann. Für die Frage nach der Verwirklichung von Menschenrechten in der Kirche muß deshalb als *hermeneutische Regel* gelten, daß alle Forderungen nach innerkirchlichen Grundrechten vom Doppelgebot der Liebe her auszulegen sind. Dadurch verschärft sich die andere hermeneutische Regel, die wir bei unserer Auslegung der Grundfigur des Menschenrechts aufgestellt hatten, daß nämlich die Sachmomente des Menschenrechtsgedankens – Freiheit, Gleichheit und Teilhabe – nur in ihrer Wechselwirkung miteinander recht verstanden werden können[4]. Alle drei Sachmomente erhalten nun im Doppelgebot der Liebe einen gemeinsamen Bezugspunkt; von ihm her gewinnen sie ihre präzise Bedeutung für das

Zusammenleben innerhalb der christlichen Gemeinde. Mit dieser Zuordnung der Grundfigur des Menschenrechts zum Doppelgebot der Liebe modifizieren wir jene Trias von geistlichen Grundrechten, die Johannes Heckel aus Luthers Rechtstheologie entnommen hat: christliche Bruderliebe, Gleichheit und Freiheit[5]. Das Doppelgebot der Liebe steht als hermeneutischer Bezugspunkt auf einer anderen Ebene als die Sachmomente der Grundfigur des Menschenrechts. Dieser Bezug auf das Doppelgebot der Liebe konstituiert die fundamentale Differenz zwischen Grundrechtsverwirklichung im Staat und Grundrechtsverwirklichung in der Kirche. Für die Rechtsordnung des Staates wird eine solche direkte Bezugnahme auf das Liebesgebot nicht möglich sein, auch wenn man gegenüber einem einseitigen Rechtspositivismus daran festhält, daß die Legalität des Staats auf einem gewissen Fundus an Moralität beruht.

Daß der Menschenrechtsgedanke auch in der christlichen Gemeinde zur Geltung kommen muß, ist insofern klar, als seine Grundelemente Grundinhalten christlichen Glaubens nahe sind; wir haben das im V. Kapitel entfaltet. Im Anschluß an das dort Gesagte deuten wir an, welchen Sinn die Grundfigur des Menschenrechts annehmen wird, wenn Menschenrechte als regulative Prinzipien für die Gestaltung kirchlicher Ordnung wirken sollen. Freiheit ist in der christlichen Gemeinde kommunikative Freiheit; sie ist Befreiung von der entzweienden Macht der Sünde; sie ist zugleich Befreiung zur Selbstannahme und zur Annahme des anderen, von dem her der einzelne erst den ganzen Reichtum des eigenen Lebens erfährt. Gleichheit wird in der christlichen Gemeinde vom Recht des anderen her gedacht; sie ist die grundlegende Bestimmung einer Rechtsgemeinschaft, für die Unterschiede der Rasse und des Geschlechts, der sozialen Stellung und der Kultur keinerlei konstitutive Bedeutung haben können; sie wird deshalb mit besonderem Nachdruck für diejenigen geltend gemacht, die wegen solcher Unterschiede in ihren Rechten beschränkt oder diskriminiert werden. Teilhabe ist in der christlichen Gemeinde Teilhabe am »Leib Christi«, an dem in ihm lebendigen Geist und damit am gemeinsamen Aufbau einer Gemeinschaft in Christus. In der christlichen Gemeinde erweisen sich die Grundmomente des Menschenrechts als Orientierungspunkte dafür, in welchem Komplex von Lebenszusammenhängen es um die Erfahrung und die Verwirklichung der Gottes- und Nächstenliebe geht.

Kann man von der so gewonnenen Basis aus innerkirchliche Grundrechte formulieren? Der Versuch, das zu tun, mag aus einem doppelten Grund befremden. Zum einen ist protestantisches Kirchenrechtsdenken auch heute noch unterschwellig von der Behauptung Rudolph Sohms mitbestimmt, zwischen Liebesordnung und Rechtsordnung, zwischen Wesenskirche und Rechtskirche bestehe ein unaufhebbarer Widerspruch[6]. Der Versuch, kirchenrechtliche Grundbestimmungen am Doppelgebot der Liebe zu messen und von ihm her auszulegen, muß deshalb als eine Vermischung dieser beiden Bereiche erscheinen. Sohms These jedoch geht von einem *Rechtsbegriff* aus, der zu der Ordnung der Liebe schon deshalb im Widerspruch steht, weil zu seinen Grundvoraussetzungen gehört, daß Recht Zwangscharakter habe. Schon unsere Überlegungen zu rechtsphilosophischen Problemen zeigten, daß dieser Rechtsbegriff unzureichend ist. In theologischer Perspektive wird diese Einsicht verschärft. Formulierte Rechte sind Einrichtungen und Ausdruck einer Rechtsgemeinschaft, in der ein bestimmter Geist herrscht. Ihr Rechtscharakter kann deshalb nicht ausschließlich an den Sanktionen gemessen werden, mit denen sie versehen sind. Wenn die Grundbestimmung für das Verhalten in der Gemeinschaft der Kirche das Doppelgebot der Liebe ist, so muß sich dies auch in der Art, wie die Kirche als Rechtsgemeinschaft verfaßt wird, ausprägen. Dem *Kirchenbegriff* in Sohms These liegt eine statisch gefaßte Unterscheidung von sichtbarer und unsichtbarer Kirche zugrunde. Nach reformatorischer Tradition aber gilt auch für die »äußere Christenheit«, daß die Zugehörigkeit zu Christus das Sein der Kirche und damit zugleich ihre Rechtsgestalt letztlich bestimmt. Wenn also auch die äußere Ordnung der Kirche am Inhalt ihrer eigenen Verkündigung – und nicht an vermeintlichen Notwendigkeiten einer staatsanalogen rechtlichen Organisation – ihr Maß hat, dann können die Ordnung der Liebe und die Rechtsordnung nicht beziehungslos nebeneinander oder gar in einem fundamentalen Widerspruch zueinander stehen.

Zum anderen mag ein derartiger Versuch auf diejenigen befremdlich wirken, deren Behauptung ist, die rechtliche Ordnung der Kirche müsse allein dem Ausdruck geben, daß die Kirche eine Stiftung Gottes sei. Daran und nicht an »subjektiven Rechten« der Kirchenglieder habe sich kirchliche Ordnung zu orientieren. Im Kirchenrecht subjektiven Rechten der Kirchenglieder regulativen Einfluß zuzubilligen, könnte einer solchen Betrachtung als ein Rückfall in den aufgeklärten Kollegialismus des 18. Jahrhunderts erscheinen. Er verstand die Kirche als freien Zusammenschluß ihrer einzelnen Glieder und vergaß darüber – nach landläufigem Urteil – die Stiftung der Kirche durch Gott[7]. Nach einer solchen Auffassung wäre das Recht in der Kirche als Stiftung in Form einer rein »objektiven Rechtsordnung« zu gewährleisten. Dabei wird allerdings häufig übersehen, daß die Betonung des »objektiven« Elements im Kirchenrecht nicht notwendigerweise Ausdruck einer theologisch begründeten Überzeugung ist, sondern sehr wohl vorwiegend aus der rechtsphilosophischen Tradition erklärt werden kann. Im III. Kapitel haben wir gezeigt, daß es sich dabei um eine Einseitigkeit handelt, die durch Berücksichtigung subjektiv-öffentlicher Rechte ergänzt werden muß.

Wir halten also den Versuch, Grundrechte des einzelnen in der Kirche und gegenüber der Kirche zu formulieren, für nötig, und zwar deshalb, weil die Rechtfertigung als das Geschehen, das Glauben ermöglicht und Gemeinschaft im Glauben begründet, im Verhältnis der Glaubenden zueinander und im Verhältnis des einzelnen zur Gemeinschaft der Glaubenden auch Rechtsfolgen nach sich zieht. Die Voraussetzungslosigkeit des Titels »Mensch«, die sich in ihrer Radikalität aus dem Gerechtfertigtsein des Menschen vor Gott ergibt, soll auch in der rechtlichen Stellung des Menschen in der Kirche und gegenüber der Kirche so zur Geltung kommen, wie es dem Geist entspricht, der in der Reformation zum Durchbruch kam.

Zu dem Versuch, eine Reihe von elementaren innerkirchlichen Grundrechten zu formulieren und eine entsprechend veränderte Weise der Grundlegung des Kirchenrechts vorzubereiten, veranlaßt uns nicht eine blinde Anpassung an Tendenzen der Menschenrechtsentwicklung; er ergibt sich vielmehr aus theologischen Überlegungen zum Verständnis der Menschenrechte wie zum Begriff des Kirchenrechts. Aber diese Modifikation geschieht in deutlichem Zusammenhang mit jenen Grundelementen des Menschenrechtsgedankens, die wir in ihrer rechtlichen Struktur entfaltet und hinsichtlich ihres theologischen Grundes entschlüsselt haben. Hiernach können wir kirchliches und staatliches Recht nicht in distanzierter Beziehungslosigkeit voneinander abgesetzt sehen, sondern nehmen eine kritische und produktive Spannung zwischen ihnen wahr, in der

Elemente der Analogie und Elemente der Differenz sich vielfältig miteinander verzahnen. In genauer Entsprechung zu dem, was wir früher über das Verhältnis von Menschenrechten und institutionellen Regelungen ausgeführt haben, gilt auch hier, daß sich aus den innerkirchlichen Grundrechten nicht ein System kirchlicher Ordnung ableiten läßt; wohl aber gilt, daß diese Grundrechte als regulative Prinzipien für kirchliche Ordnung zu betrachten sind. Die kirchliche Ordnung ist deshalb auf ihre Kompatibilität, ihre Vereinbarkeit mit den innerkirchlichen Grundrechten zu überprüfen. Wir nennen – ohne Anspruch auf eine vollständige Aufzählung – sieben innerkirchliche Grundrechte.

1. Das *Recht auf Zugang zum Glauben.* Wenn die Rechtsstellung des Menschen in der Kirche und gegenüber der Kirche in der Glauben ermöglichenden Rechtfertigung des Menschen vor Gott begründet ist, dann muß das Recht auf Zugang zum Glauben als erstes Grundrecht genannt werden. Wir stellen damit ein Recht an die Spitze, dessen Träger nicht nur die Glieder der Kirche, sondern alle Menschen sind. Denn um der Universalität des in Christus geschenkten Heils willen haben alle Menschen ein Recht auf den Zugang zum Glauben; es entfaltet sich insbesondere als Recht auf christliche Unterweisung, auf Gottesdienst und als Recht des zum Glauben Gekommenen auf die Taufe. Verpflichtet wird durch dieses Recht – wie auch durch die im folgenden erörterten Rechte – die christliche Gemeinde im ganzen und in all ihren Erscheinungsformen. Um ihrer Pflicht genügen zu können, beauftragt sie einzelne zur öffentlichen Lehre und Verkündigung des Evangeliums und zur öffentlichen Verwaltung der Sakramente[8]. Das Recht auf Zugang zum Glauben gerät immer dann in Gefahr, wenn der öffentliche Charakter christlicher Lehre und Verkündigung eingeschränkt wird und wenn christliche Gemeinden den Charakter geschlossener Gruppen annehmen. Es berührt sich mit dem Recht auf Religionsfreiheit, geht aber darüber hinaus; denn es konstituiert mit einem Rechtsanspruch aller Menschen zugleich eine Rechtspflicht der Kirche. Nicht nur dort wird es verletzt, wo die Religionsfreiheit und mit ihr die Möglichkeiten der Kirche zur öffentlichen Lehre und Verkündigung durch staatliche Gesetze oder gesellschaftlichen Druck eingeschränkt werden, sondern auch dort, wo die Kirche selbst sich ihrer Pflicht zur Verkündigung und zum Dienst gegenüber allen Menschen

entzieht. Dem Recht auf Zugang zum Glauben entspricht somit die *missionarische Struktur* kirchlicher Ordnung.

2. Das *Recht auf Einheit.* Um der Universalität und Einheit des in Christus geschenkten Heils wie um der christlichen Bruderliebe willen können die Trennungen zwischen verschiedenen christlichen Konfessionen nicht endgültig sein. Vielmehr steht ihnen die Verheißung der Einheit entgegen, die sich auch in einem Recht auf Einheit Ausdruck verschafft. Träger dieses Rechts sind die Christen in allen Konfessionen; mit besonderem Nachdruck wird dieses Recht von denen als notwendig erfahren, für die die konfessionellen Spaltungen Glaubenszweifel hervorrufen und ein christliches Leben und Zeugnis in ihrer gesellschaftlichen Umwelt erschweren. Träger dieses Rechts sind aber auch die Nichtchristen, denen der Zugang zum Glauben durch die Trennungen innerhalb der Christenheit und durch die Konkurrenz zwischen den Konfessionen erschwert wird. Dieses Recht wird insbesondere dort verletzt, wo die trennenden Elemente der konfessionellen Traditionen einer eigenwüchsigen Dynamik überlassen werden, wo die Pflege der eigenen konfessionellen Partikularität oder auch der eigenen »Provinzialität« ein Übergewicht über die Bemühungen um Einheit gewinnt. Aus dem Recht auf Einheit ergibt sich demgegenüber eine Pflicht aller Kirchen auf allen Ebenen zu ökumenischer Verständigung und Zusammenarbeit. Dem Recht auf Einheit entspricht deshalb die *ökumenische Struktur* kirchlicher Ordnung.

3. Das *Recht der christlichen Bruderliebe.* Alles christliche Handeln, so hat Luther einmal gesagt, ist »in ein Gemein gerichtet, um Leib und Seele zu fördern«[9]. Es vollzieht sich also als ein wechselseitiger solidarischer Dienst innerhalb der Gemeinde wie über die Grenzen der Gemeinde hinweg. Recht und Pflicht zum Dienst am Mitmenschen bilden deshalb zusammen eine grundlegende Bestimmung kirchlicher Gemeinschaft. Dennoch kann man hier so wenig wie bei den anderen innerkirchlichen Grundrechten, die wir erörtern, von einer Symmetrie zwischen Rechten und Pflichten reden. Denn ein geistliches Recht auf Bruderliebe kommt auch dem zu, der – aus welchen Gründen auch immer – der Verpflichtung zur Bruderliebe nicht nachkommen kann. Die Betonung dieses Rechts sollte nicht dazu dienen, Spannungen und Konflikte in der Gemeinde harmonisierend zu übertünchen. Vielmehr zeigt sich gerade an ihnen, daß die Zusage der Vergebung durch Gott und die prak-

tizierte Vergebung untereinander die Voraussetzung dafür bilden, daß die Gemeinde in brüderlicher Liebe und wechselseitigem solidarischen Dienst zusammenleben kann. Dieses Recht ist vielfältig bedroht; wir nennen nur ein Beispiel, wenn wir auf die Gefahr hinweisen, daß statt des Geistes christlicher Bruderliebe eine kalte Bürokratisierung des kirchlichen Lebens das Übergewicht gewinnt. Dem Recht der christlichen Bruderliebe entspricht die *diakonische Struktur* kirchlicher Ordnung.

4. Das *Recht auf Gewissens- und Meinungsfreiheit.* Aus der Freiheit des Glaubens ergibt sich, daß kirchliche Lehre und kirchliches Bekenntnis nicht mit Machtmitteln durchgesetzt werden dürfen. Die Kirche kann also keine staatlichen Sanktionen gegen Andersdenkende in Anspruch nehmen und darf selbst nicht durch sozialen oder psychischen Druck die Gewissensfreiheit beeinträchtigen. In ihr ist es ein Unrecht, nach innen Glaubenszwang mit politisch-gesellschaftlichen Machtmitteln auszuüben oder einen Menschen gegen seinen eigenen Willen in ihrer Gemeinschaft durch Zwang oder Drohung festzuhalten. Sie darf schließlich die Bekenntnisbindung der Theologie nicht durch Machtmittel erzwingen, sondern muß die Freiheit theologischer Forschung und Lehre zur Geltung kommen lassen. Dies alles geschieht in der Kirche nicht im Sinn einer Beliebigkeit der Wahrheit, sondern aus der Erkenntnis, daß die Wahrheit des Glaubens nur aus innerem Antrieb heraus immer wieder neu wahrgenommen werden kann und daß daher um diese Wahrheit nicht mit Machtmitteln, sondern mit geistlichen Mitteln gestritten werden muß. Verletzt wird dieses Recht deshalb nicht zuletzt dort, wo Gruppen in der Kirche sich gegenseitig verketzern und diffamieren, anstatt vor allem anderen nach der Wahrheit zu fragen, die sie gemeinsam angeht. Der geistliche, »konziliare« Streit um die Wahrheit schließt nicht aus, daß sich die Kirche im äußersten Fall von Mitarbeitern oder Mitgliedern wegen grundlegender Glaubensgegensätze trennen muß. Doch auch bei einer solchen Trennung muß die Freiheit des Gewissens gewahrt werden und der geistliche Umgang miteinander erkennbar bleiben. Diesem Recht entspricht die *konziliare Struktur* kirchlicher Ordnung.

5. Das *Recht auf Integrität der Person.* Aus der Integrität der menschlichen Person, die der Glaube in Gott begründet sieht, ergibt sich auch und gerade für den Bereich der Kirche, daß bei rechtlichen Auseinandersetzungen gemäß den »klassi-

schen« Justizgrundrechten zu verfahren ist. Bei Maßnahmen der Lehrbeanstandung gegenüber Pfarrern und anderen kirchlichen Mitarbeitern oder bei Kirchenzuchtmaßnahmen gegenüber Gliedern der Kirche müssen rechtliches Gehör, gerichtlicher Rechtsschutz und ein faires Verfahren gewährleistet sein[10]. Als unbescholten zu gelten, solange nicht in einem rechtlichen Verfahren das Gegenteil festgestellt ist, ist ein Recht, das gerade bei innerkirchlichen Auseinandersetzungen zu respektieren ist. Diesem wie dem zuvor genannten Recht entspricht die *freiheitliche Struktur* kirchlicher Ordnung.

6. Das *Recht auf Gleichheit.* Dieses Recht hat die reformatorische Tradition im Gedanken des »Priestertums aller Gläubigen« ausgedrückt. Alle Christen sollen berechtigt sein, vom Evangelium Zeugnis abzulegen, ein jeder nach seinen Gaben. Damit ist eine hierarchische Ordnung der Ämter in der Kirche und jeglicher »hierokratische Zwang« (Max Weber) unvereinbar. Dem Unterschied zwischen »Priestern« und »Laien« kann in der Kirche keine konstitutive Bedeutung zukommen. Vielmehr beruht das Amt der öffentlichen Verkündigung auf einer Beauftragung durch die Gemeinde. Unvereinbar mit dem Recht auf Gleichheit ist ferner jede Diskriminierung aus Gründen des Geschlechts und der Rasse, der Nation oder des Standes[11]; die offene oder unterschwellige Ungleichbehandlung von Frauen, die Trennung von Kirchen nach Gesichtspunkten der Rasse, die Bindung kirchlicher Gemeinschaften an bestimmte soziale Schichten widersprechen dem Recht auf Gleichheit. Diesem Recht entspricht die *bruderschaftliche Struktur* kirchlicher Ordnung.

7. Das *Recht auf Teilhabe an kirchlichen Entscheidungen.* Aus der Gliedschaft aller Christen am »Leib Christi«, aus dem »Priestertum aller Gläubigen« ergibt sich, daß die Entscheidungen über die Ordnung und den Dienst der Kirche auf allen Ebenen kirchlichen Lebens nicht exklusiv von kirchlichen Amtsträgern gefällt werden dürfen, sondern in der Verantwortung der gesamten Kirche liegen. Sie nimmt diese Verantwortung in der Regel durch gewählte Vertreter wahr: die Entwicklung presbyterialer und synodaler Mitwirkungsformen in der Kirche hat sich nicht ohne einen wechselseitigen Zusammenhang mit der Ausbildung demokratischer Strukturen in Staat und Gesellschaft vollzogen. Der Gedanke der »Volkskirche«, der für die neuere kirchliche Entwicklung eine bestimmende

Bedeutung gewonnen hat, sollte zuallererst besagen, daß das »Volk« am Aufbau der Kirche und an den Entscheidungen über deren Zukunft teilhat. So verstanden, entspricht diesem Recht die *demokratische Struktur* kirchlicher Ordnung.

Kann eine kirchliche Ordnung, die sich an solchen regulativen Prinzipien ausrichtet, einen exemplarischen Charakter für das Recht des Staates gewinnen? Kann sie dadurch auch aus sich selbst heraus einen – freilich in seiner Wirkung immer begrenzten – Beitrag zur Durchsetzung der Menschenrechte im politisch-gesellschaftlichen Zusammenleben darstellen? Karl Barth ging, wie wir oben angemerkt haben, davon aus, daß der »Christengemeinde« aufgegeben sei, für die »Bürgergemeinde« exemplarisch zu wirken. Allerdings erörtert er das Verhältnis beider Rechtsordnungen zueinander nur in *einer* Perspektive, nämlich so, daß sich aus dem Glauben an die Rechtfertigung und aus der Hoffnung auf das Reich Gottes Grundlinien des Rechtsverständnisses ergäben, aus denen dann auch Prinzipien des politischen Zusammenlebens abgeleitet werden können. Wir haben dagegen die Menschenrechte als eine Gestalt des neuzeitlich-säkularen Rechtsbewußtseins, das nicht einfach auf christliche Überzeugungen zurückzuführen ist, erkannt. Daher müssen wir das Verhältnis auch in der anderen Perspektive bedenken. So halten wir es – im Sinne von Barths Auffassung von »Gleichnissen des Himmelreiches«[12] – für möglich, daß diese Rechtsüberzeugungen auch in der Kirche Geltung beanspruchen können, wenn sie einer Transformation im Licht des Evangeliums ausgesetzt werden. Sie werden dabei in den Horizont der Liebe zu Gott und zum Nächsten gerückt. Durch diese Transformation erfährt die Grundfigur des Menschenrechts eine Radikalisierung, in der die Identität wie die Sozialität der menschlichen Person in um so größerer Klarheit hervortritt. In dem Maß aber, in dem die Tiefendimension der Würde der menschlichen Person in der Gestaltung kirchlicher Ordnung berücksichtigt wird, kann diese Ordnung nun wiederum ihrerseits vorbildhafte Bedeutung für das Recht der Staaten gewinnen. Ordnungsprinzipien der »Christengemeinde« und solche der »Bürgergemeinde« verhalten sich demzufolge nicht so zueinander, als seien in nur einer Richtung die einen aus den anderen deduziert; sondern sie stehen zueinander im Verhältnis wechselseitiger Anregung und produktiver Klärung wie Kritik.

3. Verwirklichung der Religionsfreiheit

Eine besondere Verantwortung tragen Christen und Kirchen für die Verwirklichung des Rechts auf Religionsfreiheit. Denn sie ist die zentrale Voraussetzung für eine ungehinderte öffentliche Verkündigung des Evangeliums. Allerdings darf sie niemals in einem exklusiven oder auch nur vorrangigen Sinn als ein Anspruch der etablierten Kirchen betrachtet werden. Das Recht auf Glaubens-, Gewissens- und Religionsfreiheit ist historisch entwickelt worden in dem Kampf religiöser Minderheiten um die Anerkennung und den Schutz ihrer religiösen Freiheit; sie mußte gegen die Kirchen, die innerhalb eines Territoriums einen Monopolanspruch auf die Vertretung des christlichen Glaubens erhoben und sich mit der staatlichen Macht verbündeten, durchgesetzt werden. Religionsfreiheit bedeutete in der Entwicklung der Menschenrechte seit dem 17. Jahrhundert das Recht auf eine Pluralität religiöser Überzeugungen innerhalb desselben Staatswesens. Seitdem ist die Religionsfreiheit nicht nur ein Recht, das Kirchen für sich in Anspruch nehmen können, sondern immer zugleich ein Recht, das sich gegen jeden Monopolanspruch etablierter Kirchen, der mit Hilfe politischer Machtmittel durchgesetzt werden soll, wendet. Deshalb geht es nicht an, die Kirchenfreiheit mit der Religionsfreiheit gleichzusetzen. Das Recht der Kirchen auf die eigenständige Ordnung ihrer inneren Angelegenheiten ist eine Konsequenz der Religionsfreiheit; jedoch ist sie mit ihr nicht identisch. Die Freiheit religiöser Überzeugung verwirklicht sich auch unabhängig von etablierten Kirchen und auch gegen sie; auch das Recht, keine religiöse Überzeugung zu haben – die »negative Glaubensfreiheit« –, ist in das Recht auf Religionsfreiheit eingeschlossen. Glaubwürdig können die Kirchen nur dann für das Recht auf Religionsfreiheit eintreten, wenn sie dem Recht Andersdenkender ebenso zur Anerkennung verhelfen wie ihrem eigenen Anspruch auf freie Religionsausübung. Darin kommt in besonderer Klarheit zum Ausdruck, daß die Verantwortung für die Menschenrechte sich im Eintreten für das Recht des anderen bewährt[13].

Die Glaubens- und Gewissensfreiheit bildet, wie wir sahen, in einem sehr prinzipiellen Sinn das erste Menschenrecht. Denn in ihm kommt die Unverfügbarkeit der menschlichen Person und damit der Grund allen Menschenrechts am deutlichsten zur

Geltung. Deshalb ist es konsequent, daß in den Diskussionen und Bemühungen des Ökumenischen Rats der Kirchen um die Verwirklichung der Menschenrechte der Einsatz für die Religionsfreiheit – neben dem Kampf gegen die Diskriminierung aus rassischen Gründen – besondere Aufmerksamkeit auf sich gezogen hat. Angesichts der Einschränkung und Verletzung der Religionsfreiheit in vielen Ländern kann eine Veränderung allenfalls dann erhofft werden, wenn sich ein ökumenischer Konsensus, ja ein Konsensus über die Grenzen der Religionen hinweg ausbildet, der auf die Verwirklichung des Rechts auf freie Religionsausübung drängt. Dabei besteht eine besondere Schwierigkeit darin, daß dieser Konsensus nicht in einer Weise vertreten werden darf, die die Situation von Glaubensgemeinschaften in bestimmten Ländern noch zusätzlich erschwert, statt sie zu erleichtern. Die Spannung zwischen diesen beiden Gesichtspunkten spitzte sich dramatisch zu, als der Ökumenische Rat sich entscheiden mußte, ob er zur Verletzung der Religionsfreiheit in der UdSSR und anderen Staaten Osteuropas Stellung nehmen sollte. Der Versuch, das lange Zeit gewahrte Schweigen über die Situation in diesen Ländern zu brechen, war für die Vollversammlung des ÖRK in Nairobi 1975 einer der kritischsten Punkte. Doch nachdem der ÖRK mit Nachdruck gegen die Rassendiskriminierung in einer Reihe von Ländern, insbesondere in Südafrika, Stellung genommen hatte, konnte er sich dem Drängen, sich auch zu osteuropäischen Menschenrechtsverletzungen zu äußern, nicht länger entziehen. Denn »es gibt kein kommunistisch regiertes Land, in dem christliche Gemeinschaften nicht auf die eine oder andere Weise bei der Ausübung ihrer Tätigkeiten behindert oder schikaniert werden. Wir besitzen mehr als genug unmittelbare Zeugnisse aus all diesen Ländern, um zu wissen, daß sich die Kirchen in Osteuropa in einem gigantischen Kampf mit einer militant antichristlichen Ideologie und mit Regierungen befinden, die in unterschiedlicher Schärfe Verwaltungsmaßnahmen ergreifen, die den Prozeß des angeblich unausweichlichen Verschwindens der Religion beschleunigen sollen.«[14] Eine Stellungnahme zu diesen Vorgängen hielten einige Delegierte in Nairobi um so mehr für dringlich, als die Schlußakte der KSZE, die von den osteuropäischen Staaten unterzeichnet ist, ausdrücklich die Verpflichtung der Regierungen enthält, für die Durchsetzung der Menschenrechte einschließlich der Religionsfreiheit Sorge zu tragen[15]. Wie große Schwierigkeiten es dem ÖRK bereitet, zu der Lage in den osteuropäischen Ländern mit Entschiedenheit Stellung zu beziehen, zeigt sich in seinem Bemühen seit Nairobi, eine Studie über die Verwirklichung der Menschenrechte in den KSZE-Staaten in Gang zu bringen[16].

Diese Schwierigkeiten erscheinen noch verschärft, wenn man sich in Erinnerung ruft, welches Verständnis der Religionsfreiheit der ÖRK selbst im Lauf seiner Geschichte entwickelt hat. Grundlegend dafür ist nach wie vor die von der Ersten Vollversammlung des ÖRK in Amsterdam 1948 beschlossene »Erklärung über die religiöse Freiheit«. Sie geht von folgenden vier Leitsätzen aus: »1. Jeder Mensch hat das Recht, seinen eigenen Glauben und sein Glaubensbekenntnis selbst zu bestimmen. 2. Jeder Mensch hat das Recht, seinen religiösen Überzeugungen im Gottesdienst, im Unterricht und im praktischen Leben Ausdruck zu geben und die Folgerungen aus ihnen für die Beziehungen in der sozialen und politischen Gemeinschaft offen auszusprechen. 3. Jeder Mensch hat das Recht, sich mit anderen zusammenzuschließen und mit ihnen eine gemeinsame Organisation für religiöse Zwecke zu bilden. 4. Jede religiöse Organisation, die entsprechend den Rechten der Einzelperson gebildet oder aufrechterhalten wird, hat das Recht, selbst ihre Grundsätze und ihre Praxis im Dienste der Ziele zu bestimmen, für die sie sich selbst entschieden hat.«[17]

Diese Erklärung wurde von späteren Vollversammlungen des ÖRK der Sache nach bestätigt. Wichtig in ihr ist zunächst die Verknüpfung von individueller und korporativer Religionsfreiheit: Religiöses Bekenntnis ist immer Bekenntnis des einzelnen, doch es vollzieht sich immer (auch) in Gemeinschaft. Die damit gegebene Kultusfreiheit ist notwendigerweise Freiheit zu öffentlichem Kultus; deshalb ergibt sich aus der Religionsfreiheit das Recht der Religionsgemeinschaften auf öffentliche Wirksamkeit. Sind individuelle und korporative Religionsfreiheit miteinander verknüpft, dann folgt aber zugleich auch, daß die Religionsgemeinschaften das Recht haben müssen, über ihre Ziele und Grundsätze, über ihre Ordnung und ihre Praxis selbständig und frei zu bestimmen. Zentrales Gewicht kommt schließlich der Feststellung zu, daß zur Religionsfreiheit das Recht gehört, die politischen und gesellschaftlichen Konsequenzen aus dem religiösen Bekenntnis öffentlich zu vertreten.

Wenn Religionsfreiheit in dieser Weise umschrieben wird –

und das stimmt mit deren Verständnis durch das Zweite Vaticanum[18] in erheblichem Umfang überein –, dann liegen Verletzungen dieses Menschenrechts nicht nur dort vor, wo die Durchführung von Gottesdiensten unmittelbar behindert wird. So verstandene Religionsfreiheit ist vielmehr ebenfalls verletzt, wo die Möglichkeiten zur religiösen Unterweisung der Jugendlichen behindert, wo kirchliche Diakonie beschränkt, wo die kirchliche Rechtsordnung und Ämterbesetzung staatlich reglementiert, wo schließlich kirchliche Stellungnahmen zu politisch-gesellschaftlichen Fragen untersagt oder wo Glieder der Kirche und kirchliche Mitarbeiter ihrer politischen Überzeugungen wegen verfolgt und ihrer Freiheit beraubt werden.

Daß die Forderung nach Religionsfreiheit in diesem Sinn sowohl mit dem Religionsverständnis wie auch mit der Staatspraxis osteuropäischer Staaten in Konflikt geraten muß, ist offenkundig. Denn die Behauptung der etablierten marxistisch-leninistischen Religionskritik ist, daß die Religion mit Notwendigkeit absterben werde, wenn diejenigen Klassengegensätze aufgehoben sind, deren kompensatorischen Ausdruck die Religion darstellt. Eine charakteristische Formulierung dieser Auffassung, deren Verhältnis zum Religionsverständnis bei Karl Marx hier nicht zu diskutieren ist, sei zitiert: »Die Ursachen der Religion werden erst mit der Aufhebung der Ausbeutung des Menschen durch den Menschen, mit der Errichtung der klassenlosen Gesellschaft und der Überwindung der Reste der Klassengesellschaft endgültig beseitigt. Mit der Entwicklung der kommunistischen Gesellschaftsordnung und der umfassenden Verbreitung der wissenschaftlichen Weltanschauung der Arbeiterklasse, des dialektischen und historischen Materialismus, wird die Religion aus dem Leben der Gesellschaft schwinden.« Wenn im »real existierenden Sozialismus« gleichwohl noch »Überreste des religiösen Bewußtseins« vorhanden sind, so ist dies nur aus der »Macht der Tradition« zu erklären[19]. »Überreste des religiösen Bewußtseins« aber können nur als »Privatsache« traditionsgebundener Menschen betrachtet werden; daraus legitimieren sich die Beschränkungen, denen religiöse Unterweisung und kirchliche Diakonie unterworfen werden; daraus legitimiert sich auch die Bestreitung des Rechts der Kirchen, sich zu politisch-gesellschaftlichen Fragen zu äußern.

Die Einschränkungen der Religionsfreiheit sind in den verschiedenen osteuropäischen Staaten von unterschiedlichem

Ausmaß und unterschiedlicher Intensität. Die Gefährdung der Religionsfreiheit ist zudem in der gegenwärtigen Welt nicht auf die osteuropäischen Staaten beschränkt. Internationales Aufsehen hat etwa auch die Art und Weise erregt, in der die Regierung Park in Südkorea seit Jahren die Meinungs- und Glaubensfreiheit von Christen und kirchlichen Amtsträgern verletzt. Besonders deutlich wurde dies, als in der Seouler Myong-Dong-Kathedrale am 1. März 1976 eine »Erklärung zur demokratischen Rettung der Nation« verlesen wurde, in der gegen die Aufhebung demokratischer Freiheitsrechte durch die Regierung Park protestiert wurde. Die Unterzeichner dieser Erklärung wurden Ende August 1976 zu schweren Gefängnisstrafen verurteilt; soweit sie kirchliche Ämter innehatten, waren sie »wegen Verletzung des Verfassungsgrundsatzes der Nichteinmischung religiöser Amtsträger in politische Angelegenheiten« angeklagt[20]. Die südkoreanische Regierung behauptet, daß in Südkorea »absolute Religionsfreiheit« gewährleistet sei; zugleich untersagt sie kirchlichen Amtsträgern, die politisch-gesellschaftlichen Konsequenzen aus ihren religiösen Überzeugungen öffentlich zur Geltung zu bringen. Man sieht daran, daß der Versuch, die Religion mit staatlichen Machtmitteln zur »Privatsache« zu machen, von sehr unterschiedlichen ideologischen Voraussetzungen aus unternommen werden kann.

Dies zeigt sich auch an der drastischen Verletzung der Menschenrechte einschließlich der Religionsfreiheit in Chile seit dem Putsch vom September 1973. Von der evangelischen und der katholischen Kirche wurde unmittelbar nach dem Putsch ein »Komitee zur Verteidigung der Menschenrechte« gegründet. Das chilenische Regime untersagte diesen Titel, da es Aufgabe der Regierung und nicht der Kirche sei, die Menschenrechte zu verteidigen. Deshalb wurde dieses Komitee, das unter dem gemeinsamen Vorsitz des lutherischen Bischofs Frenz und des katholischen Bischofs Ariztia stand, in »Komitee zur Zusammenarbeit für den Frieden« umbenannt. Es nahm sich vor allem der politischen Flüchtlinge an, die während der Regierungszeit Allendes aus anderen lateinamerikanischen Ländern nach Chile gekommen waren; es bemühte sich um Menschen, die willkürlicher Verhaftung und Folterung ausgesetzt waren, und übernahm die Prozeßvertretung politischer Gefangener. Für die Mitglieder des Komitees war der Einsatz für die Menschenrechte eine Konsequenz ihrer religiösen Überzeugung. Doch auf Verlangen der chilenischen Regierung mußte das Komitee Ende 1975 aufgelöst werden; einige seiner Mitglieder wurden verhaftet; dem lutherischen Bischof Helmut Frenz wurde die Wiedereinreise nach Chile verweigert[21].

Die Religionsfreiheit ist, wie die genannten Beispiele belegen, heute in verschiedenen Teilen der Welt äußerst gefährdet. Die ökumenische Christenheit ist deshalb dazu herausgefordert, durch Information, öffentliche Meinungsbildung und Aktionen für die Verwirklichung der Religionsfreiheit einzutreten. Gegen derartige Bemühungen wird oft der Einwand erhoben, durch sie werde das Zeugnis der Kirche vom Vorhandensein bestimmter politischer Bedingungen – nämlich der Gewährleistung der Religionsfreiheit – abhängig gemacht. Man wird einem solchen Einwand jedoch nur den Hinweis entnehmen können, daß es sich auch bei der Verwirklichung der Religionsfreiheit um etwas »Vorletztes« handelt. Zum Verhältnis von Vorletztem und Letztem sagt Dietrich Bonhoeffer: »Das Vorletzte muß um des Letzten willen gewahrt bleiben. Eine willkürliche Zerstörung des Vorletzten tut dem Letzten ernstlichen Eintrag. Wo also zum Beispiel ein menschliches Leben der Bedingungen, die zum Menschsein gehören, beraubt wird, dort wird die Rechtfertigung eines solchen Lebens durch Gnade und Glauben, wenn auch nicht unmöglich gemacht, so doch ernstlich behindert. Konkret: der Sklave, dem die Verfügung über seine Zeit so weit genommen ist, daß er die Verkündigung des Wortes nicht mehr hören kann, kann durch dieses Wort Gottes jedenfalls nicht zum rechtfertigenden Glauben geführt werden. Aus dieser Tatsache ergibt sich die Notwendigkeit, mit der Verkündigung des letzten Wortes Gottes . . . auch für das Vorletzte Sorge zu tragen, in dem Sinne, daß nicht das Letzte durch Zerstörung des Vorletzten verhindert werde . . . Es gibt eine Tiefe der menschlichen Unfreiheit, der menschlichen Armut, der menschlichen Unwissenheit, die das gnädige Kommen Christi hindert . . . Es gibt Zustände des Herzens, des Lebens und der Welt, die das Empfangen der Gnade in besonderer Weise hindern, das heißt die das Glaubenkönnen endlich erschweren . . . Die Aufgabe der Wegbereitung . . . ist ein Auftrag von unermeßlicher Verantwortung für alle, die vom Kommen Jesu Christi wissen. Der Hungrige braucht Brot, der Obdachlose Wohnung, der Entrechtete Recht, der Vereinsamte Gemeinschaft, der Zuchtlose Ordnung, der Sklave Freiheit.«[22]

Der Kampf der christlichen Gemeinde um die Menschenrechte, auch um die Religionsfreiheit, ist in der Tat ein Kampf um Vorletztes – um des Letzten willen.

4. Grundformen kirchlichen Eintretens für die Menschenrechte

Wir haben in diesem Kapitel bisher besonderes Gewicht auf die Frage der innerkirchlichen Geltung von Grundrechten und auf die Verantwortung der Kirchen für die Religionsfreiheit gelegt. Denn wenn es um die Glaubwürdigkeit kirchlichen Redens von Menschenrechten geht, dann steht das Problem der innerkirchlichen Verwirklichung von Grundrechten zur Debatte; und im Recht auf Glaubens-, Gewissens- und Religionsfreiheit geht es um die Grundrelation, in der der Mensch sich berechtigt sieht, überhaupt Rechte in Anspruch zu nehmen. Doch dies besagt nicht, daß sich die Mitverantwortung der Kirche für die Menschenrechte auf diese Bereiche beschränkt. Die Kirche, die das Heil für die ganze Schöpfung und für alle Menschen verkündigt, ist in einem umfassenden Sinn durch ihre geschichtliche Existenz in den Kampf für Recht und Gerechtigkeit gestellt. In unserem Jahrhundert brachten zunehmende Rechtsverletzungen in vielfältiger Weise den Kirchen ihre Mitverantwortung für das Recht zu Bewußtsein; diese neue Bewußtheit trug erheblich zur Entstehung und Entwicklung des Ökumenischen Rats der Kirchen bei. Es geht nicht an, die Verantwortung für Recht und Gerechtigkeit der Verantwortung für das Heil der Menschen alternativ gegenüberzustellen. Vielmehr hat der Einsatz für das Vorletzte einen klaren Bezug zu dem Auftrag, für das Letzte zu zeugen. Dietrich Bonhoeffer hat diesen Bezug als »Wegbereitung« beschrieben; wir zitieren zur Verdeutlichung nochmals einige Sätze: »Es wäre eine Lästerung Gottes und des Nächsten, den Hungernden hungrig zu lassen, weil gerade des Nächsten Not Gott am nächsten sei. Um der Liebe Christi willen, die dem Hungernden gehört wie mir, brechen wir das Brot mit ihm, teilen wir die Wohnung. Wenn der Hungernde nicht zum Glauben kommt, fällt die Schuld auf die, die ihm das Brot verweigerten. Dem Hungernden Brot verschaffen ist Wegbereitung für das Kommen der Gnade.«[23] Demnach würde die Kirche dem »Kommen der Gnade« im

Weg stehen, wenn sie den Hunger nach Gerechtigkeit auf sich beruhen ließe, ohne sich um seine Stillung zu bemühen. Um ihres Auftrags der »Wegbereitung« willen trägt die Kirche Mitverantwortung für die Verwirklichung von Freiheitsrechten, Gleichheitsrechten und Rechten der Teilhabe in ihrer wechselseitigen Bedingtheit und Bezogenheit. Dabei besteht eine besondere Aufgabe darin, die Grenzen des »parochialen Gewissens« aufzusprengen: Lernprozesse in Gang zu setzen, welche die Menschen dazu befähigen, die Frage der Menschenrechte nicht nur in engem nationalstaatlichem Umfeld oder gar nur auf die eigene soziale Schicht bezogen, sondern als weltweites Problem zu betrachten[24]. Die Ökumene bildet den Horizont, in dem die Kirche als »Kirche für andere« existiert und für das Recht der anderen einsteht. Deshalb bildet der Nord-Süd-Gegensatz seit einer Reihe von Jahren ein besonders dringliches Thema kirchlicher Beschäftigung mit den Menschenrechten. Wenn sie formuliert und eingefordert werden, muß vorrangig auch an die sozioökonomischen Lebensbedingungen der Menschen auf der südlichen Hemisphäre gedacht werden – an die Majorität der Weltbevölkerung, die sich in ihrem Verfügungsrecht über Ressourcen noch immer und in steigendem Maß in der Lage einer minderberechtigten Minorität befindet.

Diese Überlegung verweist auf einen Grundzug kirchlichen Eintretens für die Menschenrechte. In ihm soll besondere Beachtung den Rechten solcher Gruppen zuteil werden, die von der allgemeinen politischen Meinungsbildung und von den ökonomischen Verteilungskämpfen an den Rand gedrängt sind. Die Kirche sieht als ihren Auftrag vor allem den Einsatz für die Rechte von Minderheiten, die sich selbst kein ausreichendes Gehör verschaffen können, und den Einsatz für das Lebensrecht kommender Generationen gerade dort, wo dieses den Ansprüchen der heute Lebenden untergeordnet wird[25].

In all den unterschiedlichen Handlungsformen, in denen sich das Leben der Kirche vollzieht, kann ein Eintreten für die Menschenrechte erfolgen. Wir beschränken uns auf wenige Hinweise.

Die *Verkündigung der Kirche* hat einen unmittelbaren Bezug zum Thema der Menschenrechte. Die theologischen Überlegungen, die wir im Kapitel V vorgetragen haben, sollten exemplarisch verdeutlichen, daß immer, wenn in der kirchlichen Verkündigung von der Verheißung des Reiches Gottes, von der

Rechtfertigung des Menschen vor Gott, von der Einweisung des Menschen in die Gottesebenbildlichkeit die Rede ist, damit zugleich der theologische Grund für einen christlichen Umgang mit den Menschenrechten zur Sprache kommt. Angesichts der vorrangigen Bedeutung, die die Menschenrechte heute für christliche und kirchliche Orientierung gewinnen, sollte dieser Zusammenhang in der Verkündigung allerdings wohl bewußter entfaltet werden, als es in der Regel geschieht.

Im Rahmen des kirchlichen *Bildungsauftrags* gewinnt das Thema der Menschenrechte zunehmend an Bedeutung. Das gilt nicht nur für Religions- und Konfirmandenunterricht, sondern auch für den breiten Bereich kirchlicher Erwachsenenbildung. Die Verantwortung der Kirche, zur Ausbildung eines Menschenrechtsbewußtseins beizutragen, wird heute nicht nur in europäischen oder nordamerikanischen Kirchen, sondern gerade auch in Kirchen der Dritten Welt erkannt; so wird in jüngster Zeit insbesondere in Afrika die Forderung laut, Bildungsprogramme über Menschenrechte zu entwickeln[26]. Eine Konsultation der gemeinsamen Kommission des ÖRK und des Vatikans für Entwicklung und Frieden (SODEPAX) rückte folgende Schwerpunkte einer kirchlichen Bildungsarbeit im Feld der Menschenrechte in den Vordergrund: die Geschichte der Menschenrechte und der humanitären Völkerrechtsbestimmungen; der Schutz der menschlichen Person im Rahmen der Menschenrechte auf nationaler und internationaler Ebene; der Schutz von Minderheiten; die Aufhebung aller Formen von rassischer und religiöser Diskriminierung; die Allgemeine Erklärung der Menschenrechte und die völkerrechtlichen Instrumente zum Schutz der Menschenrechte; der Schutz von Menschenrechten in bewaffneten Konflikten; die Entwicklung der nationalen und internationalen Institutionen zum Schutz der Menschenrechte; die Hindernisse, die der Verwirklichung der Menschenrechte entgegenstehen[27]. Man wird diese Liste leicht ergänzen können, etwa um die Frage nach dem Verhältnis des christlichen Glaubens zu den Menschenrechten. Doch sie zeigt bereits eindrücklich, ein wie weites Feld kirchlicher Bildungsarbeit sich mit dem Thema der Menschenrechte auftut.

Kirchliche *Diakonie* ist in ihren verschiedenen Formen an der Lebenserhaltung und Verbesserung der Lebenschancen von einzelnen oder Gruppen orientiert, die durch Krankheit oder Katastrophen, durch soziale oder politische Gegebenheiten gefährdet sind. Die Orientierung an den Menschenrechten verleiht diesem Bereich kirchlichen Handelns besonderes Gewicht. Dabei unterstreicht eine solche Orientierung die Notwendigkeit, individuelle Hilfe durch »gesellschaftliche Diakonie« zu ergänzen, die sich um die Veränderung von Konstellationen und Strukturen bemüht, aus denen einzelnen oder Gruppen Leiden erwächst. Gerade ein diakonisches Handeln, das sich an elementaren Menschenrechten orientiert, muß die »Liebe durch Strukturen« (Max Kohnstamm) üben, wenn sie dem einzelnen zu seinem Recht verhelfen will.

Information – Studien – Aktionen: dies sind die drei Schritte in einem »Programm zur Unterstützung der Menschenrechte und zur Bekämpfung von Diskriminierung und Rassismus«, das der Schweizerische Evangelische Kirchenbund im Sommer 1975 beschlossen hat[28]. Damit sind drei Grundelemente genannt, die in Programmen einzelner Kirchen wie der ökumenischen Zusammenschlüsse zum Thema der Menschenrechte enthalten sein müssen und in den verschiedenen gegenwärtigen Versuchen zur Entwicklung von Menschenrechtsprogrammen in unterschiedlicher Form auch immer wiederkehren.

Bei allen Initiativen auf nationaler wie auf internationaler Ebene wird es darauf ankommen, daß die Kirchen sich ihre ökumenischen Kontakte zunutze machen. Im Bereich der *Information* wird es in solchen Programmen insbesondere darum gehen, in Dokumentationsstellen diejenigen Informationen zu sammeln und verfügbar zu halten, die für ein schnelles und wirksames Eintreten der Kirche gegen aktuelle Menschenrechtsverletzungen nötig sind. Dies kann nur im Kontakt mit anderen nichtgouvernementalen und gouvernementalen Organisationen geschehen, die sich mit Menschenrechtsverletzungen beschäftigen, zum Beispiel Amnesty International, Internationale Juristenkommission und ähnliche.

Im Bereich der *Studien* wird es um die weitere Klärung des Menschenrechtsverständnisses, des christlichen Umgangs mit den Menschenrechten und um die Analyse der Menschenrechtsprobleme in den verschiedenen Regionen der Erde mit ihren unterschiedlichen gesellschaftlichen, ideologischen und politischen Gegebenheiten gehen müssen. Eine vordringliche Aufgabe ist, für die Gemeinden und für die kirchlichen Bildungsaktivitäten Arbeitsmaterialien zu erstellen.

Im Bereich der *Aktionen* rücken in der gegenwärtigen Diskussion in der Ökumene folgende Aufgaben in den Vordergrund: Durch die ökumenischen Verbindungen der Kirche sollte man dazu beitragen, daß die vorhandenen internationalen Rechtsinstrumente zum Schutz der Menschenrechte tatsächlich angewendet werden. Ferner sollten die Kirchen darauf drängen, daß diejenigen Menschenrechtskonventionen, die in den Vereinten Nationen noch nicht verabschiedet wurden, von der Generalversammlung beschlossen und dann durch die Einzelstaaten ratifiziert werden; dazu gehören etwa die Konventionen gegen religiöse Intoleranz, über das Asylrecht und über die Informationsfreiheit[29]. Auch die regionale Kooperation der Kirchen beim Kampf gegen Menschenrechtsverletzungen muß ausgebaut werden; den europäischen Kirchen hat der ÖRK eine engere Kooperation im Blick auf die Menschenrechtsprobleme in dieser Region nahegelegt[30]. Es sollten Arbeitsstellen eingerichtet werden, die der Betreuung der Opfer von Menschenrechtsverletzungen gewidmet sind und kirchliche Interventionen zu deren Gunsten vorbereiten. Im Bereich der EKD gibt es inzwischen eine derartige »Hilfsstelle für politische Verfolgte« beim Diakonischen Werk[31]; die schweizerischen Kirchen haben eine »Ökumenische Hilfsstelle für die in ihren Menschenrechten Gefährdeten und Verletzten« geschaffen[32].

Die – öffentliche oder diplomatische – Intervention beziehungsweise »Interzession« für einzelne oder Gruppen, die in ihren Rechten verletzt oder bedroht sind, ist seit der Zeit der Alten Kirche eine spezifisch kirchliche Aktionsweise. Heute kommt es darauf an, die institutionellen Mittel zur Wahrnehmung dieser Aufgabe zu verbessern[33]. Im Bereich der Ökumene ist deshalb vorgeschlagen worden, daß der Ökumenische Rat der Kirchen und die konfessionellen Weltbünde ein gemeinsames Büro für universale Menschenrechte bilden[34]. Neben den institutionellen Formen eines kirchlichen Eintretens für die Menschenrechte sollten jedoch die Initiativgruppen nicht vergessen werden, die sich um die vollere Verwirklichung der Menschenrechte bemühen. Die Kirche bedarf gerade in ihrer Verantwortung für die Menschenrechte des – oft spannungsvollen – Zusammenspiels von kirchlicher Institution und christlichen Initiativgruppen.

Im Rahmen kirchlicher Aktionen für die Verwirklichung der Menschenrechte kommt eine besondere Bedeutung denjenigen Handlungen zu, die Zeichen der Solidarität mit Gruppen aufrichten, die in ihren Rechten behindert oder verletzt werden. Die Notwendigkeit solcher zeichenhafter Handlungen hat sich für den Ökumenischen Rat der Kirchen insbesondere im Rahmen seines »Programms zur Bekämpfung des Rassismus« gezeigt. Ihm lag die Erfahrung zugrunde, daß Erklärungen und Proklamationen gegen den Rassismus als christliches Zeugnis nicht ausreichen; die Solidarität mit rassisch diskriminierten Gruppen muß vielmehr sich in beteiligterer Form ausdrücken. Die Gefahr, daß solche Zeichen der Solidarität mißdeutet und mißverstanden werden könnten, wurde dabei in Kauf genommen. Der Sonderfonds, der im Rahmen des »Programms zur Bekämpfung des Rassismus« 1970 eingerichtet wurde, um mit – freilich symbolischen – finanziellen Mitteln Gruppen zu unterstützen, die gegen rassische Diskriminierung kämpfen, bildet ein solches Zeichen der Solidarität. Er ist von vielen Betroffenen auch so verstanden worden, während vor allem in europäischen Ländern an einer derart eindeutigen Parteinahme zum Teil heftige Kritik geübt wurde. Sie nahm allerdings – zumindest in den ersten Jahren – auf menschenrechtliche Kriterien kaum Bezug. Der Sinn des Programms einschließlich seines Sonderfonds tritt aber erst dann deutlich hervor, wenn man es in den Zusammenhang des kirchlichen Beitrags zur Verwirklichung der Menschenrechte einordnet[35].

Wenn die Kirche in den geschilderten oder in anderen Formen für die Durchsetzung der Menschenrechte eintritt, macht sie sich keineswegs, wie etwa Arnold Gehlen unterstellte, zum Anwalt einer »Selbstvergötterung des Menschen«[36]. Sondern sie macht sich zum Anwalt der Menschlichkeit des Menschen; sie nimmt darin eine Aufgabe wahr, zu der sie sich durch die Menschenfreundlichkeit Gottes aufgefordert sieht.

Anmerkungen

Die Anmerkungen sind innerhalb der einzelnen Kapitel durchnumeriert. Wir vermerken auf jeder Seite der Anmerkungen, auf welches Kapitel sie sich beziehen. Auf Literatur, die mehrfach benutzt wird, weisen spätere Anmerkungen in folgender Form hin: Name des Autors (oder entsprechendes Kennwort), Kapitel in dem vorliegenden Buch und die Nummer der Anmerkung, in welcher die ausführliche Literaturangabe steht; zum Beispiel – für den Fall eines Beitrages in einem Sammelband – »Menzel, in: Picht, Eisenbart (I Anm. 4), S. 446«.

Anmerkungen zu Kapitel I: Die Menschenrechte in der Gegenwart

1 Vgl. Human Rights, A Study Guide for the International Year for Human Rights, 1968, sowie die Literatur bei O. Kimminich, Menschenrechte – Versagen und Hoffnung, 1973.

2 Wenn keine näheren Angaben gemacht werden, zitieren wir die Erklärungen, Verfassungsartikel und Internationalen Abkommen nach: Wolfgang Heidelmeyer (Hrsg.), Die Menschenrechte, 1972. Die dort fehlende Völkerbundsatzung von 1919 und die Charta der Vereinten Nationen von 1945 zitieren wir nach: Walter Schätzel (Hrsg.), Die Charta der Vereinten Nationen usw., 3. Aufl. 1971. Eine Einführung in unseren Themenzusammenhang gibt Jost Delbrück, Menschenrechte und Grundfreiheiten im Völkerrecht anhand ausgewählter Texte internationaler Verträge und Konventionen, 1972. Am Ende findet sich dort ein kurzes Verzeichnis besonders einschlägigen Schrifttums.

3 Dies wird auch dadurch unterstrichen, daß der Titel »Universal Declaration« in den Beratungen an die Stelle des zunächst vorgesehenen Titels »International Declaration on Human Rights« trat; vgl. zur Entstehung der Erklärung A. Verdoodt, Naissance et signification de la Déclaration Universelle des Droits de l'Homme, 1963.

4 Eberhard Menzel, Das Völkerrecht und die politisch-sozialen Grundstrukturen der modernen Welt, in: Georg Picht, Constanze Eisenbart (Hrsg.), Frieden und Völkerrecht, 1973, S. 446; vgl. zu den Entwicklungstendenzen im Völkerrecht seit dem Zweiten Weltkrieg im gleichen Band: Heinz Eduard Tödt, Theologie und Völkerrecht. Eine Prüfung gemeinsamer historischer und gegenwärtiger Probleme angesichts der Mitverantwortung für den Weltfrieden, S. 13–169, insbesondere S. 93–114.

5 Vgl. Dieter Schröder, Die Dritte Welt und das Völkerrecht, 1970, S. 49ff. Georges Abi-Saad, Innerer Wandel und internationale Rechtsordnung: Eine Perspektive der Dritten Welt, in: Christian Walther (Hrsg.), Recht und sozialer Umbruch, 1971, S. 21–36. E. Kofi-Sekyiamah, Die Aussichten für eine verbes-

serte zwischenstaatliche Zusammenarbeit zur Verteidigung der Menschenrechte, in: Die Welt erwartet die Verwirklichung der Menschenrechte, epd-Dokumentation Nr. 5/75.

6 Bericht aus Nairobi 75, 1976, S. 146.

7 Vgl. Delbrück (I Anm. 2), S. 37.

8 Vgl. J. Delbrück, Drittwirkung der Grundrechte durch völkerrechtliche Verpflichtung?, in: Im Dienst an Recht und Staat, Festschrift für W. Weber, 1974, S. 223–238.

9 Vgl. Delbrück (I Anm. 2), S. 50–61.

10 Bulletin der Bundesregierung vom 29. September 1976, Nr. 107, S. 1069.

11 Vgl. Hermann Volle, Wolfgang Wagner (Hrsg.), KSZE in Beiträgen und Dokumenten aus dem Europa-Archiv, 1976, S. 241 f. Neben dem Punkt VII der »Prinzipienerklärung« sind etliche Aussagen aus dem Teil der Schlußakte über »Zusammenarbeit in humanitären und anderen Bereichen«, S. 267–283, von »menschenrechtlicher« Bedeutung.

12 Volle (I Anm. 11), S. 304.

13 Vgl. Karl Marx, Zur Judenfrage, in: Siegfried Landshut (Hrsg.), Karl Marx, Die Frühschriften, 1968, S. 192.

14 Volle (I Anm. 11), S. 268.

15 Volle (I Anm. 11), S. 296.

16 Vgl. Jens Hacker, Selbstbestimmung, Freizügigkeit und Meinungsfreiheit nach dem Inkrafttreten der VN-Menschenrechtspakte, in: Deutsche Gesellschaft für die VN (DGVN) (Hrsg.), Vereinte Nationen, Zeitschrift für die VN, 24, 1976, 3/76 S. 80.

17 Die Worte »präjuristisch« und »metajuristisch«, die häufig gemeinsam auftreten, verwenden wir in folgendem Sinn: Mit »präjuristisch« bezeichnen wir normative Vorstellungen oder Regelungen, die zum Beispiel aus Brauch, Gewohnheit oder anderem moralischem Konsensus stammen und auf das Rechtsbewußtsein einwirken, ohne schon rechtlich positiviert zu sein. Als »metajuristisch« bezeichnen wir normative Verhaltensregeln oder Prinzipien, zum Beispiel rechtsphilosophischer oder politischer Art, die aufs Rechtsbewußtsein einwirken, aber sich einer rechtlichen Positivierung teilweise oder ganz entziehen.

18 Vgl. z. B. epd-Dokumentation 39/76: Die Genfer Tagung des Zentralausschusses des Weltkirchenrats (Teil 1), 1976, S. 46 u. ö.

19 Das Grundgesetz der BRD von 1949, die Verfassung der DDR von 1968, die Weimarer Reichsverfassung von 1919, die Verfassung des Deutschen Reiches von 1871 und die Paulskirchenverfassung von 1848 zitieren wir nach: Deutsche Verfassungen (Goldmann Jura 8020), 1974.

20 Die sechste der »Thesen über Feuerbach«, in: Landshut (I Anm. 13), S. 340.

21 So Eberhard Poppe, Menschenrechte – eine Klassenfrage, 1971, S. 66.

22 Zum Rechtssystem in der DDR, noch aufgrund der alten Verfassung von 1949, die 1968 durch eine neue abgelöst wurde, vgl. Ernst-Wolfgang Böckenförde, Die Rechtsauffassung im kommunistischen Staat, 2. Aufl. 1967. Die für Grundrechtsfragen wichtigen Artikel der DDR-Verfassung von 1949 sind abgedruckt bei Heidelmeyer (I Anm. 2), S. 98–103.

23 In einer Biographie Helmuth James von Moltkes wird berichtet, wie dieser

während seiner Arbeit in der »Abwehr« im Dritten Reich unter Berufung auf humanitäre Bestimmungen des Völkerrechts viele unrechtmäßige Menschenvernichtung verhindern konnte, wozu es freilich eines großen persönliches Mutes und starker Überzeugungskraft bedurfte. Inmitten der Flut von rechtswidrigen Gewalthandlungen konnte das gewiß nur ein Teilerfolg sein. »Helmuth von Moltke und seine Mitarbeiter haben mit viel Zeitaufwand versucht, Offiziere und auch Parteifunktionäre davon zu überzeugen, daß das Recht nicht eine lästige Erfindung von Weltverbesserern sei, um die Durchschlagskraft des deutschen Vorgehens zu hemmen, sondern etwas, das, wie die Erfahrung gezeigt hatte, auf die Dauer im deutschen Interesse lag.« Vgl. Freya von Moltke, Michael Balfour, Julian Frisby, Helmuth James von Moltke 1907–1945, 1975, S. 99, 169 u. ö., sowie G. van Roon, Graf Moltke als Völkerrechtler im OKW, in: Vierteljahreshefte für Zeitgeschichte (VfZ), 18, 1970, S. 12–61.

Anmerkungen zu Kapitel II: Die Theologie und die Menschenrechte

1 Vgl. die Texte bei Heidelmeyer (I Anm. 2), S. 49ff.

2 Heidelmeyer (I Anm. 2), S. 56ff.

3 Vgl. H. Maier, Revolution und Kirche. Studien zur Frühgeschichte der christlichen Demokratie, 1959.

4 Die Kirche und die Menschenrechte. Ein Arbeitspapier der Päpstlichen Kommission Justitia et Pax, 1976, S. 8.

5 Enzyklika »Immortale Dei« vom 1. November 1885 (Text: H. Schnatz, Päpstliche Verlautbarungen zu Staat und Gesellschaft, 1973, S. 116ff.).

6 Enzyklika »Libertas praestantissimum« vom 20. Juni 1888 (Text: Schnatz, II Anm. 5, S. 166f.).

7 Rundfunkansprache zu Weihnachten 1944 »Über die wahre Demokratie«(Text: Schnatz, II Anm. 5, S. 362f.).

8 Gaudium et spes, 21 (Text: K. Rahner, H. Vorgrimler, Kleines Konzilskompendium, 1966, S. 467).

9 Gaudium et spes, 26 (Rahner, Vorgrimler, II Anm. 8, S. 473).

10 Gaudium et spes, 78 (Rahner, Vorgrimler, II Anm. 8, S. 535).

11 Text: Herder-Korrespondenz, 28, 1974, S. 624.

12 Unten, Kapitel II, 3 S. 58f.

13 Vgl. H. W. Daigeler, Heutiges Menschenrechtsbewußtsein und Kirche, 1973.

14 Vgl. J. Neumann, Menschenrechte – auch in der Kirche?, 1976; S. H. Pfürtner, Die Menschenrechte in der römisch-katholischen Kirche, in: Zeitschrift für Evangelische Ethik (ZEE), 20, 1976, S. 35–63.

15 Neumann (II Anm. 14), S. 70 gegen J. Moltmann.

16 Vgl. etwa O. Kimminich, Kirchen und Menschenrechte, in: Menschenwürde und freiheitliche Rechtsordnung, Festschrift für W. Geiger, 1974, S. 499–520.

17 Unten, Kapitel II, 4 S. 61ff.

18 Vgl. Wilhelm Weischedel (Hrsg.), Immanuel Kant, Werke in sechs Bänden, Band VI, 1974, S. 216. – Georg Picht hat Kants transzendentale Grundle-

gung des Völkerrechts eindrucksvoll interpretiert. Dabei hat er freilich die von Kant behauptete »notwendige Ergänzung« des Staats- und des Völkerrechts durch das »öffentliche Menschenrecht« nicht beachtet, woraus sich die weiter unten folgenden Differenzen zwischen seiner und unserer Auffassung von Menschenrechten zum Teil herleiten lassen (Kapitel IV,5 S. 152f.). Vgl. Georg Picht, Philosophie und Völkerrecht, in: Picht, Eisenbart (I Anm. 4), S. 170–188, und Georg Picht, Kants transzendentale Grundlegung des Völkerrechts, in: Aufrisse, Almanach des Ernst Klett-Verlages, 1971, S. 223ff.

19 Vgl. M. Baumotte, Theologie als politische Aufklärung. Studien zur neuzeitlichen Kategorie des Christentums, 1973. Für die rationalistischen Predigten des Jahres 1848 vgl. die Belege bei E. Schubert, Die evangelische Predigt im Revolutionsjahr 1848, 1913, S. 53ff.

20 Vgl. Theodor Mommsen, Die Grundrechte des deutschen Volkes mit Belehrungen und Erläuterungen, 1849, Neudruck 1969, S. 7ff.

21 Vgl. Marlin E. Miller, Der Übergang. Schleiermachers Theologie des Reiches Gottes im Zusammenhang seines Gesamtdenkens, 1970, S. 206–214. – Tödt (I Anm. 4), S. 83–86.

22 Die christliche Sitte, 2. Aufl. 1884, Beilagen S. 190.

23 Unten, Kapitel III, 2 S. 80ff.

24 Vgl. O. Dann, Vernunftfrieden und nationaler Krieg. Der Umbruch im Friedensverhalten des deutschen Bürgertums zu Beginn des 19. Jahrhunderts, in: Wolfgang Huber, Johannes Schwerdtfeger (Hrsg.), Kirche zwischen Krieg und Frieden. Studien zur Geschichte des deutschen Protestantismus, 1976, S. 169ff.

25 E. Hirsch, Geschichte der neuern evangelischen Theologie, Band IV, 2. Aufl. 1949, S. 581.

26 Beurteilung der im Druck erschienenen Verhandlungen in der Versammlung der Landstände des Königreiches Württemberg im Jahre 1815 und 1816, in: Werke 4 (Theorie-Werkausgabe), 1970, S. 492.

27 Unten, Kapitel III, 7 S. 106ff., und Tödt (I Anm. 4), S. 86f.

28 Vgl. Rechtsphilosophie § 333.

29 A. v. Harleß, Christliche Ethik, 8. Aufl. 1893, S. 564.

30 Zitiert nach E. Schubert (II Anm. 19), S. 81.

31 E. R. Huber, W. Huber, Staat und Kirche im 19. und 20. Jahrhundert, Band II, 1976, Nr. 9.

32 Huber, Huber (II Anm. 31), S. 291ff.

33 Vgl. G. Brakelmann, Der Krieg 1870/71 und die Reichsgründung im Urteil des Protestantismus, in: Huber, Schwerdtfeger (II Anm. 24), S. 293–320.

34 Vgl. z. B. die Ansprache des Preußischen Oberkirchenrats an die Geistlichen und Gemeindekirchenräte, betreffend ihre Aufgaben gegenüber den aus der sozialistischen Bewegung entstandenen Gefahren vom 20. Februar 1879 (Text: Huber, Huber, II Anm. 31, Nr. 457).

35 W. Herrmann, Ethik, 3. Aufl. 1904, S. 199.

36 G. Jellinek, Die Erklärung der Menschen- und Bürgerrechte; wieder abgedruckt in: R. Schnur (Hrsg.), Zur Geschichte der Erklärung der Menschenrechte, 2. Aufl. 1974, S. 1–77.

37 Unten, Kapitel IV, 1 S. 124–126 und V, 4 S. 181.

38 Vgl. W. Huber, Kirche und Öffentlichkeit, 1973, S. 176ff.

39 Vgl. K.-W. Dahm, Pfarrer und Politik, 1965.
40 F. Gogarten, Politische Ethik, 1932, S. 117.
41 W. Künneth, Politik zwischen Dämon und Gott, 1954, S. 133.
42 H. Vogel, Die Menschenrechte als theologisches Problem, in: In memoriam Ernst Lohmeyer, 1951, S. 337–351 (343): »Nicht nur der Begriff, sondern auch die Sache – diese Sache von natürlichen, allgemeinen, heiligen und unveräußerlichen Rechten des Menschen! – ist der Bibel schlechterdings unbekannt. An ihrer Stelle begegnen uns da, wo sie – so zu reden – stehen könnten – die zehn Gebote! Das will sagen: in der Schrift als dem Zeugnis von der Selbstoffenbarung des Gottes, der in seinem Wesen und Handeln gerecht ist, geht es auf der ganzen Linie um das Recht Gottes, um das Recht, das er allein hat und gibt. Ein Recht des Menschen, das an und für sich genommen postulierbar und feststellbar wäre, ist gerade in der Fragestellung: Wie kommt Gott zu seinem Recht? ausgeschlossen.«
43 Dafür sind die grundlegenden Texte: J. H. Oldham, Eine verantwortliche Gesellschaft, in: Die Unordnung der Welt und Gottes Heilsplan, III, 1948, S. 149–191, sowie der Bericht der Sektion III von Amsterdam 1948, ebenda S. 233f.
44 Oben, Kapitel I, 2 S. 22.
45 Evian 1970, Offizieller Bericht (epd-Dokumentation, 3), 1970, S. 142f.
46 Unten, Kapitel II, 5.1 S. 65–67.
47 Die Arbeitspapiere der St. Pöltener Konsultation sind veröffentlicht in: epd-Dokumentation Nr. 5/75 (I Anm. 5); die hier zitierte Passage geben wir wieder nach der Übersetzung der Kammer der EKD für öffentliche Verantwortung in ihrer Stellungnahme »Die Menschenrechte im ökumenischen Gespräch«, epd-Dokumentation Nr. 44 a/75, S. 8f. Vgl. U. Scheuner, Die Menschenrechte in der ökumenischen Diskussion, in: Ökumenische Rundschau, 24, 1975, S. 152–164; W. Lienemann, Menschenrechte in der Entwicklung, ebenda, 25, 1976, S. 72–83.
48 Bericht aus Nairobi (I Anm. 6), S. 76ff.
49 Oben, Kapitel I,3 S. 24f.
50 Bericht aus Nairobi (I Anm. 6), S. 184.
51 epd-Dokumentation Nr. 39/76, S. 33ff.; vgl. ebenda S. 44ff. das Memorandum der Konsultation von Montreux vom Juli 1976; vgl. auch die Empfehlungen des Zentralausschusses des ÖRK zu den Menschenrechten vom August 1976, epd-Dokumentation Nr. 43/76, S. 88ff.
52 Schnatz (II Anm. 5), S. 119.
53 Schnatz (II Anm. 5), S. 89.
54 Die Thesenreihe der Kammer für öffentliche Verantwortung vom August 1974 ist abgedruckt in: epd-Dokumentation Nr. 5/75 (I Anm. 5), S. 63ff.; zu der Thesenreihe vom September 1975 vgl. II Anm. 47.
55 J. Moltmann, Wer vertritt die Zukunft des Menschen? Fragen zur theologischen Basis der Menschenrechte, in: Evangelische Kommentare, 5, 1972, S. 399–402; Theologische Erklärung zu den Menschenrechten, in: epd-Dokumentation Nr. 15/76, S. 10–25; Welches Recht hat das Ebenbild Gottes? Erklärung des Reformierten Weltbundes zu den Menschenrechten, in: Evangelische Kommentare, 9, 1976, S. 280–282. Die Studientexte des Reformierten Weltbunds sind auch abgedruckt in: J. M. Lochman, J. Moltmann (Hrsg.), Gottes Recht und Menschenrechte, 1976.

56 Evangelische Kommentare, 5, 1972, S. 401.
57 Die theologische Basis der Menschenrechte, in: epd-Dokumentation Nr. 15/76, S. 3.
58 Evangelische Kommentare, 9, 1976, S. 281.
59 M. Honecker, Recht oder ethische Forderung – Aporien in der Menschenrechtsdiskussion, in: Evangelische Kommentare, 8, 1975, S. 737 – 740.
60 Unter den neueren Arbeiten, in denen Honecker diese Position entwikkelt, seien hervorgehoben: Sozialethik, in: Evangelisches Staatslexikon, 2. Aufl. 1975, Sp. 2350–2362 (vor allem 2356f.); Ethische Überlegungen zur Dialyse und Transplantation, in: Zeitschrift für Evangelische Ethik, 19, 1975, S. 129–142 (vor allem 142); Recht und Moral, in: Der Wirklichkeitsanspruch von Theologie und Religion, Steinbach-Festschrift, 1976, S. 109–128.
61 Vgl. das Kant-Zitat oben, Kapitel II,2 S. 46.
62 Vgl. vor allem folgende Beiträge von T. Rendtorff: Freiheit und Recht des Menschen, in: Lutherische Rundschau, 18, 1968, S. 215–227; Menschenrechte und Justificatio, in: Lutherische Monatshefte, 11, 1972, S. 175–178; Menschenrechte und Rechtfertigung, in: Der Wirklichkeitsanspruch von Theologie und Religion, Steinbach-Festschrift, 1976, S. 161–174.
63 Vgl. einerseits E. Jüngel, Freiheitsrechte und Gerechtigkeit, in: Unterwegs zur Sache, 1972, S. 246–256; andererseits H. E. Tödt, Neue Qualität der Menschenrechte. Ein Orientierungsrahmen für kirchliches Handeln, in: Lutherische Monatshefte, 13, 1974, S. 514–519. – Siehe auch E. Wolf, Sozialethik. Theologische Grundfragen, 1975, bes. S. 319ff.

Anmerkungen zu Kapitel III: Der Rechtscharakter der Menschenrechte

1 Seine politische Stoßrichtung gewann jedes Konzept des Gesellschaftsvertrages vor allem aus der Konstruktion der Vertragsformel. Bei John Locke, dessen Denken für die ersten Menschenrechtskataloge große Bedeutung gehabt hat, geben die einzelnen, die sich vertraglich zusammenschließen, ihre Rechte auf »property« nicht auf. Mit der legislativen und exekutiven Gewalt verbindet sie kein Herrschaftsvertrag, sondern ein »trust«, ein moralisches Verhältnis, das, sofern die Herrschergewalt jene ursprünglichen Rechte verletzt, als gebrochen gilt und zum Widerstand berechtigt. John Locke brachte gegenüber dem mechanistischen Konstruktionsentwurf der Gesellschaft und der höchsten souveränen Gewalt bei Thomas Hobbes wieder das Naturrecht zur Geltung und leitete auch aus ihm moralische Rechte und Pflichten ab. Vgl. C. B. Macpherson, Die politische Theorie des Besitzindividualismus, 1973, S. 301f. Zum Gesamtproblem W. Euchner, Artikel »Gesellschaftsvertrag, Herrschaftsvertrag«, in: J. Ritter (Hrsg.), Historisches Wörterbuch der Philosophie, Band 3, 1974, Sp. 476–480. Die Theorie vom Gesellschaftsvertrag wie vom Herrschaftsvertrag hatte in der calvinistischen Fassung der Lehre vom Bunde zwischen Gott und dem Gottesvolk – Kirche als durch Vertrag gestifteter Bund der Gläubigen – eine religiöse Wurzel, der eine wichtige Bedeutung in der bürgerlichen Emanzipationsbewegung des 16. und 17. Jahrhunderts zukam.
2 Zum Verhältnis subjektiv-öffentlicher Menschenrechte bzw. Grundrechte zur wertorientierten objektiven Rechtsordnung vgl. unten, Kapitel III,5 S. 96ff.

3 Artikel »Grundrechte« in: Evangelisches Staatslexikon, 2. Aufl. 1975, Sp. 925.

4 Johannes Schwartländer, Thesen zu: Menschenrechte und moderner Staat, unveröffentlicht, Tübingen 1976. Vgl. auch die Ordnungsversuche der Römischen Bischofssynode 1974, oben, Kapitel II,1 S. 42f., und die der Menschenrechtskonsultation des ÖRK, oben, Kapitel II,3 S. 58f.

5 Es ist charakteristisch, daß die Ideologie und Philosophie der staatssozialistischen Länder zwar den Gewissensbegriff verdrängt oder funktionalisiert (vgl. z. B. A. F. Schischkin, Grundlagen der marxistischen Ethik, deutsch 1965, S. 425–433), daß aber die Sprache der sozialistischen Verfassungen am Begriff der Gewissensfreiheit festhält (Verfassung der UdSSR 1935 Art. 124; Verfassung der DDR 1949 Art. 41; Verfassung der DDR 1968 Art. 20. In den eben angeführten Verfassungsartikeln der DDR ist von Glaubens- und Gewissensfreiheit die Rede). Was die Ideologie als objektiv unrichtig bezeichnet – Gewissens*freiheit* –, stellt die Verfassung als vom Gesetz Gewährleistetes hin, freilich als vom sozialistischen Staat bereitgestelltes Recht, nicht aber als vorstaatliches Menschenrecht. Übrigens impliziert der Beitritt zu den Menschenrechtskonventionen der UN von 1966 die Anerkennung der menschenrechtlichen Dimension in dem Recht der Glaubens- und Gewissensfreiheit.

6 Vgl. J. Delbrück, Die Rassenfrage als Problem des Völkerrechts und nationaler Rechtsordnungen, 1971, S. 202ff. und passim. Hier sieht man, welche Bedeutung der menschenrechtliche und völkerrechtliche Standard der Gleichheit im heutigen internationalen System hat.

7 Vgl. Ilse Tödt (Hrsg.), Theologie im Konfliktfeld Südafrika. Dialog mit Manas Buthelezi, 1976, S. 55f., 206ff. Vgl. »Teilhabe« im Register des genannten Bandes.

8 Vgl. Dieter Claessens, Kapitalismus als Kultur, 1973, S. 146, 155, 163. Claessens beschreibt das »kulturelle Organisationsdefizit, das dem Aufbau maschinentechnischer und anderer Produktions- und Verwertungssysteme in der bürgerlich-kapitalistischen Gesellschaft gegenübersteht«. Siehe auch unten, Kapitel IV,3 S. 134ff., 139–141.

9 Zur Sozialstaatlichkeit vgl. oben, Kapitel III,2 S. 81.

10 Ernst Forsthoff, Sozialer Rechtsstaat, Veröffentlichungen der Vereinigung der Deutschen Staatsrechtslehrer (VVStRL) Heft 12, 1954, S. 19.

11 Hans-Hermann Hartwich, Sozialstaatspostulat und gesellschaftlicher status quo, 1970, S. 318.

12 Unten, Kapitel III,5 S. 96ff.

13 Oben, Kapitel III,2 S. 82.

14 Vgl. Zum Ewigen Frieden. Erster Zusatz (II Anm. 18), S. 224.

15 Oben, Kapitel I,1 S. 17

16 Unveröffentlichtes Manuskript 1976. In der oben S. 83 (III Anm. 4) angeführten, von Schwartländer entworfenen Einteilung beziehen sich die von Raiser unter (a) und (b) genannten Rechte auf den »Bereich der ökonomischen Lebensgemeinschaft«, die unter (c) genannten auf den Bereich »Kultur und Zivilisation«.

17 E. Forsthoff, Artikel »Grundrechte«, in: Ritter (III Anm. 1), Sp. 923.

18 Vgl. Karl Engisch, Einführung in das juristische Denken, 5. Aufl. 1956. S. 20.

19 Engisch (III Anm. 18), S. 25.
20 In diesem Sinne argumentiert bereits F. Gogarten, vgl. oben, Kapitel II,2 S. 53f. Vgl. auch oben, Kapitel III, 4.2 S. 92.
21 Vgl. Philosophie und Völkerrecht, in: Picht, Eisenbart (I Anm. 4), S. 170ff.; vgl. auch Picht, Kants transzendentale Grundlegung des Völkerrechts (II Anm. 18), und unsere Hinweise auf Kant Kapitel II,2 S. 45f. und Picht Kapitel IV,5 S. 151–153, dazu aber auch unsere Kritik an Pichts Kant-Interpretation oben Kapitel II Anm. 18.
22 Picht (III Anm. 21), S. 233.
23 Vgl. G. Picht, Wahrheit, Vernunft, Verantwortung, 1969, S. 337.
24 Vgl. unten, Kapitel IV,2 S. 131ff. und IV,3 S.136ff.
25 Unten, Kapitel III,8 S. 115f.
26 E.-W. Böckenförde, Grundrechtstheorie und Grundrechtsinterpretation, in: ders., Staat, Gesellschaft, Freiheit, 1976, S. 221–252.
27 Vgl. E. Grabitz, Freiheit und Verfassungsrecht, 1976, S. 183ff.
28 L. v. Stein, Geschichte der sozialen Bewegung in Frankreich von 1789 bis auf unsere Tage, Band 1, 1959, S. 277f.
29 H. H. Klein, Ein Grundrecht auf saubere Umwelt?, in: Festschrift für W. Weber (I Anm. 8), S. 643–661 (659); vgl. ders., Die Grundrechte im demokratischen Staat, 1972.
30 Böckenförde (III Anm. 26), S. 228.
31 Belege bei Böckenförde (III Anm. 26), S. 231f., und bei W. Huber, Religionsfreiheit und Kirchenfreiheit, in: Zeitschrift für Evangelische Ethik, 21, 1977.
32 Böckenförde (III Anm. 26), S. 231.
33 Vgl. H. Goerlich, Wertordnung und Grundgesetz, 1973.
34 W. Hamel, Glaubens- und Bekenntnisfreiheit, in: Bettermann u. a. (Hrsg.), Die Grundrechte. Handbuch der Theorie und Praxis der Grundrechte, Band 4/1, 1960, S. 64.
35 Böckenförde (III Anm. 26), S. 234.
36 Vgl. dazu oben, Kapitel III,7 S. 109.
37 So vor allem N. Luhmann, Grundrechte als Institution, 2. Aufl. 1974.
38 Luhmann (III Anm. 37), S. 23.
39 Vgl. W. Martens, P. Häberle, Grundrechte im Leistungsstaat, Veröffentlichungen der Vereinigung der deutschen Staatsrechtslehrer (VVStRL) Heft 30, 1972.

Anmerkungen zu Kapitel IV: Die philosophische Begründung und Kritik der Menschenrechte

1 Vgl. dazu ausführlich G. Oestreichs Darstellung der »Entwicklung der Menschenrechte und Grundfreiheiten«, in: Bettermann u. a. (III Anm. 34) Band 1/1, 1966, S. 1–123.
2 Vgl. oben, Kapitel II,1 (S. 38ff.) und II,2 S. 45ff.
3 Jellinek (II Anm. 36), S. 52.
4 Vgl. Ernst Troeltsch, Die Bedeutung des Protestantismus für die Entstehung der modernen Welt, Veränderte Ausgabe 1911, Neudruck 1963, S. 63f.

5 Vgl. Oestreich (IV Anm. 1), S. 9f., 47 f. Zur Bedeutung der christlichen Vorstellung von der Gottesebenbildlichkeit des Menschen für die Entstehung des Menschenrechtsgedankens vgl. unten, Kapitel V,5 S. 186ff.

6 Vgl. das Kapitel »Die Religion der Menschenrechte« bei Heinrich Hermelink, Das Christentum in der Menschheitsgeschichte von der französischen Revolution bis zur Gegenwart, Band I, 1951, S. 1–11.

7 Vgl. zu Hegel auch oben, Kapitel II,2 S. 48.

8 Zitiert nach Oestreich (IV Anm. 1), S. 54.

9 Zum Verhältnis von Determination und Freiheit in heutiger philosophischer, durch die Naturwissenschaft des 20. Jahrhunderts ermöglichter Sicht vgl. Walter Schulz, Philosophie in der veränderten Welt, 1972, S. 755ff. In der Naturwissenschaft hat man erst im 20. Jahrhundert die Notwendigkeit wahrgenommen, sich um ein nichtmechanistisches Naturverständnis zu bemühen.

10 Georg Picht, Zum geistesgeschichtlichen Hintergrund der Lehre von den Menschenrechten, in: J. Delbrück u. a. (Hrsg.), Recht im Dienst des Friedens, Festschrift für Eberhard Menzel, 1975, S. 291.

11 Vgl. Erklärung von 1789 Art. 1 und 2.

12 Vgl. zum Beispiel die Schrift »Von Kaufshandlung und Wucher« 1524, Luthers Werke, kritische Gesamtausgabe: WA 15,293ff. – Hans Dombois hat – in: Evangelium und soziale Strukturen, 1967, S. 37 und 42 – gezeigt, daß die Reformatoren keineswegs nur sozialethische Kriterien gegen die bürgerliche Entwicklung geltend gemacht haben, sondern durchaus auch Strukturen des bürgerlichen Rechtssystems zur »existentialen Interpretation des Evangeliums benutzt« haben. Dombois geht dabei von rechtsgeschichtlichen Beobachtungen aus. Demnach hat die Reformation die Formen des bürgerlichen Kontraktdenkens rezipiert und zugleich einer Konversion unterworfen. Zwischen bürgerlichem Rechtsdenken und theologischem Denken hat also eine stärkere Wechselwirkung stattgefunden, als man sich heute gemeinhin klarmacht.

13 Vgl. Macpherson (III Anm. 1), S. 295f.

14 Vgl. Claessens (III Anm. 8), S. 162–179. Max Weber, Die protestantische Ethik und der Geist des Kapitalismus, in: Gesammelte Aufsätze zur Religionssoziologie, 4. Aufl. 1947, S. 163ff.

15 Vgl. Richard Schmidt, Die Vorgeschichte der geschriebenen Verfassungen, in: Zwei öffentlich-rechtliche Abhandlungen als Festgabe für Otto Mayer, 1916, S. 172f.

16 Vgl. Macpherson (III Anm. 1), S. 126ff.

17 Zitiert nach R. H. Tawney, Religion und Frühkapitalismus, 1946, S. 285. Tawney hat die Herauslösung wirtschaftlicher und sozialer Fragen aus der religiös-sittlichen Ganzheit des Lebens in dem genannten Buch eingehend untersucht, vgl. besonders S. 279f.

18 Thomas Mann, Betrachtungen eines Unpolitischen, 1920, S. 266 u. ö.; zur Theorie der »Kulturgesellschaft« vgl. auch W. Herrmann (II Anm. 35), S. 185–193.

19 Vgl. in: Landshut (I Anm. 13), S. 190–199.

20 F. Engels, Anti-Dühring, in: MEW (Karl Marx, Friedrich Engels, »Werke«) 20, S. 99.

21 Vgl. z. B. C. F. von Weizsäcker, Die Tragweite der Wissenschaft, I. Band: Schöpfung und Weltentstehung, 1964, S. 91–95, 173–200. Heinz Eduard Tödt,

Artikel »Säkularisierung«, in: Evangelisches Staatslexikon, 2. Aufl. 1975, Sp. 2234–2238 mit Lit.

22 Vgl. (III Anm. 21), S. 233. – Zu Pichts Auffassung vgl. auch oben, Kapitel II Anm. 18 und III,7 S. 110f.

23 Picht (III Anm. 21), S. 233f.

24 Vgl. (IV Anm. 10), S. 289–305.

25 Vgl. dazu unsere Hypothese oben, Kapitel IV,4 S. 144f.

26 Vgl. Karl-Otto Apel, Transformation der Philosophie, Band II, Das Apriori der Kommunikationsgemeinschaft, 1973, S. 431.

27 Vgl. oben S. 150.

28 Über die völkerrechtliche Wendung zum Humanrecht vgl. Menzel (I Anm. 4), S. 446. Den Gedanken, daß das fundamentale Menschenrecht der Anspruch sei, »im Recht zu leben«, hat Johannes Schwartländer in seinen Thesen, (III Anm. 4), ausgeführt. Vgl. auch J. Schwartländer, Die Menschenrechte – säkularisierte Heilsordnung oder neues Weltethos?, 1974, S. 21ff.

29 Vgl. zum Problem der Definierbarkeit des Menschen: Eberhard Jüngel, Der Gott entsprechende Mensch. Bemerkungen zur Gottesebenbildlichkeit des Menschen als Grundfigur theologischer Anthropologie, in: H.-G. Gadamer, P. Vogel (Hrsg.), Neue Anthropologie, Band 6, 1975, S. 347ff.

Anmerkungen zu Kapitel V: Menschenrechte und christlicher Glaube

1 Wir nehmen im folgenden die theologische Diskussion wieder auf, auf die wir bereits in Kapitel II eingegangen sind. Vgl. die dort genannte Literatur, auf die im allgemeinen in diesem Kapitel nicht noch einmal gesondert hingewiesen wird.

2 Vgl. besonders Karl Barth, Kirchliche Dogmatik IV/3, 1. Hälfte, 1959, S. 122ff.; vgl. Chr. Link, Die Welt als Gleichnis, 1976.

3 WA 7,21 (vgl. IV Anm. 12).

4 In: Herder-Korrespondenz, 30, 1976, S. 453.

5 Tertullian, Ad Scapulam 2 (Migne, Patrologica Latina 1, 699). Vgl. Ernst Wolf, Toleranz nach evangelischem Verständnis, in: Peregrinatio II, 1965, S. 284ff., sowie ders., Artikel »Freiheit, theologisch«, in: Evangelisches Staatslexikon, 1. Aufl. 1966, Sp. 550–556.

6 So, unter Hinweis auf H. L. A. Hart 1955, Joseph L. Allen, A Theological Approach to Moral Rights, in: The Journal of Religious Ethics, 2/1 (1974), 119–141, S. 134.

7 Melanchthon, Loci communes von 1559 (Werke in Auswahl Band II/2, 1953, S. 718), sowie Enarratio in Libros V Ethicas Aristotelis, Buch V, cap. 2 (Corpus Reformatorum, Band 16, S. 373, 375).

8 Pufendorf, De officio hominis et civis, 1673, Lib. I, cap. 7.

9 Vgl. etwa L. Raiser, Menschenrechte in einer gespaltenen Welt, in: Evangelische Kommentare, 8, 1975, S. 199–203 (besonders S. 203).

10 Oben, Kapitel III,5, besonders S. 99.

11 Vgl. zu der außerordentlich reichen Geschichte von Teilhabe-Aussagen in den biblischen und christlichen Traditionen den Artikel »Teilhabe« von W. Pesch und H. R. Schlette in: H. Fries (Hrsg.), Handbuch Theologischer Grundbegriffe, Band II, 1963, S. 630–641.

12 Zitiert nach Münchener Ausgabe, Band 2, 1948, S. 87 ff.
13 J. Heckel, Lex charitatis. Eine juristische Untersuchung über das Recht in der Theologie Martin Luthers, 2. Aufl. 1973, vor allem S. 207 ff.; eine pointierte Kritik von Heckels These findet sich bei H. Dombois, Das Recht der Gnade, Band 1, 1961, S. 986 ff.
14 Martin Luther, Eine Predigt, daß man Kinder zur Schulen halten solle, 1530, WA 30,554 (vgl. IV Anm. 12). Diese Entsprechung zwischen der Herrschaft Christi und weltlicher Herrschaft hat J. Heckel nicht ausreichend berücksichtigt; deshalb erkennt er auch nicht den Zusammenhang zwischen den geistlichen Grundrechten und den Grundrechten, die im politischen Gemeinwesen gelten sollen. Vgl. hierzu ausführlich G. Scharffenorth, Römer 13 in der Geschichte des politischen Denkens, Diss. Heidelberg 1964, S. 75 ff., 106 ff., 143 ff.
15 Heckel (V Anm. 13), S. 48.
16 Picht (III Anm. 23), S. 318 ff.; vgl. unsere bisherigen Überlegungen zur Struktur der Verantwortung, Kapitel III,7 S. 110–112 und Kapitel IV,5 S. 151–153.
17 Vgl. dazu H. E. Tödt (I Anm. 4), z. B. S. 45: bei Franciscus de Victoria die Idee eines biblisch begründeten Völkerstrafrechts, dessen Normen als von der auctoritas totius orbis gesetzt zu betrachten sind; oder S. 66: die Idee des Hugo Grotius von einer sittlich-rechtlichen Völkergemeinschaft. –Zur Auslegung der Völkersprüche des Amos vgl. Hans Walter Wolff, Der Prophet Amos. Biblischer Kommentar, Altes Testament, Band XIV,2, 1969, S. 158–211.
18 H.-J. Kraus, Reich Gottes – Reich der Freiheit. Grundriß Systematischer Theologie, 1975, S. 16.
19 Vgl. oben, Kapitel III,8 S. 117 f. und Anm. 37.
20 Max Weber, Wirtschaft und Gesellschaft, 5. Aufl. 1972, S. 496.
21 E. Bloch, Naturrecht und menschliche Würde, 1961, S. 13. Vgl. auch Ernst Troeltschs historische Nachweise zum sogenannten »absoluten« Gottes- und Naturrecht in: Die Soziallehren der christlichen Kirchen und Gruppen, 1912, S. 358 ff., 762 ff., 823 ff., u. ö.
22 Vgl. Weber (V Anm. 20), S. 497.
23 Oben, Kapitel IV,5 S. 153–155.
24 Vgl. oben, Kapitel IV,5 S. 154. 25 Vgl. oben, Kapitel V,2.3 S. 170 ff.
26 Das Interesse, daß das Völkerrecht nicht in mehrere konkurrierende Rechtssysteme auseinanderbricht, verfolgen auch die Stellungnahmen zum Problem der Menschenrechte aus dem Bereich der EKD. Vgl. außer den in Kapitel II (Anm. 54 und 47) genannten Thesenreihen der Kammer für öffentliche Verantwortung auch die Stellungnahme des Rates der EKD zur CCIA-Konsultation über Fragen der KSZE-Schlußakte, der Menschenrechte und der Religionsfreiheit vom 10. Juli 1976 (epd-Dokumentation Nr. 36 a/76). Dort heißt es S. 13: »Vordringlich ist bei allem, der Tendenz einer Entwicklung von verschiedenen Menschenrechtsverständnissen, die einander ausschließen, entgegenzuwirken.«
27 Oben, Kapitel II,2 S. 52 und IV,1 S. 124 ff.
28 Weber (V Anm. 20), S. 725.
29 T. Rendtorff (II Anm. 62, Steinbach-Festschrift), S. 166.
30 Vgl. E. Jüngel, Der alte Mensch als Kriterium der Lebensqualität. Bemer-

kungen zur Menschenwürde der leistungsunfähigen Person, in: Steinbach-Festschrift (vgl. II Anm. 62), S. 129–132.
31 Vgl. oben, Kapitel III,7 S. 106ff., besonders S. 109.
32 Jüngel (II Anm. 63), S. 253ff.
33 Vgl. G. Oestreich (IV Anm. 1), S. 1ff.
34 Entscheidungen des Bundesverfassungsgerichts, Band 2, S. 12; vgl. H. Willke, Stand und Kritik der neueren Grundrechtstheorie, 1975, S. 228f.
35 Vgl. Römer 8,29; 1. Korinther 15,49; 2. Korinther 4,4; Kolosser 1,15; Kolosser 3,10.
36 Vgl. B. Giese, Das Würde-Konzept. Eine normfunktionale Explikation des Begriffes Würde in Art. 1 Abs. 1 GG, 1975, S. 23ff.
37 Vgl. zur Auslegungsgeschichte die zusammenfassende Darstellung bei C. Westermann, Genesis 1–11. Biblischer Kommentar, Altes Testament, Band I,1, 1974, S. 203ff.
38 Vgl. E. Bloch (V Anm. 21), S. 71f., 215ff.
39 Vgl. G. Picht, Die geschichtliche Natur des Menschen, in: Lutherische Monatshefte, 15, 1976, S. 256ff., 305ff; homo absconditus in dem Sinne, daß das Verborgene sich dennoch geltend macht, siehe oben, Kapitel IV,5 S. 156.
40 Vgl. E. Jüngel (IV Anm. 29), S. 314ff.
41 Vgl. oben, Kapitel II,3 S. 58ff.
42 Vgl. Kapitel V,3 S. 181.
43 Thesenreihe der Kammer für öffentliche Verantwortung der EKD vom September 1975 (II Anm. 47, epd-Dokumentation Nr. 44 a/75), These 7.

Anmerkungen zu Kapitel VI: Verantwortung für das Recht des Menschen

1 Text: K. Kupisch (Hrsg.), Quellen zur Geschichte des deutschen Protestantismus von 1945 bis zur Gegenwart, Teil 1, 1971, S. 56f.
2 Vgl. H. Weber, Die Grundrechtsbindung der Kirchen, in: Zeitschrift für evangelisches Kirchenrecht, 17, 1972, S. 386–419, und kritisch dazu: K. Hesse, Grundrechtsbindung der Kirchen?, in: Festschrift für W. Weber (vgl. I Anm. 8), S. 447–462.
3 Vgl. K. Barth, Christengemeinde und Bürgergemeinde, 1946.
4 Vgl. oben, Kapitel III,2 S. 82, vgl. S. 95.
5 Vgl. oben, Kapitel V,2.4 S. 172–174.
6 R. Sohm, Kirchenrecht, Band 1, 2. Aufl. 1923, S. 1, 700.
7 Vgl. immerhin zur Korrektur dieses Urteils K. Schlaich, Kollegialtheorie. Kirche, Recht und Staat in der Aufklärung, 1969.
8 Vgl. das Zitat aus Luthers Schrift an den christlichen Adel, oben, Kapitel V,2.3 S. 170f., sowie Confessio Augustana XIV (Die Bekenntnisschriften der evangelisch-lutherischen Kirche, 4. Aufl. 1959, S. 69).
9 An den christlichen Adel, WA 6,409 (vgl. IV Anm. 12).
10 Dies ist einer der Gesichtspunkte, die vor allem in der katholischen Diskussion über die kirchliche Geltung von Grundrechten erhebliche Bedeutung haben; vgl. die in Anm. 14 zu Kapitel II genannten Arbeiten von J. Neumann und S. Pfürtner.
11 Für den katholischen Bereich knüpft sich an diesen Gesichtspunkt die Kritik an der Verpflichtung der Priester zu lebenslangem Zölibat.

12 Vgl. oben, Kapitel V,1 S. 161f.
13 Vgl. hierzu und zum Folgenden ausführlicher W. Huber (III Anm. 31).
14 A. van den Heuvel, Das Schweigen der Kirchen ist gebrochen, in: Evangelische Kommentare, 9, 1976, S. 522–525 (523); ders., Solidarität mit den Leidenden. Kirchliches Engagement für die Menschenrechte, ebenda, S. 601–603.
15 Vgl. oben, Kapitel I,3 S. 24f.
16 Vgl. oben, Kapitel II,3 S. 60f.
17 Die Kirche und die internationale Unordnung, 1948, S. 271ff.
18 Vgl. oben, Kapitel II,1 S. 41.
19 G. Klaus, M. Buhr, Philosophisches Wörterbuch, 11. Aufl. 1975, Band 2, S. 1047 und 1052.
20 So eine Stellungnahme der südkoreanischen Botschaft in Bonn »Zum Vorfall vom 1. März 1976«; vgl. Kwang-Duk Kong, Bekennende Kirche. Christenverfolgung in Südkorea, in: Evangelische Kommentare, 9, 1976, S. 613–616.
21 Vgl. den offiziellen Bericht der Ad-Hoc-Arbeitsgruppe der Menschenrechtskommission der UN über die Verletzung der Menschenrechte in Chile vom 4. Februar 1976 (epd-Dokumentation Nr. 21–22/76), besonders S. 70ff., sowie die Erklärung von Helmut Frenz ebenda S. 90ff.
22 D. Bonhoeffer, Ethik, 7. Aufl. 1966, S. 142ff.
23 Bonhoeffer (VI Anm. 22), S. 145f.
24 Der Begriff des »parochialen Gewissens« stammt von Ernst Lange; vgl. etwa zuletzt: Bildung als Problem und als Funktion der Kirche, in: J. Matthes (Hrsg.), Erneuerung der Kirche. Stabilität als Chance?, 1975, S. 189–222 (besonders 190).
25 Vgl. »Die Menschenrechte im ökumenischen Gespräch« (II Anm. 47), These 14.
26 Vgl. Bischof J. H. Okullu, Church-State Relations. The African Situation, Beitrag für die Konsultation der Kommission für Glauben und Kirchenverfassung des ÖRK über das Verhältnis von Staat und Kirche im August 1976.
27 Peace – The Desperate Imperative. The Consultation on Christian Concern for Peace held at Baden, Austria, 3. bis 9. April 1970, S. 67.
28 Vgl. die Dokumente in: Menschenrechte und Antirassismus. Ein Programm für den Schweizerischen Evangelischen Kirchenbund (Studien und Berichte aus dem Institut für Sozialethik des SEK, 22/23), September 1976.
29 Vgl. dazu das Arbeitspapier der Päpstlichen Kommission Justitia et Pax (II Anm. 4), S. 43, 59f.
30 Empfehlungen des Zentralausschusses des ÖRK zu den Menschenrechten vom August 1976 (epd-Dokumentation Nr. 43/76, S. 88ff.).
31 Vgl. H. J. Held, Menschenrechte – eine Aufgabe der Kirche, in: Der Überblick, 12, 1976, H. 4, S. 1–3.
32 epd-Zentralausgabe vom 6. Oktober 1976, S. 5.
33 Vgl. D. Pirson, Grundrechte in der Kirche, in: Zeitschrift für evangelisches Kirchenrecht, 17, 1972, S. 358–386, besonders S. 369f.
34 M. Stolpe, Universale Menschenrechte. Vorlage für die Konsultation des LWB über Menschenrechte vom Juni 1976.
35 Vgl. den Beitrag der Kammer der EKD für öffentliche Verantwortung »Die Menschenrechte im ökumenischen Gespräch« (II Anm. 47), These 14.
36 A. Gehlen, Moral und Hypermoral. Eine pluralistische Ethik, 2. Aufl. 1970, S. 65.

Sachregister

Das Register beschränkt sich auf Stichwörter, die für die Aufschlüsselung des Buches nützlich sind. Sehr häufig vorkommende Begriffe wie »Recht«, »Gesetz«, »Protestantismus«, »Christentum« etc. wurden nicht aufgenommen.

Personenregister

Georg Picht (Hrsg.) **Theologie – was ist das?**
546 Seiten, Balacron geb.

»Die Grundintention des Werkes, die Wiedergabe einer in Heidelberg über die Bühne gegangenen Ring-Vorlesung, fasziniert, wie das Gesamtergebnis bis zum Schluß: Ein Philosoph, der sich zwar selbst dem Evangelium verbunden weiß, aber gerade deshalb gewissenhaft über die Grenze zwischen Philosophie und Theologie wacht, provoziert 15 namhafte Theologen, um dann jeweils deren Überlegungen aus seiner eigenen Sicht zu kommentieren. Selbst wenn es nicht Georg Picht wäre, würde sich ein solches Experiment in unserer augenblicklichen Situation lohnen, aber die Persönlichkeit Pichts gibt dem Unternehmen eine imponierende Qualität. Auch jemand, dem diese Richtung nicht liegt, käme heute nicht darum herum, sich mit den Bemühungen dieses Denkers auseinanderzusetzen, nach und im Zusammenbruch der abendländischen Metaphysik (für deren Bedeutung Picht jedoch auch herzhafte Töne findet) und während der Heraufkunft von ›Geschichte‹ zu einem neuen Horizont theologischer Verantwortung zu finden.
Ein beherrschender Eindruck läßt sich so formulieren: Wir haben hier einen ›Zwischenbericht‹ über den Weg vor uns, den die deutschsprachige evangelische Theologie seit dem Zurücktreten der gewaltigen Barth-Konzeption zurückgelegt hat. Existentialismus, Entmythologisierung, Kerygmatik, Tod-Gottes-Theologie, soziologische Überfremdung und nahezu alle ähnlichen Erscheinungen, die in den letzten Jahrzehnten das Feld beherrschten, erscheinen als sinnvoll aufgearbeitete und keineswegs eliminierte Momente der theologischen Reflexion – sie haben jedoch nicht mehr das ›Sagen‹. Nicht nur die Exegeten, sondern auch Historiker und Systematiker, der Missionstheologe, der Kirchenrechtler, der Praktiker, der Ökumeniker ebenso wie der Experte für Naturwissenschaft, alle demonstrieren einen Lernprozeß, und gerade dadurch wirken sie befähigt, die Fülle des ganzen Evangeliums unter Vermeidung steriler Apologetik und ängstlicher Repristination zu einer erneuerten, lebendigen theologischen Verantwortung einzubringen«.

Lutherische Monatshefte, Hannover

Kreuz Verlag

»Man vermag sich nicht vorzustellen, daß ein solches Nachschlagewerk noch besser gemacht werden könnte.«

Die Verwaltung, Berlin

Evangelisches Staatslexikon

Begründet von Hermann Kunst und Siegfried Grundmann
Herausgegeben von Hermann Kunst, Roman Herzog und Wilhelm Schneemelcher

2. vollständig neu bearbeitete und erweiterte Auflage (8.–12. Tsd.), XVI Seiten und 3122 Spalten, Stichwortregister, Lexikon-Format, Leinen mit Schutzumschlag.

»Wie schon die 1. Auflage, berücksichtigt auch die Neuauflage keineswegs nur Fragen mit besonderem kirchlichen oder religiösen Bezug, sondern bietet darüber hinaus gerade auch im rein technisch-juristischen Bereich eine Fülle an Informationen, die andernorts in dieser Übersichtlichkeit nur schwer zu finden sind. Nach wie vor ist das Lexikon frei von jeder konfessionellen Einseitigkeit oder gar Enge. Auch in der Neuauflage überzeugt die durchgängige Qualität fast aller Artikel. Zusammenfassend kann der Rezensent daher nur sein Urteil zur Vorauflage wiederholen: Den Herausgebern ist mit dem Lexikon ein großer Wurf gelungen; seine ständige Benutzung ist jedem, nicht nur dem theologisch interessierten, Juristen dringend zu empfehlen.«

Dr. H. Weber in ›Neue Juristische Wochenschrift‹, Frankfurt

»Das Evangelische Staatslexikon ist ein respektheischendes Werk; für jeden, der im öffentlichen Leben steht, gehört es zum unentbehrlichen Rüstzeug.«

Theologie und Philosophie, Freiburg

»Die große Bedeutung dieses Werkes liegt darin begründet, daß der gebildete Mensch, der sich heute weitgehend zum Spezialisten entwickelt hat, über seinen beruflichen Alltag hinweg Informationen aus anderen wichtigen Wissensbereichen erhält.«

Präsident Dr. Hans Schrödter im Deutschen Verwaltungsblatt

Kreuz Verlag